因果、淨土與往生

透視中國佛教史上的幾個面相

黃啓江著

臺灣 學生書局 印行

新書將問世有感自題

甲申猴年(2004)閏二月抄

天生愚鈍欠肝膽
報國力窮空自慙
常憂奸佞悖道義
思見正臣除貪婪
欲為資鑑學司馬
偏閱傳燈仿祖參
妄提拙筆書因果
權送親朋作笑談
他年退隱南山下
定會諸君話苦甘

啓江新書《因果、淨土與往生》問世，賦詩書感；余既先讀爲快，因次韻和之，聊申祝賀，亦以共勉：

文章識力見渾涵
議論精深何事慚
通貫群經說真偽
解析內典分嗔婪
開來誰繼兩司馬
綜攬舊新知飽參
輪迴報應推因果
淨土往生辨雜談
夜深人靜因緣起
馳騁一燈味自甘

黃啟方甲申三月初七

自　序

　　幾年以前，我因授課需要，開始講授「淨土三經」，同時也花了一些時間探討宋代淨土往生信仰的問題，抽空寫了幾篇論文，並且計畫將宋代以後的淨土議論作爲研究的方向，陸續寫成文章，編集成一部較有系統的書。但是因客觀研究環境的限制，及其他研究課題的牽絆，計劃一直延宕，雖有幾篇以英文寫成之相關論文，實也無暇改寫成中文，一併結集，只好先將其中五篇論文，和一篇談佛教史研究方法的文章裒集成書，題爲《因果、淨土與往生──透視中國佛教史上的幾個面相》，希望能對眾多談論因果或淨土之著作，提供一些補充與闡釋。

　　各篇論文，先後都在國內的學術期刊中刊登過。其中，〈彌陀淨土的追尋──北宋「往生西方」著作的探討〉刊登於《故宮學術季刊》；〈淨土決疑論──宋代彌陀淨土的信仰與辯議〉發表於臺大《佛學研究中心學報》；〈淨土詮釋傳統中的宗門意識──論宋天臺義學者對元照《觀無量壽經義疏》之批判及其所造成之反響〉與〈佛教因果論的中國化〉兩篇，刊載於《中華佛學學報》；〈北宋居士楊傑與佛教──兼補《宋史》楊傑本傳之缺〉一文在《漢學研究》；〈從佛教研究法談佛教史研究書目資料庫之建立〉一文，在《現代佛學會通訊》。因爲〈佛教因果論的中國化〉一篇，探討佛教教義中心的因果論，及其在佛教進入中國以後產生的變化，關

涉到中國佛教信仰與實踐的種種面相，及淨土往生信仰之基礎，所以把它作爲第一章。其他各章，大致依論文所涵蓋範圍與人物時間之先後安排，其間的關聯性應該是有跡可尋的。最後一章，討論的雖是佛教史研究法，表達了我對佛教史研究的若干看法，實也觸及中國佛教史上的不同議題，可視爲本書的結論。

因爲登載原文之各期刊對論文格式之要求不盡相同，爲求格式劃一，前後一貫，我將各篇文章格式，重新編輯和修訂，同時參考一些新的著作，補充疏漏並改正錯誤。尤其〈彌陀淨土的追尋──北宋「往生西方」著作的探討〉一章，《故宮學術季刊》於刊載之時，未完全依我的修訂稿編排，致有誤差之處，在本書予以訂正。另外，〈北宋居士楊傑與佛教──兼補《宋史》楊傑本傳之缺〉一章，因原稿篇幅太長，刊登時刪減掉部分談淨土信仰的段落，也在本書予以還原。最後一章，原有網頁圖表，因篇幅考慮，予以刪除。

因果問題與淨土往生信仰，息息相關。歷來論彌陀信仰者，都依淨土經典，強調因果及淨土往生不可分之關係。故因果論與淨土信仰，自有合併論述之必要。事實上，淨土往生之說，完全是建立在佛教因果論上的。《佛說觀無量壽佛經》裏所說的「三福」之一，即爲「發菩提心，深信因果」一事。它與「孝養父母」、「受持三歸」二者合爲「淨業」三事，也就是「過去、未來、現在三世諸佛淨業正因。」❶所以彌陀信仰學者皆認爲有淨土信仰之因，才會有往生淨土之果。而要信淨土，就先要信因果。譬如南宋的龍舒

---

❶　見《大正藏》冊 12，《佛說觀無量無量壽佛經》，頁 341c。

居士王日休（ca. 1102-1173）就說：「人有不信因果，從而不信淨土者，夫因果烏可以不信乎？經云：『要知前世因，今生受者是；要知後世果，今生作者是。』」❷這是說往生淨土是今生念佛所得的福報，那麼念佛就是因，往生淨土就是果。本書以因果、淨土、往生為題，即是要反映這層意思。

因果觀念與淨土信仰的歷史，可以研究的課題尚多，若能把這些課題，做宏觀的思考，必能發現許多有意義的宗教及文化現象。近年來，我除了閱讀宋、元學者文集，還涉獵明清佛教居士及日本鎌倉至室町時期的僧傳、僧史、及文集，計劃從文化、思想、與社會史的研究路徑上，對在家居士的佛教觀點與佛學著作進行評估，未來寫成專書，把坊間所見的宋元及其後的佛教史，加以補充，把佛教史納入主流的歷史議論（discourse）中。本書各章，在某種程度上，實也蘊含了我這個寫作的計畫與構想。這種構想的更具體成果會在我未來的著作中展現出來。

本書之所以能夠完成，要感謝內人天雲長期為我分憂、分勞與寬容，也要感激女兒黃萱、黃蕾對我伏案寫作的諒解與支持。家兄啓方經常幫我查找典籍資料，姪兒黃泓常常為我解決電腦文件處理問題，何冠環兄屢屢提供新書，楊龍章前輩的不斷打氣與勉勵，還有朋友、編輯們的邀稿，都對我有很大的幫助。當然，沒有學生書局的同意出版，這本小書是否能那麼順利問世，恐怕也很難卜。

大詩人杜甫說：「文章千古事，得失寸心知。」我雖然無與於

❷ 見《龍舒淨土文》（臺南：淨宗學會，2000），頁 28。有關龍舒居士王日休對淨土經所做的詮釋，筆者有英文論文一篇加以討論，不久可以問世。

文章經國之大業，但下筆時從不敢掉以輕心！總要審慎思慮、字斟句酌，希望所論議題都能曲盡情事，發掘勝義。即令如此，闕漏之處，必不能免，博雅君子，還祈不吝指正是幸。

黃啓江謹識於美國紐約上州日內瓦市威廉史密斯學院

2003 年 12 月 1 日

因果、淨土與往生
——透視中國佛教史上的幾個面相

目　　錄

第一章 佛教因果論的中國化

本文討論佛教因果論的中國化，先談因果觀念爲佛教基本教義之一，而初期佛教因果論是以小乘佛教的「業感緣起說」爲基礎。佛教進入中國之後，因果論呈兩線發展。一爲廬山慧遠合佛教業報與中國傳統報應說而成的三報及天報觀；一爲賢首法藏整合四種緣起而強調法界緣起之因果觀。後者雖爲對小乘因果與十二因緣說法之改良，較具理性色彩，但並未被普遍認知。而前者融合易經感應、儒家天道、與佛教業報觀念，給予「積善殃集」、「積惡致慶」之現象提供解釋，雖違背「自業自得」的佛教業報原則，但卻廣受接納，蔚爲民間流傳之因果信仰。自六朝志怪以至於明清「三言二拍」之傳統中國小說，宣揚因果報應以勸世，多本於慧遠一線之因果說。歷來僧侶雖有對天之施報或報及家人子孫之看法提出質疑，但已無法改變流行之看法。宋以來雖有理學家勸人勿溺於因果報應之說，但勸信流行之因果說者仍多。學者、作家如洪邁、馮夢龍、凌濛初等，多藉小說、故事提倡流行之因果報應，勸人行善避禍，以爲維繫儒家傳統倫理道德之助。

一、引言

　　佛教因果論是佛教的核心思想之一，佛教傳入中國之後，它隨著佛教的若干教義中國化，而變成了中國佛教的因果論，爲中國佛教的特色之一。多年前冉雲華教授曾撰有〈中國人對業報的理解與吸納〉一文，對此問題曾稍作討論。❶他以明代小說家馮夢龍（1574-1646）在「三言」裡所說的故事，闡明故事裡所表達的中國因果報應觀。在文章的結論中，他表示「三言」之故事，❷充分表現佛教教義深入中國人心，而多數中國人所理解之佛教因果，是佛教教義與古代中國天道觀及報應思想相結合後之產物。他認爲透過中國人對佛教這種特殊理解與吸納的模式，佛教變成了中國文化之內部構成要素，而這種模式之演變過程有其更大之意義，因爲它顯示中國人對外來思想的吸收（absorption）與變用（appropriation）。

　　冉雲華教授之論點，代表他對佛教業報觀中國化的看法，他雖然沒用「中國化」（sinification）一詞，但他藉「三言」一類的小說來討論中國式（sinitic）的佛教業報觀，實際上就觸及佛教中國化的問題，與近年來西方學者藉「僞經」來探討佛教中國化的做法有異

---

❶　見 Jan Yün-hua（冉雲華），"The Chinese Understanding and Assimilation of Karma Doctrine." 在 Ronal W. Neufildt 所編 *Karma and Rebirth: Post Classical Development* (New York: State University of New York Press, 1986)，頁 146-168。

❷　「三言」指《警世通言》、《醒世恆言》、《喻世明言》等三部短篇小說合集，專說道德教化與業報觀念之故事，意在警世，故以警世、醒世、喻世爲名。

曲同工之妙。❸個人認為，佛教因果論之中國化，過程並不單純，覺得有必要對冉雲華教授之觀點深入檢討，做些狗尾續貂之工作，將佛教因果論的中國化問題，做一個更全面的分析與說明。❹

二、「因果」一詞的定義

「因果」一詞在中文辭典裡通常有二義，一般的定義是「事情的原因和結果」，特殊的定義則與佛教有關，譬如《新編國語日報辭典》「因果」條說：「佛家通三世（人的前世、今世、來世），三世行善、行惡都會得到報應，循環不差，叫做因果。」❺又如《辭源》「因果」條說：「根據佛教輪迴的說法，善因得善果，惡因得惡果。」❻再如《中文大辭典》「因果」條說：「佛家語，謂因緣與果報。又過去之因緣產生今日之果報，今日之因緣產生未來之果報。按人有恆言，種瓜得瓜，種豆得豆。種瓜、種豆因也，得瓜、得豆果也。有因必有果，自然之理，佛教通過去、現在、未來三世

---

❸　這種研究路徑的代表作如 Robert Buswell Jr. 所編的 *Chinese Buddhist Apocrypha* (Honolulu: University of Hawai'i Press, 1990)。

❹　按：本文內容之部份，亦見於筆者〈宗教的理性與理性的宗教——談中國佛教因果論的現代意義〉一文（收入喜馬拉雅基金會主編《二十一世紀中國文明會議論文集》第 3 輯），然兩篇文章因目的不同，故引言、論述與結論亦異。

❺　見《新編國語日報辭典》（臺北：國語日報出版中心，2000）。

❻　見《辭源》（臺北：臺灣商務印書館增修版，1997）。

說因果報應之義，謂之三世因果。」❼

　　可見說到因果，必定離不開佛教，而佛教「因果」之解釋，自以《中文大辭典》或《大漢和辭典》之說與佛教因果論的原義較爲接近，也就是說，「因果」含有「因緣」和「果報」兩層意義。一般來說，「因緣」和「果報」都不是很難解釋的觀念，但是要眞正要解釋佛教「因緣」觀，則未必容易。根據《辭源》，因緣之義爲「佛教語，梵語尼陀那 (nidāna)。指產生結果的直接原因及促成這種結果的條件。」《中文大辭典》或《大漢和辭典》也說「尼陀那，此云因緣。因，謂先無其事而從彼生也；緣，謂素有其分，而從彼起也。」事實上，「因緣」的「因」在梵語的原義是「主因」(hetu) 之意，而「緣」則是「次因」或「助因」(pratyaya) 之意。《辭源》引鳩摩羅什 (343-413) 之語謂「力強爲因，力弱爲緣」指的即是主因及助因。又引僧肇 (374?-414) 語謂「前緣相生，因也；現相助成，緣也。」也是分別主因與助因而言，同時指出它們在時間上有先後順序。「尼陀那」一詞，實際上是指佛教的「十二有支」或「十二因緣」，爲佛教因果論之根據。至於「果報」之義，辭典的解釋大致相同。《辭源》說是「佛教語，因果報應，即謂種善因，報以善果；種惡因，報以惡果。」《中文大辭典》說是「佛家語，夙世業因之結果，今食其報，曰之果報。多指今生善惡報應而言。」《大漢和辭典》則說是「因果報應之略，因緣之結果。」這些解釋雖然大致不差，但都是相當簡化的說法，於佛教果報說仍

---

❼　按《中文大辭典》（臺北：中國文化學院出版部，1980 年第 5 版），係根據
　　《大漢和辭典》編譯成。

有意思未盡之處。總之，「因果」之義既然與佛教息息相關，當然要從佛教教義裡去理解，也就是要先瞭解「因緣」與「果報」觀念的原始意義，再觀察它如何被中國文化所吸收、解釋、涵化。透過這種理解過程，才能說明佛教因果論中國化的意義。

三、早期佛教的因果論

早期佛教認為「一切有法生，皆從因緣起。生滅法悉滅，說道為方便。」❽佛教辭典裡對因緣的解釋，有所謂「一切萬有皆由因緣之聚散而生滅，稱為因緣生、緣生、緣成、緣起」❾可以說是這層意思的引申。「因緣」之說，是構成佛法（dharma）的要素之一，與四聖諦、八正道、三法印、五蘊、六道、業報、煩惱、輪迴等觀念構成佛教的核心教義。通常所說的「十二因緣」或「十二有支」，就是「因緣」之說的整個系統，是佛教解釋生物、有情生滅的理論依據，實是佛教因果論的基礎。❿

如前所說，既然「因緣」（hetupratyaya）含主因與助因，那麼佛教的因果論就不是建立在單一的因（one cause or single cause）上，而是建立在二種以上的因（即因緣）上。這與吠陀、奧義書、吠檀多等古印度婆羅門哲學之主張單因或一因生成萬物說，大不相同。事實上，佛陀所說之因緣，是一種「緣起」（pratītya-samutpāda, dependent

---

❽　《佛所行讚》，〈大弟子出家品第十七〉，在《大正藏》冊 4，頁 33b。

❾　見《佛光大藏經》，〈因緣〉條，頁 2301。

❿　按：四聖諦、八正道、三法印等詞的內涵，一般佛教辭典都有，此處不再多贅。

origination/arising）之說法。就「緣起說」而論，「諸法是互相依賴、互爲條件的。」既非婆羅門所說的「一因生多果」，也非佛教眼中的其他「外道」所說的「多因生一果」。⓫換句話說，佛教認爲一切諸法皆由因緣而生，因緣產生結果，而結果亦爲因緣，二者相倚相生，永無止境。

　　進一步地說，佛教並不認爲萬物之生成都只依賴單一的因，而須賴兩個以上的因或「因緣」。而且任何因緣之形成與變化，在時間上都是持續的，從過去、現在、到未來，如鏈鎖一樣，前後相關，可以叫做因緣鏈鎖（chain of causation），是「十二有支」或「十二因緣」之特色。用這種「緣起論」來說明人生的主要實相，或人生、事物流轉、演變的現象與過程，大概可用一個簡單的理論定式表示如下：因爲「此」之存在故有「彼」之形成；因有「此」之發生，故有「彼」之發生。這就是佛經上所謂的「此有故彼有，此生故彼生」或「彼有故此有，彼生故此生」。⓬

　　以「緣起論」爲基礎的「十二因緣」來看事物的存在與演變過程，大致上有所謂的㈠過去二因㈡現在五果㈢現在三因㈣未來二果。這些因構成了「十二因緣」，但任何一因都不是第一因（first cause）。也就是說，根本無第一因之可能，因爲事物的存在與演變過程與時間之關係是圓形的，既無開始也無終結，所以佛教通常以圓周來代表「十二因緣」之運作。

⓫　見呂澂，《原始佛學》，收於《呂澂佛學論著選集》（濟南：齊魯書社，1991），冊4，頁1925。

⓬　見《長阿含經》，卷10，《大正藏》冊1，頁67。

　　以「十二因緣」觀察人生之過程時，「過去二因」是「無明」與「行」。「無明」指盲目，是貪、瞋、癡所造成的心盲或意識混亂。這心盲會導致盲目之動機及行為，是所謂「造作諸業」，即是「行」。這都是人從前世進入今生之原因。從現在主觀的立場去看「無明」與「行」，它們是過去之因，但是客觀的來看，過去也是整個生命流轉或事件演變過程之一部份，與現在應是一體的。

　　「過去二因」的所造之果即是「現在五果」，分別為「識」、「名色」、「六入」、「觸」、「受」，可以等同於人生在世的五個階段。第一階段的「識」，佛教稱做「業識」，也是潛意識心，為胎兒於受孕最初期之無意識狀態。它進一步發展而進入第二階段，稱「名色」。「名色」指胎兒之心和身合為一體之階段。由此一階段繼續發展，即進入第三個階段。此時六根（眼、耳、鼻、舌、身觸、意）皆已成形，故稱「六入」。第四階段等同於是胎兒出生之頭兩年時間，此時六根已可以活動，而身觸之活動最為明顯，可與外界直接接觸，故稱「觸」。此後從三至五歲時，自我意識成長，對外界事物能發生感受，進入了一個「受」的階段。

　　佛教認為以上從業識的投胎階段到具有感受之第五階段，並不是全然自己發生的，而是過去二因導致而成的果，故有「現在五果」之說。而這個階段完成以後，即會進入一個開始自我造就因緣的階段，就是「現在三因」，也就是「愛」、「取」、「有」三因。因為對外境有感受，開始生愛欲，人就會有愁、苦、歡、樂等經驗。歡樂的經驗會使人用心去求取造作或擁有更多歡樂，而產生執著，而完成了擁有的階段，就等於是創造了「（存）有」（being），是導致未來果報的要因。而這未來果報也就是「十二因

緣」的「未來二果」:「生」與「老死」。❸

　　十二因緣的「過去二因」、「現在五果」、「現在三因」、
「未來二果」之過去現在、與未來之三段時間,當是從現在之觀點
去看的。若從未來之觀點看,現在即是過去,而未來也成了現在。
所以三世之時間關係應是相對的。也就是說,每一世都是前一世的
果,同時也是後一世的因,於是形成了佛教所說的「三世因果」或
「三世兩重因果。」嚴格地說,「三世」應只是一個週期,並非一
段固定的時段。這個週期周而復始不斷地循環,就是生命之輪迴。

　　佛教認為輪迴之因是惑與業,果是苦,而十二因緣就在惑、
業、苦之因果相乘下,持續不斷。人若未能獲取正覺,滅去無明,
而入寂靜涅槃之境,這種輪迴是永無休止的。所以佛陀提出所謂
「四聖諦」──苦、集、滅、道,教育世人了解如何從輪迴受苦中
解脫。「四聖諦」的第一苦諦──「生即是苦」──說明人生起碼
有「八苦」,除了生、老、病、死四苦之外,還有所謂哀愁怨憎悲
傷之苦、與所不喜悅者相聚之苦、與喜悅者相離之苦、不得所求之
苦。❹這些苦的起因(arising),來自人對欲求之執著。因為人之欲
求無止境,除聲色感官之樂外,還欲求擁有所未有者,及拋棄所擁
有者,這些行為集在一起,成為「業集」,都是引發八苦之因。❺
佛所說的第二聖諦的「集諦」就是在解釋「生即是苦」之起因,

---

❸　以上見《佛光大辭典》,頁 337。

❹　見 Damien Keown., *Buddhism: A Very Short Introduction* (Oxford: Oxford
　　Univeristy Press, 1996),頁 48-49。又參看印順,《成佛之道》(臺北:正聞
　　出版社,1982),頁 148-150。

❺　同上。

「業集」之造成固然是欲望，但欲望之由來則是「惑」或「無明」。因爲迷惑、無明而產生了欲望、煩惱，而有業集之生。這就是一種「緣起說」，是小乘佛教所謂的「業感緣起」，也是小乘佛教因果論的根據。❶

　　概括地說，早期佛教的因果論是以「緣起說」爲基礎，以十二因緣爲前提，而以三世因果爲內涵，代表小乘佛教因果論的特色。這種因果論隨著大乘佛教之出現及佛教傳至中國而產生了變化。

四、緣起論在中國的演變

　　小乘佛教的緣起論表現於「業感緣起說」時，其因果關係純粹是以個人的道德、行爲爲基點來論，意義比較狹隘。❶因爲這種因果論，是以業爲基礎來決定一切現象、有情之生死流轉或命運的。業雖有種種分類，但是依「業感緣起說」來看，不外善業、惡業兩種。善業與惡業分別由善心與惡心而引起。善業或惡業之多寡，決定眾生在六道輪迴或六趣間升降往返之歸趨。此六道或六趣（six realms of rebirth）按其高低層次說，就是天、人、阿修羅等三善趣，及餓鬼、畜生、地獄等三惡趣。生於三善趣或三惡趣，或六趣之高低層次、善惡趣之升降，完全取決於所作諸業之影響。換句話說，

---

❶　已故的方東美教授曾對「業感緣起說」一詞表示懷疑，認爲它可能是「業惑緣起說」之誤，因日本誤用而中國人也跟著誤用。見方東美，《華嚴宗哲學》（臺北：黎民文化事業公司，1981），上冊，頁342。

❶　呂澂，〈緣起與實相〉，見《呂澂佛學論著選集》（濟南：齊魯書社，1991），冊4，頁1343-1367。

善業多，就會輪迴至高層，惡業多，就會輪迴至低層。這種完全以道德行為標準來決定來生之去向的因果論，是一種植基於道德的因果論。呂澂認為因果問題除了涉及主觀的個人道德、行為之外，還涉及到客觀環境與人之間的相互關係，也涉及人對宇宙人生之了解，和此種了解所造成之生命變化，以及個人智能與意志等問題，所以他提出所謂「受用緣起」及「自性緣起」之說來作補充，認為這三種緣起合而為一，才構成佛家「緣起說」的整個理論體系，佛教的因果論才能夠圓滿具足。❸

姑不論人死之後是否有生命（life after death），做為一個因果論，「業感緣起說」確實是忽略了外在環境對人或其他生物所產生之作用及影響，也忽視人的自由意志及其所累積之知識力量，更無法說明惡趣之地獄、餓鬼、畜生之道德與善惡意識如何形成，同時對業感緣起造成之因緣連鎖，靠甚麼來運作，也未交代清楚。這些缺點，在佛教傳入中國之後，由華嚴宗的賢首大師法藏（643-712）作了某種程度的修正。

賢首大師法藏也就是華嚴三祖，他提出了「四種緣起」之說法，在「業感緣起」之外加上「阿賴耶識緣起」（或「藏識緣起」）、「如來藏緣起」（或「真如緣起」）、及「法界緣起」。❹「四種緣起」可以說是大乘佛教對小乘「緣起說」的改進，也可以說是「緣起說」及因果論中國化的一個表現。換句話說，法藏的緣

---

❸　同上。

❹　有關「四種緣起」的討論，詳見 Takakusu Junjirō., *The Essentials of Buddhist Philosophy* (Westport: Greenwood Press Publishers, 1973)，頁 29-30。

起說代表大乘佛教因果論的發展，與「業感緣起說」比較起來，它是一個較爲理性化的因果論。

「四種緣起」中的「藏識緣起說」接近呂澂所說的「受用緣起」。根據此說，人之行爲或業，係由身、口、意三者造成，其中「意」主導行爲之醞釀及表現，爲行爲之最深根源，可稱「藏識」（storehouse consciousness），或阿賴耶識（ālaya-vijñāna），爲大乘佛教八識說之第八識。❷⓿「藏識」是一切法之種子，爲種識，係儲藏其他七識所得訊息之所。它不斷儲藏、綜合新獲得之資訊，並投射出新的識因，使新識與舊識互依，使八識不斷更新，循環不斷，成爲惑、業、苦之來源，也就是推動十二因緣的根本。這似乎是個相當綿密的說法，但是「藏識」從何而來，並未說明。

法藏的「眞如緣起說」可以說是對「藏識緣起說」的進一步補充與推演。❷❶根據「眞如緣起說」，「藏識」來自「如是」（suchness or thusness）或是「如來藏」（tathāgata-garbha）。廣義的「如來藏」有其動、靜之性，「有常住不變之一面也有隨緣起動而變現萬有之一面」。❷❷當其常住不變而呈自性清靜時，隱而不顯，是無時空、無始終、無形、無色的。當其隨緣起動時，就會以各種形式

---

❷⓿　按：所謂八識，即是眼識、耳識、鼻識、舌識、身識、意識、末那識、及阿賴耶識或藏識。八識之說法雖然是來自印度瑜珈學說，但經玄奘（600-664）及其弟子窺基之解說，變成他們所創法相宗或唯識宗之主要特徵。

❷❶　法藏是從《大乘起信論》裡發現「眞如緣起說」的。有關《大乘起信論》之作者，近代學者有許多爭論，但認爲其爲中國人所著之看法似較普遍受學者所接受。

❷❷　《佛光大辭典》，頁2363，「如來藏緣起」條。

出現。若受淨因驅使而動，就呈高尚之形；若受染因之驅使，就呈邪曲之形。㉓透過染、淨二種不同性的活動之因，會造成變惡變死變現六道，或變善變生變現四聖等特殊實相之果。這種因果關係，可以用大海之水與波來作譬喻。大海之水，其濕性不因風生波而有動、靜之不同狀態而改變，水雖因風動而生波，但實際上水即是波，波即是水，二者實爲一體。若水是因，波是果，則因果同時出現，同時存在，因即是果，果即是因。㉔

　　「如來藏緣起說」的因果論，與華嚴宗的理（水）、事（波）無礙說相似，它只說明理與事之間的因果關係，而未能解釋事與事（現象與現象）之間的因果關係。所以法藏又提出了「法界緣起說」的觀點，㉕認爲萬法萬事是相關的，它們或同時發生，普遍相互依賴，相互緣生，相互影響；或異時發生，而過去、現在、未來互爲因果，而不能獨立存在，圓融無礙，如因陀羅網（*Indra-jāra*; Indra's net）。㉖這種萬法緣生，諸法互爲因果之現象即是「法界緣起」。

㉓　按：「如來藏」是《大乘起信論》的中心理論之一，此處法藏顯然是用如來藏是自性清淨心之義來解釋染淨。

㉔　水與波之譬喻見高振農校釋《大乘起信論》（北京：中華書局，1992），頁36。

㉕　「法界緣起」一詞原是隋代淨影慧遠（523-592）所提出，智儼與法藏都沿用其詞而有所發揮。

㉖　因陀羅（Indra）指帝釋天，爲最勝、無上之義。爲佛教之護法神，爲十二天之中忉利天（三十三天）之主，居於須彌山頂忉利天之善見城，《雜阿含經》有八種不同譯名，含釋提桓因、富蘭陀羅、憍尸迦、因提利等。「因陀羅網」又稱天帝網、或帝釋天網，乃莊嚴帝釋天宮殿之寶網。爲無量寶珠結成，每一寶珠皆映現自、他珠之影，而各影中亦皆映現自、他一切寶珠之影。如是寶珠無限交錯反映，重重影現，互顯互隱，重重無盡。這即是澄觀

根據此種緣起觀，前述的十二因緣連鎖的因果關聯可做不同的解釋。它們的因果關係不必受到「後者因前者而生」的限制，不再有時間上的本末、先後的順序問題，而是十二因緣彼此相互關聯，其因果關係是超越時間與空間的。❷⁷

很明顯地，「藏識緣起」、「眞如緣起」、及「法界緣起」之說，突破了「業感緣起說」之局限，不再僅僅從人之生命流轉爲出發點，以行爲的道德性爲因果的唯一考量，而兼顧外在環境及個人心識與意志之間的關係。不再以人生現象爲中心，而擴大到宇宙的一切現象互相依持之解說，豐富了佛教因果論的內容，也使佛教的因果論更具有理性及普遍性。❷⁸

法藏的「四種緣起說」雖然豐富了佛教因果論，但只是佛教菁英之間的看法，並未廣泛的流傳於民間。作爲佛教因果論所根據的系統，它其實是有問題的。基本上，「法界緣起」與「業感緣起」間的差異相當明顯，如果欲以「四種緣起」作爲佛教緣起論的系統，勢必要將「法界緣起」與「業感緣起」二者相提並論，那麼這個體系就有內在的矛盾，而其因果論就難以自圓其說了。這裡所說

大師（738-839）在《華嚴書鈔》中所說的「如天帝殿，珠網覆上，一明珠內，萬象具現，珠珠皆爾，此珠明徹，互相現影，影復現影，而無窮盡。」正是法界緣起因果之特性。按：《華嚴宗哲學》將《華嚴書鈔》原文句讀稍錯，雖不害原意，但文理不順，於此處改正。賢首大師法藏即是用因陀羅網來解說華嚴的「一即一切，一切即一」，或「一即是多，多即是一」與「一多相容」之觀念。參看《佛光大辭典》，頁 2296，2298；方東美《華嚴宗哲學》，下冊，頁 459-461。

❷⁷　見 Takakusu Junjirō（1973），頁 113-114。
❷⁸　參考呂澂，《呂澂佛學論著選集》冊 4，頁 2072-2073。

的差異是什麼呢？我們不妨用下列圖表比較說明：㉙

法界緣起	業感緣起
強調因果之發生，而不關切造業者是否受其果之影響	關切果產生之後對造業者之衝擊
果之產生不依賴造業者之意向而只依賴其行動；與造業者之欲無關	果之產生依賴造業者之意向及行動，有欲之行就有業果，非本於欲之行爲不會產生業果
因與果之間並無善業感生善因善果，而惡業感生惡因惡果的明顯關係	善業感生善因善果，惡業感生惡因惡果，關係明顯
因與果之間無道德關聯，行爲與其結果之間只有一般關係	因與果之間有重要的道德關聯，其關係是個別的，亦即道德之行及非道德之行各有其幸或不幸之果
因果之間在時間上相連接，有立即性	因與果之間在時間上不相連接，無立即性。果可出現於遙遠之未來、來世、或來世之來世

　　上表顯示「法界緣起」與「業感緣起」有相當明顯的差異，而佛教兩者兼談，豈不是自相矛盾呢？如何來解釋它們之間的差異才能使佛教之因果論圓滿無礙呢？

　　有些學者認爲解決辦法之一是把業果分成兩種，一爲「果」（*phala*），我們不妨稱之爲直接之果；一爲「行」（*samskāra*），不妨稱之爲間接之果。直接之果就是任何行爲發生之後立即產生之

㉙　按此表根據 Bruce R. Reichenbach 之 *The Law of Karma* (Honolulu: University of Hawai'i Press, 1990)，頁 24-25 之討論製成。

果，這種果是可見的、物質的（physical）。例如揮棒擊球，球或高飛或著地，不待其他媒介，直接發生。間接之果則是行為發生後，先會產生某種助因（agent），此助因會導致某種行為、思考、經驗，或解釋經驗之傾向，也就是五蘊中的「行」（disposition）。這種果是不可見的、非物質的，也常常是道德性的（moral）。譬如「種豆得豆」，在得豆之前，種子需要經種豆者細心照顧，使它經過薰習、萌芽之過程才能發育結豆。直接之果大致著重因果之間的關係，可歸屬於「法界緣起」。間接之果強調助因之生成而非果之立即出現，可歸屬於「業感緣起」。如果從人生現象來解釋，所有的行為都產生直接之果，但行為者未必受益或受害。只有本於善念之行為，會不斷導致未來之善念，而生益處。而本於貪欲之行為會不斷導致未來的貪欲之行，而生害處。有些學者認為這樣解說兩種緣起，似乎可以調和它們之間的差異。❸⓿

　　雖然如此，若是「業感緣起」並無關於直接之果，而僅限於間接之「行」（disposition），那麼它所強調的就是意念（volition and intention）、態度、性向的產生、積聚與影響，而不是行為的本身及行為所造成的一般結果。也就是說，個人之行與意念成為決定道德品質高低之因素，而影響未來的結果，而行為的本身反而不見得重要。這種情況之下，人可能會本著自以為正確、良好之態度或意念而做出可鄙或可惡的行為，而違背了「業感緣起」堅持道德標準的本意。所以「業感緣起」是不能限於「行」或意念的，還要用行動把那種「行」和意念正確地表現出來。

---

❸⓿　同上，頁 26-30。

　　另一方面，若把「果」跟「行」說得壁壘分明，而僅以「業感緣起」來解釋人世間的許多現象，就會產生許多困難，同時也失去了以「阿賴耶識緣起」、「如來藏緣起」及「法界緣起」來補充它的意義了。因爲人所遭遇之困境不只是個人之「行」與傾向所致，也常常是外在環境所造成的。譬如房子因閃電起火而被燒成廢墟，這明顯的是外在因素所造成的直接之果，既不是個人不道德行爲所產生的助因所致，又與個人所累積之「行」或傾向無關，很難以「業感緣起」的業果觀念來解釋。但若追問爲何不是其他災害或爲何是我之房子受害時，除了歸之於偶然，必定要考慮到應用「法界緣起」來解釋，否則人類似乎並沒有足夠的理性知識或智慧來做任何其他因果之解釋。

　　理論上，「四種緣起」應被視爲一個整體，都應該用來做爲佛教教義的核心理論之一。它或許是無法用實驗來證明，但較「業感緣起」合理。❸以它爲基礎的因果系統或許不見得非常完整，而且可能會被視爲與西方「形上學的因果關係」（metaphysical causation）及「道德上的因果關係」（moral causation）相類似，但它並不是以上帝或神爲基礎或第一因。同時它也重視人的意志作用，沒有「嚴格的機械論因果關係」（strict mechanical causation）及「物質因果關係」（physical causation）等決定論的缺點。❸最重要的是，它早已變成東

---

❸　「業力說」（the doctrine of karma）有其理性爲不少學者所公認。見 Charles F. Keyes and E. Valentine Daniel eds., *Karma: An Anthropological Inquiry* (University of California Press, 1983)，頁 1-3。

❸　此處各因果關係之譯名都採方東美教授之翻譯，見前引方東美《華嚴宗哲學》，頁 86-91。

亞世界的宗教文化裡的重要成份，不是我們知識分子所應忽視的；問題是它只代表佛教因果論中國化的一支，而且是屬於較形而上的一支，並不是佛教因果論中國化的主流。

五、中國化之因果論

如果我們可以接受「四種緣起」為佛教的核心教義之一，為佛教因果論的基礎，那麼我們應該把它當作佛教業報觀念或一般所謂的佛教因果報應之說的前提。不過，在「四種緣起說」出現以前，中國人已經受到「業感緣起說」的影響，而相信了一種很簡單的因果報應論。這種因果報應論，雖然仍以三世因果為依歸，但強調善業或惡業在造成善報或惡報時之現驗，或是「現報論」。也就是大乘《涅槃經》所說的「善惡之報，如影隨形；三世因果，循環不失。」❸❸

「現報論」在魏晉南北朝時期相當流行，經當時志怪小說如《搜神記》、《宣驗記》、《幽明錄》、《感應傳》、《冥祥記》、《冤魂志》等等的一再宣揚與傳播，❸❹及後世《夷堅志》之

---

❸❸　見《大般涅槃經後分》，《大正藏》冊 12，頁 901a。原文謂：「深思行業，善惡之報，如影隨形；三世因果，循環不失。此生空過，後悔無追。」
❸❹　魏晉南北朝志怪小說相當流行，有關論著極多，此處不多贅。唐道世（?-683）將這些小說故事按內容分類，散編入其書《法苑珠林》中。此處隨手列舉干寶《搜神記》、劉義慶《宣驗記》與《幽明錄》、王延秀《感應傳》、王琰《冥祥記》、顏之推《冤魂志》以概其餘。

類講述因果報應故事之書的推波助瀾，**❸**就成了根深蒂固的民間信仰了。東晉時，盧山慧遠（334-416）爲了回答俗人懷疑善惡無現驗之實，而作有〈三報論〉一文。他在文中除了解釋佛經所說的「三報」——現報、生報、後報——之觀念外，**❸**還說明爲什麼「積善之家必有餘慶，積不善之家必有餘殃」的傳統說法與人世間之實際情況經常相反，而有「積善之無慶，積惡之無殃」的情形出現。雖然他的〈三報論〉可能是轉抄自其師道安的〈二教論〉，**❸**但畢竟是經由他的宣揚，而擴大了三報論之影響。慧遠在〈三報論〉中告訴他的質疑者，報應是絕對有的，不過有遲速之不同而已，有立即或今生之報，有來生之報，也有數世以後之報。他說「現報者，善惡始於此身，即此身受。生報者，來生便受。後報者，或經二生三生，百生千生，然後乃受。」**❸**這種報應不爽，遲早都會到來的說法，即是一般所謂的「善惡到頭終有報，只爭來遲與來早。」

慧遠在〈三報論〉裡只是依佛經的大概來解釋「三報」，並未詳細說明「三報」發生的原因與究竟爲何。他認爲「心」是受報之源，也是果報形成之因。由於「心無定司，感事而應；應有遲速，

---

❸ 《夷堅志》爲南宋洪邁（1123-1202）所著。

❸ 譬如《大般涅槃經》，〈憍陳如品第十三〉說：「善男子，眾生從業而有果報。如是果報則有三種，一者現報，二者生報，三者後報。」見《大正藏》，冊 12，頁 599c。

❸ 道安在其〈二教論〉內，亦有「經云，業有三報」說，見道宣《廣弘明集》，《大正藏》冊 52（臺北：新文豐出版社，1983），頁 142bc。比較其說與慧遠之議論，文字與內容大致類似，但道安之文較爲連貫可解。

❸ 見僧祐，《弘明集》，《大正藏》冊 52，頁 34bc。此段文字與道安之文幾乎完全一樣，只有一、二字之差。

故報有先後。」❸這是用「感應說」來解釋受報之先後，因為心會受到自己所為善事或為惡事之感應而獲報，感應快受報就快，感應慢，受報就慢。這是一種很籠統的說法，但似為慧遠所深信。因為有這種看法，他覺得為善為惡都取決於心，也就是心可改變行為，只要心向善，所作之事就是善事，否則就是惡事。所以他在另一篇文章〈明報應論〉裡就說「夫事起必由於心，報應必由於事。是故自報以觀事，而事可變；舉事以責心，而心可反。」❹

不過，為什麼有「積善之無慶，積惡之無殃」之類的報應呢？依一般人所知，有「積善」之因，應能產生「積善之家必有餘慶」之果，而有「積惡」之因，必產生「積不善之家必有餘殃」之果。❹但是善有惡報而惡有善報的情況卻常常發生，如果這種情形變成常態，那麼行善又有何意義呢？慧遠認為那是由於「現業未就，而前行始應」之故。❹也就是說，今生的善業或惡業還未累積至受報之程度，而前身的善業或惡業已先發生果報的作用了。換句話說，若前生之業報早已完成，不影響今生之善業或惡業，那就不會出現

---

❸　同前書，頁 34a。同樣的意思，道安是接上一句「或二生、三生、百千萬生，然後乃受」而表達的，道安之句為「受之無主，必由於心。心無定司，必感於事。緣有強弱，故報有遲速。」慧遠將「緣有強弱，故報有遲速」改為「應有遲速，故報有先後，」使整句之意思與「感應」之觀念相結合。

❹　見前引僧祐《弘明集》，頁 34a。

❹　此說出自《易經》，〈坤卦·「互見善良」〉。它和其他類似說法，譬如《老子》「天道無親，常與善人」，《荀子》「積厚者流澤廣」等，與佛教因果論之引進中國頗有關係。參看任繼愈等編著《中國佛教史》第 2 卷（北京：中國社會科學出版社，1985），頁 650。

❹　同樣的意思，道安之句為「此皆現業未熟，而前報已應。」

「積善而殃集」或「積惡而致慶」的現象了。他說一般人以爲善惡之報無徵，是因爲他們不知「倚伏之契，定於在昔；冥符告命，潛相迴換。故令福禍之氣，交謝於六府；善惡之報，舛互而兩行」的道理❹。簡單的說，就是他們不知善惡與福禍之報，是因前業生效於先，而現業運作於後；前業若屬惡業而先發生作用，就可能導致「積善而殃集」之現報。相反地，前業若屬善業而先產生結果，就會發生「積惡而致慶」之現報。

慧遠之因果報應說，認定心與事爲招來報應之因，強調「事」或行爲之道德性能迅速產生苦或樂之結果，否則即是前生之業力先於今生之業力發生效用之故。這和法藏所提出的法界緣起的因果觀不同，沒有考慮到行爲亦有中性而無關於道德的，而眞正與道德相關的是上文講的「行」。因爲「行」需要一段時間的累積和與意念的交互作用，才會有果報的產生，也才會有報之遲速與先後及三報之發生。慧遠在廬山傳淨土教遠在法藏倡法界緣起說之前，不知四種緣起之觀念，❹所以他雖然談三報，卻只環繞著「積善之家」和「積不善之家」的解釋，欲用三報說將餘慶或餘殃觀念合理化。可是他沒有釐清佛教業報的特性是「自業自得」或「自作自受」而不

---

❹ 見前引僧祐《弘明集》，頁 34c。道安之文無前段之句，但其意思較爲清楚，他說「或說人死神滅，更無來生，或云聚散莫窮，心神無間，或言吉凶苦樂皆天所爲，或計諸法自然，不由因得果。以福禍之數，交謝於六府；苦樂之報，迭代而兩行。遂使遇之者非其所對，乃謂名教之書，無宗於上，善惡報應，無徵於下。」

❹ 按法藏之法界起思想實是繼承其師智儼（602-668）而來，但智儼生在慧遠之後約兩百年，慧遠實亦無從得知其說。

會發生轉嫁到家人身上，而使其獲祥或獲殃之現象。他雖然解釋了「積善之無慶，積惡之無殃」的原因，但卻根據一個非佛教的命題來說明報應之不爽，等於是在法藏的佛教因果論之外，又開闢了一個不同的中國化因果論。

　　值得注意的是，環繞在「積善之家」一議題的因果論與慧遠所說的因果論相結合，而形成了中國民間所流行的因果論。這個因果論一方面著重當下即驗的「現報」或「速報」，一方面又強調報應來自於天，而垂及家庭、後世。它以傳統中國的天道觀與家庭觀為基礎，❹而談「生報」或「後報」；奉不可知的天為賞善罰惡的主宰，推造業者應受之業報至其家庭之成員，而忽略了個人應對自己行為負責而受報的「自業自得」的道理。這種中國化的佛教因果觀，與法藏一支的佛教因果論既不相符和也不相統屬，但它卻廣為民間所接受，而變成民間長期所信仰的佛教因果論。

　　這種中國民間流行的因果論，充分表現於歷代的善書、治家格言或常見的地方諺語。譬如，就「速報」或「現報」方面來看，《太上感應篇》❹的「善惡之報，如影隨形」和「一日有三善，三年天必降之福；一日有三惡，三年天必降之禍」之說，就是對《涅槃經》說法的重申，但是把施報之主宰歸諸於天。就上天施報應，

----

❹　關於佛教入中國以前的報應說可參考楊聯陞的 "The Concept of 'Pao' as a Basis for Social Relations in China," 在 John Fairbank ed., *Chinese Thought and Institutions* (Chicago: Chicago University Press, 1957)，頁 291-309。

❹　按《太上感應篇》原收於《道藏》之內，宋真宗時命工刊刻，大顯於世。明、清續有刊印，流傳甚廣。雖一般視為道家之書，然融合佛家因果報應之說，可視為中國民間因果論的主要代表之一。

積惡遺子孫方面來說，早在《顏氏家訓》裡即有「好殺之人，臨死報驗，子孫殃禍，其數甚多」之警，**❹**而近世的《傳家寶全集》也有「天眼從來看得眞，循環報應似車輪，現前榜樣層層見，遠在兒孫近在身」之說。其他類似的說法，見於大家所耳熟能詳的「善有善報，惡有惡報，若還不報，時辰未到，」或「善惡分明天有報，遠在兒孫近在身」都是典型的例子。

六、見於筆記、小說之中國化佛教因果論

在傳統筆記、小說故事情節裡所表現的「速報」或「現報」觀念，可以說是俯拾即是。最有名的應該是明代文人馮夢龍與凌濛初（1580-1644）所編寫的「三言二拍」裡的故事。**❹**不過明代以前，宋官方曾蒐集歷來志怪小說、異聞、故事，編成《太平廣記》五百卷，以達博採群言，不遺眾善，而「啓迪聰明，鑒照今古」之目的，其中不乏因果報應故事。此外，南宋學者洪邁（1123-1202）也以個人之力蒐集異聞故事，撰成《夷堅志》一書，所錄因果報應故事亦多。這些故事集，與「三言二拍」一樣，都是爲勸懲教化而作。**❹**它們所反映的社會道德觀，仍與現代初期甚至今日民間社會

---

❹ 見顏之推（531-595），《顏氏家訓》（臺北：臺灣商務印書館，影印文淵閣《四庫全書》本），〈歸心篇〉，卷下，16b。

❹ 按「三言二拍」指馮夢龍之《警世通言》、《醒世恒言》、《喻世明言》和凌蒙初的《初刻拍案驚奇》與《二刻拍案驚奇》。

❹ 見《太平廣記》（臺北：新興書局，1958），李昉〈《太平廣記》表〉及《警世通言》（臺北：三民書局，1992），無礙居士敘。

的社會道德觀，相差不遠，都是強調因果報應之現驗與上天之施報，都是慧遠一支中國化佛教因果觀流傳的明證。

《太平廣記》收錄前朝筆記小說故事不下數千則，分成九十類。其中「報應類」雖多錄信奉釋氏而誦經獲善報之故事，但亦含與誦經無關，卻因害人受報之故事。譬如〈崔尉子〉一篇，說唐天寶中清河人崔某，與其妻王氏由滎陽（在今河南省）赴吉州（在今江西省）大和縣尉任所，適吉州舟人孫某正空舟等待返鄉，因要價甚廉，崔與其妻遂搭其舟赴任。孫某窺知崔夫婦囊橐多金，於途中將他推落水中溺死，又以刃逼納其妻。王氏時正懷孕，不得已留居江夏（今湖北武昌）。其後王氏生子，撫養成人，並教以文字，孫某愛之，亦養為己子。後二十年，孫某因崔氏之財而致富，而養子亦年至弱冠，學藝已成，遂送他入京應舉。不料途經滎陽郊外迷路，為一火前引至崔母之家寄宿。崔家人見此少年不僅貌似崔某，且言語行步，亦無少異，遂告崔母接見。崔母見之，發聲慟哭，並告以其子因赴官而消息遂絕之事，囑咐少年試畢之後再來。少年應舉不捷，又歸崔家留居數日。臨別時，崔母贈送貲糧與其子衣衫一件予少年留念。少年返家，並不為父母言其事，然一日忽著崔母所贈衣衫，下有火燒孔，其母因燒孔而知為其所製之衣。因驚問來處，少年乃述老母贈衣本末。王氏遂將受害故事告其子，其子聞言慟哭，謁府申冤，府尹執孫某推問，查其罪行屬實，遂將其正法。故事之敘述者，藉王氏之口，以「神理昭然」來形容真象之浮現，實為天意，而報應之不爽，不容置疑。❺⓪

---

❺⓪　見《太平廣記》，頁 857-858。

又如〈陳義郎〉一故事，內容與〈崔尉子〉頗爲類似。❺故事主角唐人陳義郎之父陳彝爽與周茂方爲洛陽同邑人，同於三鄉習業，並爲兄弟交。而陳應舉擢第，歸娶郭氏爲妻，周則不幸落榜。陳於天寶中授蓬州（在今四川省）儀隴令，與郭氏赴任，並堅請茂方同行。郭氏織衣一件，送其姑留念，誤爲刀傷指，血沾衣上，無法洗去，姑媳同哭。彝爽等赴任途中，茂方突生異志，命僕夫等先行，而於山路陡峭之處，以金鎚擊碎彝爽之頭額，並將其推入山崖浚流之中，謊稱彝爽因馬驚墮入山崖而死。❺遂與僕夫、郭氏等置酒弔喪，商議仍由他冒名赴任，日後再爲彝爽發喪。後茂方順利到任爲官，數年後並秩滿陞官，以陳義郎爲子。如此匆匆十七年，陳義郎已十九歲，銜命入京應舉，路經三鄉，有賣飯老嫗留食再三，以義郎酷似其子而取郭氏所留血污衣衫贈之。後義郎下第歸家，郭氏忽見血跡衣衫，驚問其故，義郎遂述其始末，而郭氏亦告知老嫗爲其祖母，茂方爲殺父仇人，前以力弱子幼，雖欲報仇，恐謀有不臧，殃及義郎，隱忍不發。義郎遂密礪霜刃，候茂方安寢之時而斷其喉，並執其首謁官請罪。官府義之，赦其罪，義郎即奉母歸三鄉尋祖母。郭氏與其姑相見，取血衫驗之，欷歔對泣，後養姑三年而終。故事之敘述者，以血衣入義郎之手爲「天意」欲其子報仇。而義郎手刃殺父仇人，亦爲順應天意，故罪不及於身，點明受害者之子，復仇有理，而惡人受現報，亦理所當然。

<hr>

❺ 見同書，頁858-859。
❺ 按原文說「某內逼，北[比?]迴，見馬驚，踐長官，殂矣。」似說彝爽被馬踐踏而死，此恐難取信於人。

　　又有〈羊道生〉一篇，說梁朝羊道生為邵陵王中兵參軍，乞假訪其兄遂州刺史海珍。臨別，海珍於路旁設宴送之。道生見一人被縛於路旁之樹，近視之，乃故舊部曲。其人見道生，對其哀泣求救，謂其兄欲殺之。道生問何罪，答曰失意叛逃，道生便說，此最可忿，遂以佩刀割其眼睛吞之，並囑其兄將其人斬之，無視於部曲呼天大哭。不久，道生覺眼睛噎在喉內不下，索酒數杯飲之，仍不能下，轉覺脹塞，遂不成嚥而別，數日之內死於路上。敘事者於故事結尾說：「當時莫不以為有天道焉！」指出天道好還，人人皆知，殺人為惡速招惡報，合情合理。

　　《夷堅志》中有關現報之故事也不少，如〈蔣員外〉一則，說明州（在今浙江）定海人蔣員外，輕財重義，聞不肖子姪變賣田產，必隨其價買之。待其無以自給，又舉田以還，不取回其錢，如此買而又還多次。一日，蔣泛海入郡，因大風擊舟而落水，舟行如飛，舟人挽衣救之不及。忽遙見一人冉冉立水上，隨風赴舟所，視之，竟為蔣員外。舟人遂扶蔣登舟，問其所以，謂將溺時，忽覺有物托起其足，順風而送至舟所。洪邁述完此故事，遂說「人以為積善報云。」此故事不管為事實與否，原敘述者就是要藉它宣揚積善可速獲善報之因果觀。❺❸

　　又佛教常以因果報應之說戒人殺生，《夷堅志》蒐錄不少因殺生而受惡報之故事，〈張翁殺蠶〉即是典型的例子之一。此故事主

---

❺❸　見《夷堅志》（北京：中華書局校點本，1981），頁 54。按：洪邁所述故事，與多數六朝以來志怪小說一般，都記其故事來源，或謂聞於某人，或謂某人所說，以徵其信。洪謂此故事係李郁光所說。

角爲南宋信州（在今江西）沙溪蠶民張六翁。張因信州桑葉驟貴，欲趁機盡售其桑葉千斤，以迅速牟利，遂囑其妻與媳婦將所蓄之蠶，盡投於江，而採葉出售，以便立獲其値。張妻恐失蠶種，乃留兩箕蠶，藏於媳婦床下。一夜，其子竊桑葉於樹間，張以爲盜至，忿而取矛刺之，其子墜地而死，張不知爲其子，歸語其妻媳謂盜入竊桑葉，已被刺殺。張妻疑死者爲其子，往視之無誤，遂解裙自縊。張訝其妻久不返，又往視之，見妻、子俱死，亦自經。媳婦執火尋其夫，見三尸於桑樹下，大呼告鄰里，里正至，欲執之送官，媳婦逃脫，至一桑林，亦自縊而死。張翁一家皆死無遺，敘述者總結其故事謂：「元未得一錢用也，天報速哉！」❸譏張六翁欲獲暴利而殺蠶，不但一文未得，且全家隕命。一人之惡業，不僅報及自身，亦禍延家人，而惡報之速，實由天主之，充分表達了典型中國化因果論之道德觀。

爲惡而受惡報與現報，在中國化因果論的認知下，融攝了「天理昭彰」之義，熟悉於因果業報說的小說作者，自然不會忽視此類故事，此類故事傳到洪邁之耳，自然成了《夷堅志》的素材，〈員一郎馬〉即是此類故事之一。故事主角爲南宋荊門軍（今湖北江陵）常林縣民蹇大，蹇大有婿鄒亞劉，愚陋不解事而薄有產業。蹇大覬覦其家貲，屢趁其跋涉遠道爲人幫傭之時，據其屋而耕其田，並欲致諸死地而掩取其產業。遂以嫁女爲酬，僱用與其女私通之少年李三謀劃暗殺之。不久，縣民員一至襄陽販牛歸，鄒爲其傭同歸，爲蹇大及李三所擊殺。時雖無人見，而員一之馬以失其主而逃歸員之

---

❸　同前書，頁590。洪邁指出說此故事者爲黃德琬。

姻家。員之姻家爲義勇部將，見馬歸而不見其主人，即趨馬訪尋員
一，而見員、鄒二尸，知爲寋大所害，遂報官捕之。後獄成，寋、
李以謀殺屬實皆伏誅。寋女因與人通姦而致夫於死地，亦伏誅。後
雖朝廷覃赦下，但三人已明正典刑，洪邁於故事結尾說：「原是事
因馬而覺，天理昭昭，當不但已也。」❺

　　同類故事，在「三言二拍」裡最多。《喻世明言》的第一篇故
事〈蔣興哥重會珍珠衫〉裡，徽商陳大郎趁襄陽府棗陽縣蔣興哥赴
廣東收賬時，鼓動牙婆薛婆協助，用計將蔣興哥之妻子王三巧兒先
行灌醉，然後潛進其閨房，將她姦污。事成之後，又與蔡婆慫恿王
三巧兒接受兩人生米已煮成熟飯之事實，並以履行「宿世姻緣」爲
由，與他續通款曲，夜夜春宵，連續數月之久。後來陳大郎要回鄉
照料生意，不得不與王三巧兒分離；但兩情繾綣，難分難捨。三巧
兒擔心陳大郎負心，將蔣家祖傳之物「珍珠衫」送給陳大郎當作紀
念。不想陳大郎回鄉途中，與在蘇州販賣商品而化名爲羅小官人的
蔣興哥相遇，兩人一見如故，遂引爲知己。蔣興哥收賬結束，至陳
大郎客店告別。因爲正值七月天，兩人遂解衣飲酒。蔣興哥見陳大
郎穿著珍珠衫，大爲詫異，問其來由，知是正是自家之寶物，而且
獲悉愛妻竟然受人誘騙，與人通姦，所以回襄陽之後，追問珍珠衫
下落，並把陳大郎託他帶來的信及頭簪，作爲證據，把妻子休掉。
陳大郎返家之後，一心只念著三巧兒，每日望著珍珠衫長吁短嘆。
其妻平氏覺得事有蹊蹺，將珍珠衫收藏起來。陳大郎尋珍珠衫不

---

❺　同書，頁 884-885。按：此語意思不清，故原文註云：「此句疑有脫誤。」重
　　要的是，洪邁還是用「天理」報應之說來總結此故事。

著,將平氏詬罵一頓,夫妻爭嚷數日。陳大郎情懷撩亂,又收拾了一些銀兩,帶著僕傭,往襄陽找三巧兒。不巧途中遇盜,被搶奪一空,僕傭被殺,自己則逃脫倖免。到了棗陽,又聽說三巧兒事發,被其夫休去,並已改嫁與南京吳進士爲塡房,驚嚇之餘,害起病來,輾轉病床兩個月後,竟一命嗚呼。平氏來不及救援,抵達棗陽時,只能爲陳大郎做佛事善後。不料盤纏、首飾都被僕傭偷去,無法回家,只好在棗陽賃屋暫住,並託鄰居張七嫂替她典當衣物,勉強度日。張七嫂見她年輕守寡,又有姿色,勸她再嫁,並替她作媒,嫁給蔣興哥爲妻,過了相當恩愛的夫妻生活。一日,平氏整理衣箱,露出珍珠衫一件,被蔣興哥看見,驚問其由來,平氏不知陳大郎從何處得來珍珠衫,遂把夫妻爲此爭吵之事說出。蔣興哥聽後,方才明白平氏之先夫竟是陳大郎,於是「把舌頭一伸,合掌對天道:『如此說來,天理昭彰,好怕人也!』」。他把事情原委說給平氏聽,平氏才恍然大悟。馮夢龍在故事說到此處時,插入一句詩說:「天理昭昭不可欺,兩妻交易孰便宜?分明欠債償他利,百歲姻緣暫換時。」他把因果報應的主宰歸諸於天,除了讓陳大郎受到「速報」、「現報」之外,還頗有強調《朱柏廬治家格言》所說的「見色而起淫心,報在妻女」之意。❺❻

　　《喻世明言》裡還有一個有名的故事叫〈沈小官一鳥害七命〉,也頗有強調造惡業者妻兒必連帶受報之意。這個故事的內容

---

❺❻　按《朱柏廬治家格言》又稱《朱子家訓》,爲明末清初學者朱用純(1617-1688)所著。朱用純字致一,崑山人,號柏廬。朱爲程朱派學者,著有《四書講義》、《愧訥集》諸書。所著家訓,流傳民間,爲童蒙教學之書。

大致如下：海寧富人沈昱之子沈秀，年輕無業，每日帶著畫眉鳥到柳林與人比鬥。一日，到柳林太遲，人皆已散去，沈秀疾病突發，倒地不起，被當時路過的張公看見。張公以編竹桶爲生，見畫眉叫聲分外好聽，想據爲己有，以賣得二、三兩銀子。正要偷走鳥籠離去時，沈秀忽然甦醒，見狀將他惡言謾罵了一頓。張公大怒，向前按住沈秀，並取出削桶用刀，猛砍沈秀人頭。沈秀人頭應聲落地，張公心裡慌張，擔心被人撞見，立即將人頭丟入林中一株空心柳樹中，將鳥籠掛在扁擔之上，趕到杭州客店去轉售畫眉。適逢旅客李吉三人，正啓程回東京。李吉嗜養畫眉，見張公之畫眉可愛，便以一兩二錢之銀買下。沈秀的無頭人屍被發現後，其父沈昱寫了告帖，四處張貼，懸賞尋獲人頭或捉得凶犯之人，消息傳遍各處。南鄉窮人黃老狗聞說此事，以身老無用爲由，教其子大保、二保將他頭割下，埋在湖邊，待其浮腫不能辨認後，帶去沈府騙得賞金。兩人居然狠心照做，趁黃老狗熟睡之際，將他人頭割下，屍體掩埋，並於半月之後，到沈昱府上報稱在捉魚蝦時見到人頭。沈昱同兩人到湖邊去，果然見浮腫人頭一個，雖難以辨認，仍以爲應是兒子人頭無誤，遂將人頭打包報官，付了賞金，將人頭與兒子屍身縫合，入棺安葬。數月後，沈昱入京辦事，事完之後順便遊覽京師，經御用監禽鳥房門前，見畫眉一隻，非常眼熟，認爲是沈秀之物，向大理寺哭訴冤情，大理寺找到原進貢者李吉，將他屈打成招，說成是殺害沈秀之兇手，打入大牢，依律處斬於市曹。李吉的兩個夥伴，爲李吉不平，於再入杭州做買賣之時，到處打聽張公，終於找到張公居處，報到杭州官府，把李吉買鳥、沈昱認鳥、李吉被冤殺之事一一說明。官府立即拘提張公訊訊，張公無法抵賴，招出事實。官

差立即入柳林中找到沈秀人頭，通知沈昱辨認無誤，確定張公殺
人。知府又下令拘提黃大保、二保二人審訊，問出殺害其父原委，
與張公一併正法，處斬於市曹，五馬分屍，梟首示眾。張婆到市曹
欲見張公一面，見張公已被處死，魂不附體，轉身欲走，跌倒於
地，五臟受傷，回家後立即殞命。馮夢龍寫至張婆身死後，立即說
「積善逢善，積惡逢惡，仔細思量，天地不錯。」顯示他有意宣揚
上天主宰報應，而現報、速報絲毫不爽之觀念。

　　傳統小說家對因果報應的解釋，大致上也反映了民間的看法，
他們或許並非不知道自業自得的道理，但是寧願依民間所理解，將
業報與「天」相連，說成天理昭彰，天道神而明之，支配善惡之
報，公正無私。甚至將業報結合冥司鬼神觀念，安排受害之人，託
生於造業害人者之家，以不同方式申冤報仇，使其「父母」恐懼、
羞辱至害病而死。這種故事，「三言二拍」之中也不乏其例。譬如
凌濛初在《初刻拍案驚奇》的〈王大使威行部下，李參軍冤報生
前〉一回中，引證《唐逸史》及《夷堅志》故事為證，大談冤業相
報之事。他強調的是「明明白白的現世報」，故一開頭即說「冤業
相報，自古有之。一作一受，天地無私。殺人還殺，自刃何疑？如
有不信，聽取談資。」❺❼顯然仍以業報為天意，為天所施，毫無疑
義。

　　凌濛初還強調業報有不同報法，先以《唐逸史》中一女歷三生
的故事為例，說盧家之女，兩世之前販羊，為王翁、王姥奪財害
命，一家三口被殺。後來轉世為王翁、王姥之子，深為父母所鍾

---

❺❼　見《拍案驚奇》（臺北：三民書局，5版，1995），頁339。

愛。但十五歲生病，二十歲病故，父母爲其買藥延醫治病，所費超過所劫之財數倍。他今生爲盧家女，實是來向二老說明他們殺人劫財之行，使二人羞辱而死。作者說她「一生被害，一生索債，一生證明討命。」指出了害人者受報之一法。

凌濛初引用的《夷堅志》故事，則敘述一少年兩世爲人，化鬼報冤之故事。故事主人翁爲南宋吳雲郎，前生爲少年時，投宿吳澤家，以囊金甚多而被吳澤害死。後轉世爲吳澤之子，自小聰明勤學，應進士第，欲待補官，竟突然病死。父母心如刀割，竭盡財資，爲他追薦超度。吳澤之弟吳茲赴洞庭妻家時，船遇暴風，被迫停泊，在福善王廟躲雨，在廟中竟遇見吳雲郎，吳雲郎要其叔告知雙親來見。吳茲立即回吳澤處通知吳澤夫婦來見。見面時，吳雲郎立即拜倒父母之前，訴說其幽冥之苦，但忽然變臉，上前揪住吳澤衣領，罵吳澤害他性命、盜他金帛，使他銜苦茹痛四、五十年，要吳澤還命。吳澤回想往事，鬱悶不食，不久即死。作者用少年「一生被害，一生討債」，化鬼索命之方式，來說明造業者受現報之另一法。

凌濛初所說的第三種受現報之方式，也是殺人受報，但受報者知其因果，而還報者卻無所知。故事主角唐河朔李生，少時臂力過人，任氣好俠，不拘細行，常與人搶掠行人財物。曾在太行山道將一少年推落山崖，奪其駿騾及囊中繪絹百餘匹，賣錢致富。此後李生悔其所行不義，折節讀書，官至深州（在今河北深縣）錄事參軍，風儀出眾，談笑風生，爲太守所倚重。而少年轉世爲成德節度使王武俊之子，名王士眞，並擔任其副使，爲深州太守之上司。王士眞少年驕橫，仗其父之威，殺人不眨眼。他常奉王武俊之命，巡視屬

郡，太守無不懼之。一次，王士眞入深州，太守獻禮隆重，殷勤置酒，悉心接待，深恐有所得罪。不料，王士眞單獨與太守飮酒，覺得不夠刺激，命太守再找屬下陪飮。太守推薦李參軍，以爲他謹愼小心，詼諧談笑，廣曉技藝，必能助興。沒想到王士眞一見李參軍，竟勃然大怒，二話不說，立即命手下將他下獄處死。而李參軍竟也面如土色，冷汗直流，顫慄不已，聽任擺佈。處死前，太守問其緣故，李參軍泣謂，當他見王士眞時，即認出是被他推死之少年，冤報眼前，無所遁逃，當然只有延頸待戮。太守隨後鼓起勇氣，問王士眞何故殺李參軍，是否因李有禮法不週之處，王竟說並無緣故，只是見了李參軍，就激然有殺他之意，殺了之後，心中立即釋然快慰。凌濛初在故事結尾說太守厚葬了李參軍之後，「常把此段因果勸人，教人不可行不義之事。」並賦詩一首，略謂：「冤債原從隔世深，相逢便起殺人心。改頭換面猶相報，何況容顏儼在今！」觀其詩及敘述王士眞自己並不知何故欲殺李參軍之含意，作者之意不外「人之爲善與惡，天必逐逐然而福禍之」罷了。❺❽

---

❺❽　此故事見《拍案驚奇》，頁 342-347。按：南宋胡寅的《讀史管見》（臺北：臺灣商務印書館，影印「宛委別藏」本）有〈張湯被誅〉一條，論張湯宜無後，有謂「人之爲善與惡，天未必逐逐然而福禍之也」，見該書頁 84。又按：胡寅是個頗有理性懷疑精神的學者及佛教批判者，所以對天之報善報惡亦不以爲然，此處稍改其辭，以見凌濛初言下之意。關於胡寅之反佛，見筆者 "Neo-Confucian Rationalism at Work: Hu Yin and His Criticism of Buddhism" 一文，即將出版。

七、僧侶、學者所知之因果論

　　以上故事說明我國民間因果報應之信仰，以現報及上天之施報爲主軸，是佛教中國化的一個現象，是無法改變的事實。當然它有某種程度的社會教化功能，尤其用來警惕一般百姓，讓他們知道天網恢恢，惡業之報難逃，甚至會禍延子孫，未嘗沒有鼓勵行善，移風易俗之效。但從另一角度來看，它容易造成世人期待速報之心理，認爲善業可速招善報，從而把注意力放在徒具形式的所謂善行上，而不去培養善心、善念，薰發大乘佛教所教的「菩提心」。另一方面，會造成「以善養惡」之心理，用「功過格」的善惡平衡觀念，藉行假善以爲眞惡，產生了許多專事末節而不求其本的「功德」現象。

　　當然這並不是完全否定民間因果報應之教化功能，尤其相信行善植福，可以報及子孫，雖然誤解佛教的本意，扭曲了行善的動機，畢竟具有正面之意義，是可以鼓勵的。但是若不考慮教育子孫，讓他們知道自業自得的道理，去存心爲善，而只顧獻金供養、念佛誦經，甚至大費周章，鋪陳「佛事」，超度亡靈，而期望死者福報延及子孫，積慶流於苗裔，是完全不合實際的。❺❾代表禪宗六

---

❺❾　關於做「佛事」，聖嚴法師曾在〈爲什麼做佛事〉一文加以批評，最近 Dan Stevenson 所譯的法師著作，也特別指出「至今，法師仍認爲請僧誦經超度亡魂的所謂『佛事』，就其醜化佛教寺院理想而言，是最可鄙的。」見 Master Sheng-yen with Dan Stevenson., *Hoofprint of the Ox: Principles of the Chan Buddhist Path as Taught by a Modern Chinese Master* (Oxford, New York: Oxford University Press, 2001)，頁 4。

祖演法的《六祖壇經》，就杜撰了一段梁武帝與菩提達摩對話之歷史，以藉達摩之口來釐清「功德」之義。在這段對話裡，《壇經》作者謂六祖轉述梁武帝問達摩之語，說他一生造寺度僧、布施設齋，究竟積有功德否？達摩直說「實無功德」。問者要求六祖解釋，六祖遂藉達摩之口批評梁武帝，說「梁武心邪，不知正法。造寺、度僧、布施、設齋，名爲求福，不可將福便爲功德。功德在法身中，不在修福。」⑩作者並解釋功德之意義說：「見性是功，平等是德，念念無滯，常見本性，眞實妙用，名爲功德。」又說：「念念無間是功，心行平直是德。自修性是功，自修身是德。」根本而言，「功德須自性內見，不是布施供養之所求也。」換句話說，修養心行、自修自省的功夫才是功德，才是培植善因善業的根本。

因果觀念是佛教的核心教義，在中國出現了兩個不同的解釋，其一是以法藏的「四種緣起」爲基礎的解釋，其二是以融合傳統天道之報應觀與業感緣起爲基礎的解釋。有些傳統的僧侶對於法藏之說似乎也不甚了了，而對後者之說，亦不以爲然。唐代的詩僧皎然就堅持以釋氏原有的因果論來否定「天之報施」的有效性。他曾

---

⑩　見《六祖壇經》（臺北：新文豐出版社，影印《大正藏本》冊 48），〈疑問品第三〉，頁 351c。按：《壇經》通行本與敦煌本內容互有差異，敦煌本說「造寺、布施、供養只是修福，不可將福以爲功德。功德在法身，非在於福田。」並且說梁武聽了達摩之語，大爲惆悵，遂「遣達摩出境」。見 Philip Yampolsky., *The Platform Sutra of the Sixth Patriarch* (New York: Columbia University Press, 1967) 所附中文本，頁 16。又達摩見梁武帝之事，學界早已判定爲僞史，因達摩來華時，梁武已死，故無相見之理。

說：

> 語曰：「死生有命，富貴在天，」蓋垂教之意也。或曰：
> 「盜跖日殺無辜而終天年，顏回積仁累行而不幸短命。天之
> 施報是耶？此皆本於天也。」今請以釋氏論之：夫生生之
> 理，固有不關於業，則報施有歸，報施有歸則因果不爽，因
> 果不爽則空見不生。有去來三世之殊，故巨細必顯；有染淨
> 二心之別，故涇渭既分。性自我能，命自我有，豈神授而天
> 與乎？《涅槃經》云：「無有自作，他人受累。」豈怨天尤
> 聖乎！❻

　　皎然顯然還是強調業感緣起的因果說，而主張自業自得，三世
之報，而反對將因果報應與天混為一談。
　　被尊為華嚴五祖的宗密也傾向用業感緣起的因果說來解釋三世
之報，但他不同意太簡單的三世業報，善惡因果之說，認為那是屬
於「人天教」的看法。主張這種看法的人，以「業為身本」，故信
業緣，但是並未把「業為身本」的道理說通。究竟是「誰人造業，
誰人受報？」是眼耳手足都能造業？那麼初死之人眼耳手足宛然俱
在，「何不見聞造作？」若說是心作，究竟何者是心？若是肉質
心，則它已在身內，如何與眼耳手足內外相通，同造業緣？若是喜
怒愛惡發動身口而使之造業，則喜怒哀樂乍起乍滅，本無其體，以

何爲主而造業？❷宗密之所論，即是要指出「人天教」未考慮到大乘「阿賴耶識」的存在與作用，所以他進一步問：

> 設言不應如此別別推尋，都是我此身能造業者，此身已死，誰受苦樂之報？言死後更有身者，豈有今日身心造罪修福，令他後世身心受苦受樂？據此，則修福者屈甚，造罪者幸甚，如何神理如此無道？❸

宗密也以同樣的觀點來批判小乘，說它在有我與無我之間攪合不清，未注意到識與緣起的關係，而卻奢談「劫劫生生，輪迴不絕。」他這種看法，似覺得小乘之論生死輪迴，有因果不明之處。所以特別點出大乘「阿賴耶識」之作用。但是對大乘教法，他又認爲需以如來藏識來補充，認爲唯有以如來藏識爲基礎才能談阿賴耶識，才能談大乘所謂的「凡所有相，皆是虛妄。」或「心境皆空」，因爲：

> 若心境皆無，知無者誰？又若都無實法，依何現諸妄？且現見世間虛妄之物，未有不依實法而能起者，如無濕性不變之水，何有虛妄假相之波；若無淨明不變之鏡，何有種種虛假之影？❹

---

❷　此節宗密之看法，詳見宗密著〈華嚴原人論序〉，本文參考《中國佛教資料選編》（北京：中華書局，1983），第 2 卷，第 2 冊，頁 386-394。

❸　同前書，頁 389。

❹　同前書，頁 391。

宗密這種看法顯然與法藏所說的如來藏緣起是前後相承的，但是他用如來藏爲基礎，來解釋人生許多現象：

> 然雖由引業受得此身，復由滿業故，貴賤貧富，壽夭病健，盛衰苦樂。謂生前敬慢爲因，另感貴賤之果，乃至仁壽殺夭，施富慳貧，種種別報，不可俱述。是以此身或有無惡自禍，無善自福，不仁而壽，不殺而夭等者，皆是前生滿業已定，故今世不同所作，自然如然。[65]

這種說法基本上與業感緣起說類似，不過有如來藏識爲其後盾罷了。最重要的是，它也否定了業感與天道融合的中國化因果論之看法。

皎然與宗密都是唐人，他們是僧侶，對民間所流行的因果觀自然會以佛教的立場來觀察與批判。一般的世俗學者，當然有認同流行之說的。譬如隋代晉王府祭酒徐同卿著有《通命論》，「備引經史，會通運命，歸於因果。」標榜儒家亦有三世因果之義。[66]值得注意的是，反佛論者似不太理會因果之說。從韓愈（768-824）以降，到杜牧（803-853）、劉軻，至多只是質疑事佛求福之效驗，並未深入檢驗其因果說，未嘗就因果論的內涵去質疑佛教。甚至宋初反佛論者，也都是只攻其「迹」，而不及其「本」。程頤（1033-

---

[65] 同前書，頁393。

[66] 見胡寅，《崇正辯》（北京：中華書局，1993），頁 156。按：胡寅引宋僧仁贊之說而加以批評，但稱徐同卿之書爲《同合論》，疑誤。仁贊生平事迹不詳，但曾著有《釋氏會要》一書，見前引拙文。

1107）就說：「或謂佛之道是也，其迹非也，然吾攻其迹耳，其道吾不知也。」❻孫復雖抨擊因果報應之說，也不過說「梁武、齊襄、姚興始則惑於因果報應之說，終則溺於菩提解脫之事，卒皆淪胥以亡。」❻而歐陽修（1007-1072）以下，對因果說並未刻意攻擊。譬如歐陽修也不過說「佛以神怪福禍恐動世人，俾皆信嚮。」❻而李覯（1009-1059）也只說「今浮屠之言曰：『人死則爲鬼，善有美報，惡有無極苦。』其於訓愚，蓋少附於理。」❼其他人如張載，則稱佛教「謂有識之死，受生循環，厭苦求免，可謂知鬼。」但是「以人生爲妄見，可爲知人乎？」❼沒有就佛教的因果論，對它表示質疑。相反地，有些宋儒對因果之說不僅未予反對，反而深表贊同。范仲淹（989-1052）即是一例，他博覽佛藏，嫻熟佛典，曾獲《十六羅漢因果識見頌》之異本，知它不在佛藏之內，故費了一番工夫，爲它做序，認爲它「直指死生之源，深陳心性之法」，充份表現對因果說之信嚮。❼而劉安世（1048-1129）則認爲儒佛之道相互爲用，在批評「世之小儒」學前輩詆毀佛法之餘，勸人勿「泥於報應因果之說，不修人事。」雖對佛教因果論，言下不表贊同，但他的批評似針對不懂或誤解因果論之人而發，意在勸人勿忽略人事而

---

❻　見《鳴道集說》（臺北：中華佛教文獻編撰社，1980），頁 43。

❻　見《孫明復小集》（臺北：臺灣商務印書館文淵閣《四庫全書》本），〈無爲指下〉，頁 21。

❻　見《歐陽修全集》（臺北：河洛出版社，1975），〈集古錄跋尾〉，頁 21。

❼　見《李覯集》（北京：中華書局，1987），頁 219。

❼　見《鳴道集說》頁 21。

❼　見黃啓江，《北宋佛教史論稿》（臺北：臺灣商務印書館，1977），頁 139-140。

陷溺於因果之說，而非質疑因果論本身。❼

　　南宋理學大盛的環境下，學者對佛教因果說就常加以質疑。被認爲反對佛教的南宋大儒朱熹（1130-1200），對因果說之看法，就有意見。他很同意因果報應爲佛教教義之末流，因而說「所以橫渠有釋氏兩末之論，只說得兩邊末梢，頭中間眞實道理卻不曾識，如知覺運動是其上一梢也，因果報應是其下一梢也。」❼

　　他在答李伯諫（生卒年不詳）批評因果報應之書時，曾這麽說：

> 來書云：「輪迴因果之說，造妖捏怪，以誑愚惑眾，故達磨
> （摩）亦排斥之。」熹竊謂：輪迴因果之說，乃佛說也，今
> 以佛爲聖人，而斥其言如此，則老兄非特叛孔子，又謗佛
> 矣，豈非知其說之有所窮也，而爲是遁辭以自解免哉？抑亦
> 不得已於儒者，而姑爲此計，以緩其攻也！❼

又答吳楫（公濟）（生卒年不詳）論因果之書時，也說：

> 來書云：「幽明之故，死生之說，晝夜之道，初無二理。明
> 之於幽，生之於死，猶晝之於夜也。鬼神之情狀，見乎幽者

---

❼　見《鳴道集說》，頁 64-65。依《鳴道集說》作者李純甫之見，「泥於報應因果之說」者，正是不讀佛書而爲因果報應說所欺之故。

❼　《朱子語類》（臺北：臺灣商務印書館，影印文淵閣《四庫全書》本），〈釋氏〉一章，卷 126，頁 49b-50b。

❼　《朱子文集》（臺北：德富基金會，2000），〈答李伯諫一、甲申〉，卷 43，頁 1871。李伯諫生平事迹不詳。

爲不可誣,則輪迴因果之說有不可非者。謂上智不在此域,
可也;謂必無是理,不可也。」熹竊謂:幽明、死生、晝
夜,固無二理,然須是明於大本,而究其所自來,然後知其
無二也。不然,則所謂無二者,恐猶不免於彌縫牽合,而反
爲有二矣。鬼神者,造化之蹟,乃二氣之良能也。不但見乎
幽而已。以爲專見乎幽,似此未識鬼神之爲何物,所以溺於
輪迴因果之說也。**⑯**

朱熹是個博通之儒,對《六祖壇經》所載達摩之語應有所知,他未
立即否定李伯諫對因果輪迴之批評,而追問李伯諫,實爲弄清他究
竟爲何而反對。不過在答吳楫書時,他就批評吳楫「輪迴因果之說
有不可非者」一語,而說「鬼神者,造化之蹟,乃二氣之良能也。
不但見乎幽而已。以爲專見乎幽,似此未識鬼神之爲何物,所以溺
於輪迴因果之說也。」**⑰**似乎又承認幽冥、鬼神與陰陽二氣之相互
爲用,而認爲佛教輪迴、因果之缺點是恆從「幽」的角度去看死
生,故不識鬼神爲何物。此種論調,未明顯否定佛教因果論之爲
用,是否覺得因果之說尙有其合理化或改進之空間呢?

朱熹的弟子陳淳 (1153-1217) 也在他的《北溪字義》抨擊因果
論,認爲「因果之說全是妄誕」,而對於因果之驗證則批評道:
「所載證驗極多,大抵邪說流入人心,出此等狂思妄想而已。溫公

---

⑯ 同前書,〈答吳公濟〉,同卷,頁 1878-1879。按吳楫,字公濟,別名悅齋,
崇安人。

⑰ 同上。

謂三代以前何嘗有人夢到陰府見十等王者耶，此說極好，只緣佛教盛行，邪說入人已深，故有此夢想。」❼❽陳淳之說法是逕指因果論爲妄誕、爲邪說，並未說明其所以然。

當然，除了朱熹與陳淳之外還有不少學者對佛教因果論不斷質疑與批判，其中最突出的應是朱熹的前輩胡寅（1098-1156）。胡寅是個十足的反佛論者，也是個尖銳的史評家，對因果論本身及歷史上鼓吹因果論之人，都毫不容情地批評。❼❾譬如，他認爲歷代「崇佛奉僧之世，其君必昏，其政必亂。是何也？爲三世因果所惑，是以忽棄當爲者，而思其不可得者。」❽⓪他對南齊竟陵王蕭子良評價不錯，稱他是「賢王」。但也認爲他「好釋氏因果」，而「操術不明」。針對蕭子良對范縝所說「君不信因果，何得有富貴貧賤」之語，他也批評道：「今生修善以爲之因，後世望報而謂之果；借如世有萬人篤信精練，同時獲果，而世之貴位才數十員，安得人人而貴哉？」❽①對唐代杜鴻漸死前令僧削髮，也說「鴻漸雖好佛，而不

---

❼❽ 見《北溪字義》（臺北：臺灣商務印書館，影印文淵閣《四庫全書》本），卷下，頁51a。

❼❾ 見前引筆者論胡寅反佛論之專文。

❽⓪ 見《崇正辯》，頁157。

❽① 見胡寅，《讀史管見》，頁 727-728；748-749。按：胡寅批評因果論之不合理，而且還批評范縝後來所做的〈神滅論〉一文。按：《梁書》（北京：中華書局點校本），〈范縝傳〉，卷 48，頁 665，「初，縝在齊世，嘗侍竟陵王子良。子良精信釋教，而縝盛稱無佛。子良問曰：『君不信因果，世間何得有富貴，何得有賤貧？』縝答曰：『人之生譬如一樹花，同發一枝，俱開一蒂，隨風而墮，自有拂簾幌墜於茵席之上，自有關籬牆落於糞溷之側。墜茵蓆者，殿下是也；落糞溷者，下官是也。貴賤雖復殊途，因果竟在何處？』子良不能屈，深怪之。縝退論其理，著《神滅論》。」《南史》〈范

悟其要,直爲因果浮言所移。」⑫這些看法或失之太簡,或訴諸情緒,或偏執一端,或針對簡化的業報論而說,並沒有觸及因果論之核心。

　　與胡寅約在同時的龍舒王日休（1102-1173）,博覽群書,通六經訓傳,是個棄儒學佛的學者。他著有《龍舒淨土文》一書,宣揚淨土西方之說,⑬鼓吹因果之論,把信因果與信淨土視爲不可分之事,對不信因果從而不信淨土之人,深不以爲然,故說「夫因果烏可不信乎?經云:要知前世因,今生受者是,要知後世果,今生作者是,若不信此語,何不以目前之事觀之?」⑭他所謂「目前之事」,就是「有富貴而苦夭者,有貧賤而壽樂者,有榮寵而悴辱者,其爲果報,各隨其所爲,如影隨形,如響斯應,纖毫不差。」⑮他對因果之看法,大致承襲慧遠以來之說,故對見善惡未有報而

縉傳〉,卷 57,頁 1421,所載略同。又,范縉答蕭子良之語,頗爲反佛論者所樂道。如元謝應方就在他的《辨惑編》（臺北:臺灣商務印書館,影印文淵閣《四庫全書》本）引用此事,雖文字略有不同,但其義則一。謝文說「齊竟陵王子良釋氏篤好,范縉盛稱無佛,子良曰:『君若不信因果,何得有富貴?』縉曰:『人生如樹花同發,隨風而散,或拂簾幌墜茵席之上,或關籬牆落糞溷之中,墜茵席比殿下是也,落糞溷比下官是也,貴賤雖殊,因果何在?』見該書卷 4,頁 15。

⑫　《讀史管見》,頁 1452-1453。

⑬　有關王日休及其淨土文,參見筆者 "The Lay Buddhist and the Appropriation of Pure Land Scriptures — the Case of Wang Rixiu," 即將出版。

⑭　《龍舒淨土文》（臺南:淨宗學會,2000）,頁 28。按:本文引用此版本,係因此版收有若干《大正藏》本未收之序文及附錄,雖然如此,仍參考《大正藏》本校讀。

⑮　同上,頁 29。

不信因果、不信淨土者，就有如下一解：

> 人有見目前善惡未有報者，遂不信因果，而因以不信淨土。
> 殊不知善惡未有報者，非無報也，但遲速耳。佛嘗謂阿難
> 云：人有今世爲善死墮地獄者，今世爲惡死生天堂者。阿難
> 問何故？佛言：今世爲善死墮地獄者，今世之善未熟，前世
> 之惡已熟也。今世爲惡死生天堂者，今世之惡未熟，前世之
> 惡已熟也，熟處先受報，譬如欠債，急處先還。[86]

王日休這種不是不報，只是遲速不同的看法，就是慧遠以來三報說
的延續。這種看法，經僧侶學者之長期宣揚，已深植人心。不論理
學家如何反對，他們始終難以改變民間對因果論之信仰。南宋時，
不少地方守臣，深信因果報應之說，務行寬大，寧願鐫秩罷官，而
不肯依法彈劾不法官僚，[87]對當時的吏治當有某種程度的影響，是
值得注意的現象。

　　宋以後知識分子仍有許多像吳楫一類人物，認爲「輪回因果之
說有不可非者。」譬如比馮夢龍、凌濛初稍早的明理學家東溟管志
道（1535-1607）就曾對宋儒之「廓然盡掃天堂地獄，以及三世修因

---

[86]　同上，頁 30。

[87]　蔡戡，《定齋集》（臺北：臺灣商務印書館，影印《四庫全書》本），〈議
　　治贓吏法狀〉，卷 1，頁 4b-5b，有云：「監司守臣務行寬大，坐視荼辱黥
　　涅，與徒隸等，惡傷士類故不忍爲甚，則持釋氏因果之說，寧鐫秩罷官，不
　　肯劾吏。必不得已，使之尋醫而去。」

證果之說」深表遺憾。[88]他認爲程朱所說「君子有所爲而爲善，則其爲善也不必眞，何事談及因果？」固有其理，但他認爲觀君子、小人之心，而能做到「無所爲而爲者」爲數至少。他又認爲：

> 君子之作善也多近名，苟不徹於十方三世之因，必不足以滌其名根。小人之作惡也多爲利，苟不惕以罪福報應之果，必不足以奪其利根。程朱勉君子無所爲而爲善，獨不慮小人無所忌而爲惡耶？[89]

管志道自謂其所講之修身齊家之道，一以孔子、程朱爲規矩繩墨，「獨對三世因果及三祇修證之實際，則不得破程朱之關。」[90]可見他對因果之說，甚爲重視。而他的因果觀也是合「積善之家必有餘慶」而說，故在解釋「餘慶」一語，特別標明「必擧家咸務陰騭，而後可稱積善之家」，「必此身先得本然之慶，而後子孫受其餘慶」，並且「以二氏因果之說，參合易傳之說」來解釋「本然之慶」，以補《書經》未盡之意。[91]這種揉合二氏、易傳之因果說，正是馮夢龍、凌濛初在小說中所宣揚之中國化佛教因果說，實是儒家道德主義學者維護他們所認可的傳統價值與道德標準之利器。

---

[88] 按：管志道，字登之，江蘇太倉人，學者稱東溟先生。以下有關管東溟之語，見其〈勸人積陰德文〉，收於前引《印光法師文鈔》卷首頁 6-7。

[89] 同上。

[90] 同上。

[91] 同上。管志道認爲，《書經》所說的「考終命」和「祈天永命」都不足以解釋「本然之慶」。

八、結　語

　　以上討論佛教因果論在中國之演變，及中國人對因果論之信仰，特別指出其在中國化過程中，與大乘四種緣起說所扮演之角色，同時指出業感緣起說與傳統天道與善惡報應說結合後被接受的情況。大體而言，在法藏提出四種緣起說之後，已經彌補了業感緣起偏向道德行為考量的缺憾，使佛教的因果說，呈現了比較周延的面貌。但法藏的四種緣起說，並未發展成被普遍認知的因果觀。相對地，慧遠以來合業感緣起與中國本土天道、報應觀形成的因果論，則透過文人、學者作品的宣揚，而受到普遍之認知，致有如明高攀龍（1562-1626）一輩之學者，認為釋氏因果與儒家感應說有不謀而合者。❷多數的傳統知識分子，即使對佛教持批判態度，對中國化的因果觀，似乎未曾仔細思考其學理之基礎及演化之過程，不是逕指其為佛教教義之下焉者，❸即是取與感應說相比附，是以少有刻意批判其說並全然否定其價值者。除了少數的儒家衛道者或所

---

❷　見高攀龍，《高子遺書》（臺北：臺灣商務印書館，影印文淵閣《四庫全書》本），〈重刻感應篇序〉，卷 9a，頁 44a-45b 云：「或以為（命）是近於佛氏因果之說而諱言之，不知佛氏之說即吾儒應感之理。聖人以天理如是，一循其自然之理，所以為義，佛氏以因果如是，懼人以果報之說，所以為利，其端之殊，在秒忽間耳。今懼涉於佛氏之因果，并不查於感應之實然，豈不謬哉？」

❸　譬如元許謙，《白雲集》（臺北：臺灣商務印書館，影印文淵閣《四庫全書》本），〈跋妙沙經〉，卷 4，頁 12a-13a 即謂「抑嘗聞釋氏之徒誦其師之言，雖不可與吾道合，要皆以調伏此心為主而後可以盡其性，至于福禍因果，則其論之下者也。」

謂的儒家基本教義派學者（Confucian fundamentalists）之外，❾多數人大概與洪邁、管志道、馮夢龍、和凌濛初一樣，都熟知中國化的因果之說，而在報應上，則於「善惡之報，如影隨形」的現報或速報觀，似有較大程度的認同。

---

❾ 此用語開始出現於若干新近出版之英文著作，如 Edward Davis, *Society and the Supernatural in Song China* (Honolulu: University of Hawai'i Press, 2001)，頁 172。唯作者用此語時，並未指明哪些人可稱爲儒家基本教義派。個人雖不甚同意此用語，但若姑用之，則上文所説的胡寅應可算爲代表人物之一。

第二章　彌陀淨土的追尋
──北宋佛教「往生西方」著作之探討

北宋時期出現了若干有關「往生西方」故事之著作。這些著作取材自僧傳而見於彌陀信仰相當流行的北宋，是個耐人尋味而值得研究的問題。本文探討這些著作裡的往生故事之來源及演變，考查其自僧傳裏「聖徒列傳式」（hagiographic）的描寫形式演變成「往生傳」中傳奇幻想式（fantastic）敘述的過程。首先抽取三種高僧傳裏的若干人物傳記與往生故事集之同一人物之傳記相比較，指出往生傳作者或編者，根據僧傳之故事，不斷地加入戲劇化的元素以造成「往生」的效果。這些元素包括淨土有關的語彙及可以預見或預知的往生淨土場景。有關淨土的用語如彌陀眾聖、樂聲、白光、香氣常出現於此類著作中。作者或編者用這些辭彙來描繪奇異而神話式的淨土「往生」而非單純的「死亡」。這種用極樂的「往生」取代可怕的死亡之敘述，最足以說明往生故事著作的性質與目標。毫無疑問，它們是爲宣揚彌陀淨土信仰，使人信嚮。同時，它們提供比口傳故事更具說服力的文字證據，來說明作者或編者所堅信之極樂淨土的眞實性。本文分六節。第一節略論往生故事集之資料來源：《高僧傳》及

《續高僧傳》等僧傳。第二節論往生著作的形成，與見於五代及北宋四種往生故事集之代表作。第三、四節分別就往生人物與故事內容來分析、比較四種著作間的關係。第五節討論四個故事集逐步以「往生」取代「死亡」的描寫。結論重申往生著作於北宋應時產生，對宣揚彌陀淨土信仰所產生的重大效用。

一、引言

淨土往生的信仰在佛教傳入中國前已經存在，但是對往生彌陀淨土的追求卻是在中國蔚爲風氣的。一般佛教文獻將此種風氣之形成歸諸於東晉時代的廬山慧遠（334-416），譬如慧皎的《高僧傳》，就說他「於精舍無量壽像前，建齋立誓，共期西方。」又說他令劉遺民著文記其事曰：「惟歲在攝提秋七月戊辰朔二十八日乙未，法師釋慧遠，貞感幽奧，宿懷特發。乃延命同志息心貞信之士百有二十三人，集於廬山之陰，般若臺精舍，阿彌陀像前，率以香華敬薦而誓焉。」❶

所謂在無量壽像前設齋立誓，共期西方，即是追求往生阿彌陀佛淨土之表現。而有此追求與期望，自然是因爲認定西方淨土是一個比地獄、甚至人間更理想的歸宿之故。佛教文獻強調在廬山慧遠的提倡下，中國的彌陀淨土信仰逐漸普及。慧遠的門徒，將彌陀淨

---

❶　《高僧傳》，《大正藏》冊50，no. 2059，358c。

土的觀念，到處傳佈，形成了所謂「淨社」與「淨業」❷，僧俗匯聚一處，同心念佛，以求往生彌陀淨土。佛教文獻也顯示：彌陀淨土信仰得以不斷流傳，實賴歷代高僧持續提倡之故。這些高僧以結淨社、行淨業，或直接、間接傳授淨土經，藉經中有關淨土之描述來宣揚往生彌陀淨土之觀念。譬如慧遠之後，道珍（梁朝時人）也在廬山行淨業，道宣在《續高僧傳》說他：

> 梁初住廬山中，恒作彌陀業觀，夢有人乘船處大海中云：
> 「向阿彌陀國。」珍欲隨去，船人云：「未作淨土業，謂須經營浴室并誦《阿彌陀經》。」既覺，即如夢所作。年歲綿遠，及於房中小池降白銀臺。時人不知，獨記其事安經函底。及命過時，當夕半山已上如列數千炬火，近村人見，謂是諸王觀禮。旦就山尋，乃云珍卒，方委冥祥外應也。後因搜檢經中方知往生本事。遂封記焉，用示後學。❸

《續高僧傳》說道珍先在廬山作「彌陀業觀」，求往生彌陀淨土，恐不夠虔誠，又經營浴室并誦《阿彌陀經》。他雖然只是自己念誦

---

❷　依照《觀無量壽經》所謂的「淨業」，須含㈠孝養父母，奉事師長，慈心不殺，修十善業；㈡受持三歸，具足眾戒，不犯威儀；㈢發菩提心，深信因果，讀誦大乘，勸進行者。這裏所說的「大乘」雖泛指佛經，應是以淨土三部經為主。淨土三部經為：(1)《阿彌陀經》，(2)《無量壽經》，(3)《觀無量壽經》。

❸　見《續高僧傳》，《大正藏》冊 50，no. 2060，550c-551a。關於此記錄的真偽問題，見下文討論。

《阿彌陀經》，沒有對外傳授，而村人從他的收藏中，獲得《阿彌陀經》，遂知往生淨土觀念。

依《續高僧傳》之記載，齊梁、北魏時的曇鸞（476-542），也是個淨業的提倡者。他自陶弘景處得《仙經》，原欲學長生不死之術，後來

> 行至洛下，逢中國三藏菩提留[流]支。鸞往啓曰：「佛法中頗有長生不死法勝此土《仙經》者乎？」留支唾地曰：「是何言歟？非相比也。此方何處有長生法？縱得長年少時不死，終更輪迴三有耳。即以《觀經》授之曰：「此大仙方，依之修行當得解脫生死。」鸞尋頂受。所齎仙方並火焚之，自行化他[郡]，流靡弘廣，魏主重之，號爲神鸞焉。❹

菩提留[流]支在佛教史上以譯經、咒術著名，並不見有結淨社、行淨業之事。但《續高僧傳》說曇鸞從他那兒獲得《觀經》後，到處行化，❺對彌陀淨土觀念之流傳，頗有幫助，而且影響似不在小。據說他還是「稱名念佛」的創始人呢！❻尤其他對唐代道綽在往生

---

❹ 《續高僧傳》，no. 2060，470bc。按：北魏菩提留支亦作菩提流支，與唐代菩提流志（?-727）不同。

❺ 按《觀經》爲《觀無量壽經》或《無量壽觀經》之簡稱。依此經則五逆十惡之人都可得往生淨土，而依《無量壽經》則不然。

❻ 印順法師在其《淨土與禪》（臺北：正聞出版社《妙雲集》下編第 4，1982），頁 63 說：「到北魏曇鸞，依世親《往生淨土論》著重於稱名念佛。」依其上下文意，似以曇鸞爲「稱名念佛」的創始人。但是第一個爲曇鸞作傳的道宣並未如此說。印順法師何所據而云然？請參看下文分析。

觀念的宣揚，相當有啓發。道宣描述道綽行淨業時，曾說：

> 綽稟服神味，彌積歲時，承昔[曇]鸞師淨土諸業，便甄簡權
> 實，搜酌經論，會之通衢，布以成化。克念緣數，想觀幽
> 明，故得靈相潛儀，有情欣敬。恒在汶水石壁谷玄中寺，寺
> 即齊時曇鸞法師之所立也。中有鸞碑，具陳嘉瑞，事如別
> 傳。綽般舟、方等，歲序常弘。九品十觀，分時紹務。嘗於
> 行道際，有僧念定之中，見綽緣佛，珠數相量如七寶大山。
> 又睹西方靈相，繁縟難陳。由此盛德日增，榮譽遠及道俗子
> 女，赴者彌山。恒講無量壽觀，將二百遍。導悟自他，用爲
> 資神之宅也。詞既明詣說其[甚?]適緣，比事引喻，聽無遺
> 抱。人各搯珠，口同佛號。每時散席，響彌林谷。或邪見不
> 信，欲相抗毀者，及睹綽之相善，飲氣而歸。其道感物情爲
> 若此也。❼

《續高僧傳》說道綽常講《無量壽觀經》至二百遍，而其跟隨者則
「人各搯珠，口同佛號，」❽顯然對往生彌陀淨土觀念的傳授與宣
揚頗爲盡力。尤其，他講念佛三昧，雖「稱名」與「觀念」並舉，❾

---

❼　《續高僧傳》，593c。

❽　《安樂集講觀經》見於《宋高僧傳》（北京：中華書局點校本，1987），
　　24:614 之〈道綽傳〉中，而不見於《續高僧傳》之〈僧衒傳〉中。

❾　根據《安樂集》所引用之佛典，學者認爲道綽的念佛三昧同時含有「稱名」
　　即「觀念」之意味。見《中國佛教》（上海：知識出版社，1982），頁
　　108。

但「稱名念佛」最爲人所樂道。道宣就說他：

> 談述淨業，理味奔流。詞吐包蘊，氣霑醇醴。并勸人念彌陀
> 佛名，或用麻豆等物，而爲數量。每一稱名，便度一粒。如
> 是率之，乃積數百萬斛者，並以事邀結，令攝慮靜緣。道俗
> 響其綏導，望風成習矣。又年常自業，穿諸木欒子以爲數
> 法，遺諸四眾，教其稱念。屢呈禎瑞，具敘行圖，著《淨土
> 論》兩卷，統談龍樹、天親，遍及僧鸞、慧遠。並遵崇淨
> 土，明示昌言。文旨該要，詳諸化範。傳燈寓縣，歲積彌
> 新。傳者重其陶鎣風神，研精學觀，故又述其行相。❿

如果道宣所述屬實，則道綽不但以木欒子做成類似數珠之物，教人
以數珠之法稱念佛名，而致「每時散席，響彌林谷」。⓫而且著書

---

❿　《續高僧傳》，594a。

⓫　按：「欒」爲一種落葉喬木，結實如豌豆，稱「木欒子」，圓黑堅硬，可做
　　數珠。又有「木槵子」頗爲類似。「木槵子」俗稱「無患子」、「木患
　　子」、或「菩提子」。其果實亦爲圓形核果，外皮供洗濯用，而種子可做數
　　珠，故下文的《往生西方淨土瑞應刪傳》便說道綽「自穿柿珠，勸人念
　　佛。」又按：數珠自印度隨佛教傳至中國似成定論，佛經中有《木槵子
　　經》，其中述及佛告波流離謂：「若欲滅煩惱障、報障者，當貫木槵子一百
　　八，以常自隨，」常被視爲數珠之源。但個人認爲這只能視爲使用數珠概念
　　及製作數珠方法之證據，不能做爲數珠起源之說。關於此問題，R. J. Croless
　　在其 "The Garland of Love: A History of Religious Hermeneutic of Nembutsu
　　Theory and Practice" 稍有討論，其文見於 A. K. Narain ed., *Studies in Pali and
　　Buddhism* (Delhi: B.R. Publishing Corporation, 1979)，頁 53-73。Kienichnick 又
　　在其近著 *The Imapact of Buddhism on Chinese Material Culture* (Princeton &

立說，宣揚淨土往生之說，使稱名念佛，成爲追求淨土往生之主要
作法，在西河（今山西境内）之處大爲流行。

　　僧傳對道綽教人念佛求往生之事迹，大肆渲染，而搆出善導
（613-681）繼踵道綽之後，推廣道綽行化，使此種念佛求往生彌陀
淨土，在唐之兩京，廣爲流傳的故事：

> 近有僧善導者，周遊寰寓，求訪道津。行至西河，遇道綽
> 部，惟行念佛彌陀淨業。既入京師，廣行此化，寫彌陀經數
> 萬卷，士女奉者，其數無量。時在光明寺説法。有人告導
> 曰：「今念佛名定生淨土不？」導曰：「念佛定生。」其人
> 禮拜訖，口誦南無阿彌陀佛，聲聲相次，出光明寺門。上柳
> 樹表，合掌西望，倒投身下，至地遂死，事聞臺省。❷

據道宣說，善導把道綽在西河所傳的彌陀淨業傳至長安、洛陽，又

　　Oxford: Princeton University Press, 2003），頁 118-120 有所論列。佛經介紹以
　　木槵子做成數珠之法，或許對道綽有所啓發，也不能確定道綽係受印度的影
　　響。道綽究竟用木樂子還是木槵子作數珠，當視他講經的玄中寺所在地汶水
　　石壁谷產有木樂子或木槵子而定。

❷　同上，684a，〈釋會通傳〉。按：《續高僧傳》無善導傳，有關善導之敘述
　　僅見於會通傳，且極爲簡短。學者有「兩善導」之說，見中國佛教協會編
　　《中國佛教》（上海：知識出版社，1982），頁 138。日本學者對「兩善
　　導」之說曾有不少辯論，主張兩善導者以松本文三郎（Matsumoto Bunzaburō
　　爲主，見其《佛教史論》（京都：弘文堂書房，1929），頁 141-153；主張一
　　善導者有岩井大慧（Iwai Hirosato），見其《日、支佛教史論考》（東京：東
　　洋文庫論叢，第 39 號，1957），頁 247-252。岩井大慧之看法爲下文所提及
　　之 Seah Ingram Samuel（石破洋）所採用。

著有〈善導行西方化導文〉，對往生西方觀念的推廣，自有承先啓後之功。而佛教界人士所樂道之善導「念一聲佛，放一道光」的傳說，更加重了善導在彌陀淨土信仰歷史上所扮演的角色。⓭

　　以上所述是根據慧皎與道宣等所作的僧傳，並假設二書之所載為實錄，說明念佛求往生彌陀淨土之作法，到唐代大約已經蔚然成風。但是二書之記載，是否全然可靠，實有疑義。這是因為慧皎與道宣在他們的著作中，摻雜了不少傳說與逸事。在沒有其他記載可資查證的情況下，二書有關許多僧侶活動的描述，真偽混雜，可疑之處甚多。⓮尤其往生彌陀淨土之說，以類似神話之淨土經為基礎，不能不令人懷疑確有其可能。所以唐代以來，「釋疑」之作紛紛而出，除說明彌陀淨土的意義、強調其存在外，還要解釋如何獲生淨土，證實確有往生彌陀淨土之人。⓯尤其如何證明確有所謂的「往生人」，應是一般信徒較為關切的問題。故唐代長安弘法寺的釋子迦才（ca. 620-680），就在其《淨土論》中明白舉出曇鸞為首的二十餘位已入西方的「往生人」為念佛得往生之證。迦才還說，此

⓭　「念一聲佛，放一道光」之說，見前引印順法師《淨土與禪》頁63。

⓮　佛教之僧傳應視為「聖徒列傳」（hagiography），因有宣教之目的，其內容含有相當濃厚的傳說及神話色彩。其事實與傳說混雜之處，因距今時間久遠，已難以考其真相。關於此點 Robert Buswell 在其 *The Formation of Ch'an Ideology in China and Korea: The Vajrasamādhi-Sūtra, A Buddhist Apocryphon* (Princeton: Princeton University Press, 1989) 中有很中肯之說明。見該書頁43-59。

⓯　這些釋疑之作可以唐智顗的《淨土十疑論》及懷感的《釋淨土群疑論》為代表。前者有懷疑是宋人假託智顗而作者。二書見《大正藏》冊47，no. 1961，no. 1960。

類「往生人」爲數極多，他不過「略引四五，示諸學人，令見取信也。」❶

　　慧皎與道宣的僧傳雖然有不少可疑之處，仍是後來作者宣揚往生觀念時所用的素材。何況，傳統往生故事作者，非嚴肅史家，既爲宣傳彌陀西方信仰，往往抄逐現成資料，並附會口傳逸說，發揮個人想像，將不同故事加以損益、擴充，纂集成書。他們之著作，或會以一種嶄新的面貌出現，但内容及寫作的形式與僧傳大同小異。不過因爲它們所要描述的是前人往生彌陀淨土的經驗，不像慧皎和道宣的僧傳，包含各類僧侶及其傳法故事。將它們視爲一種新文類或參考資料則可，視爲新文體或信史，則有問題。本文之目的即在評估這些敘述往生故事的佛教傳記文集，說明編著者將它們彙集成書，如同將其事實化，對宣揚淨土往生，起了相當大的作用。此類文集名稱不一，或叫《淨土往生集》或稱《淨土往生傳》，即或不然，亦都是往生彌陀淨土的人物彙傳。

---

❶　見迦才《淨土論》，《大正藏》册 47，no. 2144，97a，及《淨土宗全書》（東京：山喜房佛書林，1973）册 6，頁 656。按：迦才似爲第一位使用「往生人」一詞者。據法國學者戴密微（Paul Demiéville）之考證，迦才《淨土論》應作於 648 與 681 年之間，比《續高僧傳》稍後。該書在日本平安時期相當流行。至鎌倉時期，有冒北宋飛山戒珠之名而改作其《淨土往生傳》者，即倚賴該書及文諗之《瑞應傳》撰成僞託本《淨土往生傳》。關於此點，參看日人塚本善隆（Tsukamoto Zenryū）著《支那佛教交涉史研究》（東京：弘文堂書房，1944），頁 117-118；頁 124-125。又關於迦才之淨土觀，日本學者之研究甚早，最近論淨土宗的英文著作都有篇幅討論其看法。如 Inagaki Hisao（稻垣久雄），*The Three Pure Land Sutras* (Kyoto: Nagata Bunshodo, 1994)，頁 102-106，及 Julian Pas, *Visions of Sukhāvatī* (Albany: State University of New York, 1995)，頁 300-302。

二、「往生集」故事的歷史背景及代表作

　　從慧皎、道宣到贊寧（919-1001）的高僧傳裏，都錄有往生彌陀淨土的故事。但是這些故事只佔各僧傳內容之少部份，看不出它們的重要性。既然前後僧傳顯示彌陀淨土往生信仰自東晉至唐、五代及宋朝愈傳愈盛，佛教徒就覺得有必要將僧傳裏的相關故事編寫成書。這種編寫活動從何時開始，已無法考究。從現存的佛教文獻來看似在唐末。根據五代時吳越水心禪院住持道詵（生卒年不詳）所著的《往生西方淨土瑞應刪傳》，唐代有沙門文諗（生卒年不詳）及少康（?-805），「於往生論中、高僧傳內，標楊眞實，序錄稀奇。正丹誠感化之緣，顯佛力難思之用，致使古今不墜，道俗歸心。」**⑰**可惜此二人之著作已失傳，無法知其內容。

　　道詵之作既以「刪傳」爲名，或係根據文諗及少康之書刪削而成。**⑱**其所收僧俗人物有四十八人，雖若干傳記已見於慧皎及道宣之書，但多數則不然。且各傳記之內容與慧皎及道宣所述不盡相同。一方面篇幅較短，另一方面則特別強調各個人物念佛、往生之經歷，有不見於慧皎及道宣之書者，詳情見下一節之析論。也許是

---

⑰　見《往生西方淨土瑞應刪傳》（以下簡稱《刪傳》）（臺北：新文豐出版社影印本；山喜房佛書林《淨土宗全書續》本，1974），序文。按：以下該書引文，如無另加說明，皆出《淨土宗全書續》本之頁數。按：道詵及戒珠未嘗提及迦才《淨土論》，不悉何故？

⑱　日人 Seah Ingram Samuel（石破洋）在其博士論文 "Shan-tao, His Life and Teachings" (Unpublished dissertation, Princeton University, 1975) 亦引岩井大慧之《日、支佛教史論考》一書作此推測。見該論文頁 19，註 2。岩井大慧之看法見其書頁 154。

因為道詵之書過於簡化，故北宋仁、神宗時期的名僧飛山戒珠
（985-1077）遂著《淨土往生傳》一書三卷，成為道詵之書的續作。
戒珠在其序文中說：

> 自遠而下，淨土之修益振，故宋有曇弘、齊有慧進、梁有道
> 珍；李唐之間，穎悟通識之士如道綽、善導者，累復有焉。
> 余以像季之餘，值佛遺法，緬懷淨業，其亦有年。每以前賢
> 事績[蹟?]，散於諸傳，淪於異代，不得類例相從，條然以
> 見。繇是歷考梁、隋而下，慧皎、道宣諸師所撰傳記，十有
> 二家，洎大宋通慧大師新傳，且得[僧?]顯等七十五人。其傳
> 之作，理或有所暗寐，辭或有所叢脞，因復修正而發明之。
> 外有鴻業、慧明等六十二人在，其生平想像，至於捨生之
> 際，不嘗已矚勝相備之，不足起深信。乃無以備之，後之明
> 哲，或患其所不足，摭而備之者，亦余之闕有補焉。❶❾

戒珠感於「前賢事迹，散於諸傳」，故參考慧皎、道宣及贊寧等十
二家傳記而成《淨土往生傳》一書。這「十有二家」傳記是否包括
《往生西方淨土瑞應刪傳》或其原傳，不得而知。但他認為前人之
傳「理或有所暗寐，辭或有所叢脞。」所以表示要「修正而發明
之」。因而收錄正傳、附傳人數共一百三十七人，較道詵之作不但

---

❶❾　《淨土往生傳》（臺北：新文豐出版社影印本）；（東京：山喜房佛書林，
　　　《淨土宗全書續》本）冊 16，頁 14。以下引文頁數，若無說明，皆出《淨土
　　　宗全書續》，冊 16 之新編頁數，而非各書頁次。

人數超出甚多，而且內容更加詳盡。但吾人若取其中各傳與道宣等人之著作相較，卻可發現戒珠往往襲用前人文字，未必真正對原傳暗昧叢脞處做到「因復修正而發明之」的境地。不過因為所參考之資料不少，所以在對往生彌陀淨土的描述上，就著墨更多，真正表現出作者履行「發明」一目標之承諾。

繼戒珠之後，遼國僧侶非濁（?-1063），撰有《往生集》二十卷。此書北宋的僧侶似無所知，獨賴神宗時入宋求法之高麗僧統義天（1055-1101）推介。義天歸國後，曾致函靈芝（湛然）元照（1048-1116），表示願寄贈新行《隨願往生集》一部二十卷，及彌陀淨土經章疏。而其《新編諸宗教藏總錄》則列該書為非濁撰。❷可見對彌陀淨土往生信仰之宣揚，在北方的遼國，也不讓北宋專美於前。可惜《隨願往生集》現已失傳，它的內容及參考的典籍，已無法稽考。我們僅能從他另一本著作《三寶感應要略錄》揣摩其內容之大概。❷

不過，戒珠之後中國本土的佛教徒並未編寫以往生故事的方式來宣揚往生觀念。值得注意的是，身為士大夫的彌陀淨土信仰者，卻參與此類工作。譬如大約與非濁同時，在神宗時期任侍郎的王古（生卒年不詳），就著有《新修淨土往生傳》三卷。此書一度遺失，

---

❷　元照書，見義天《大覺國師文集》（漢城：建國大學出版部，1974），〈答大宋元照律師書〉，卷 11，頁 8。《新編諸宗教藏總錄》見《大正藏》冊 55，no. 2184，頁 1178b。關於《隨願往生集》一書在遼國、高麗及日本的流傳，塚本善隆論之頗詳，見前引書頁 108-113。

❷　塚本善隆即比較此書與偽託本《淨土往生傳》，知其為後者的資料來源之一。

本世紀初（1913）日本藏書家德富蘇峰（Tokutomi Shohō，又號豬一郎）
得其殘卷。經大村西崖（Ōmura Seigai）考證，認爲係王古原來編寫
的《寶珠集》四卷的修訂本，現收於《續淨土宗全書》中。❷根據
王古在《寶珠集》裏的自序，此書實是爲續戒珠之《淨土往生傳》
而作：

> 福唐釋戒珠，採十二家傳記，得七十五人。蒐補闕遺，芟夷
> 繁長，該羅別錄，增廣新聞，共得一百九人。隱顯畢收，緇
> 素並列。會江河淮濟於一海，融鈃盤釵釧無二金。標爲顯道
> 之津梁，永作後來之龜鑑。❷

此序顯示《寶珠集》收錄七十五人於正傳中，連附傳共一百〇九
人。後來修訂之後，共錄一百十五人，故改名《新修淨土往生
傳》。❷在新修傳之上卷，王古又撰序文一篇，略謂：

---

❷　見大村西崖爲《新編古今往生淨土寶珠集》所寫之序文，收於前引《淨土宗
全書續》冊 16，頁 64-67。岩井大慧認爲大村西崖之推論錯誤，而以爲《寶
珠集》及《新修淨土往生傳》爲兩種不同作品。前者爲北宋王古所作，後者
爲南宋錢塘陸師壽所作。見前引岩井大慧《日、支佛教史論考》頁 319-357。
筆者以爲大村西崖之推論不無道理。至於由 4 卷變爲 3 卷，是否足夠推翻
大村說法之理由，實是問題。錢塘陸師壽之作應是根據王古之新傳增訂而
成。

❷　前引《淨土宗全書續》冊 16，頁 68。

❷　見《新修淨土往生傳》序，《淨土宗全書續》冊 16，頁 96。岩井大慧不同意
松本文三郎的主要原因之一是他認爲新修之作收錄人物較多，卷數反而由原
來之 4 卷減爲 3 卷，不合常理。見《日、支佛教史論考》頁 333-334。

> 蓮社之唱，自遠公始，至天臺，辨教理益顯，大破群疑。今
> 自舊傳，博採列記，芟煩補闕，斷自遠公已下，至於近年，
> 耳聞所接，得一百餘人。❷⑤

可見王古之新傳，不僅增加戒珠未能收錄的往生故事、人物，而且
還收錄戒珠已作之傳，與戒珠之書，內容自有重複之處。不過王古
編著此書，畢竟還有其他用意在。他是個主張「唯心淨土，自性彌
陀」的往生信仰者，對於北宋以來批評淨土信仰為小乘、權教的反
對者，他也希望藉此書之宣揚往生西方來與他們相抗，有積極彰顯
教理，破釋群疑之意。故他自序中又說：

> 彌陀心內眾生，眾生心中淨土。念念往生，質多寶蓮，不離
> 當處。神超多剎，豈出自心？……念本性之無量光，本來無
> 念；生唯心之安養國，真實無生。……差[嗟?]夫！學寡障
> 多，疑深觀淺。行為權小，聞若存己。則是以馬鳴為未然，
> 天臺智覺為不達。不信當授菩提記，不肯頓生如來家……。❷⑥

王古強調彌陀淨土在我心中，不待他求，而念念往生，就可入安養
國。其宣揚淨土往生之意，更甚於先前諸作者。南宋時錢塘陸師壽
（生卒年不詳）增益其書為八卷，四明釋子默容海印（生卒年不詳）又

---

❷⑤　同前書，頁 97。

❷⑥　同前書，頁 96。關於王古「唯心淨土，自性彌陀」的看法，參閱筆者《北宋
　　佛教史論稿》（臺北：臺灣商務印書館，1997），頁449。

增續之，足見《新修淨土往生傳》為南宋以後作者撰述往生故事，鼓吹往生西方的憑藉。

　　大致來說，自晚唐到北宋末，淨土往生故事彙集成書的緣由，與《金剛經》、《法華經》等靈驗故事之成書，有其類似之處。❷❼其中之一是編著者覺得載於僧傳的故事過於零散，難以收宣傳之效，而口傳的故事，也不易流傳久遠，是以潤飾成書，傳諸其人，使其無遠弗屆，代代相傳。不同的是，淨土往生、《金剛經》、《法華經》的信仰，雖在唐代都有人提倡，但往生傳故事集卻都出現於晚唐及宋代。這可能一方面是因為彌陀信仰，有大、小《彌陀經》及《觀經》之間對於五逆十惡臨終得往生無一致的說法，而此種不一致對形成一個較完整的信仰系統，費時較久之故。❷❽另一方面，可能道綽、善導之時的行化，事實上並未像僧傳所說的那麼具有影響力，恐怕直到晚唐時，才蔚為風氣，在此情況下，往生故事不斷流傳與累積，遂為有心者所收錄。

　　宋代往生故事的編集，除了上述可能因素之外，兩浙天臺僧侶同時行法華三昧、鼓吹懺法及彌陀信仰，亦有推波助瀾之效。譬如下文所說的慈雲遵式（964-1032）教人行懺法，講《觀經》中之第十

---

❷❼　《金剛經》的靈驗故事在唐代最多，當以唐孟獻忠的《金剛般若集驗記》3卷，及段成式的《金剛經感應傳》一卷為代表。《法華經》方面，則以唐慧詳的《弘贊法華傳》10 卷為代表。唯慧詳之作，類似僧傳，體例與孟、段之作不盡相同。

❷❽　依《觀經》下品下生章所說，五逆十惡之人，「臨欲命終，得聆聖教，至心悔改，十念稱名，亦得往生。」《阿彌陀經》及《無量壽經》則無此說。此處引文，見淨空法師《佛說大乘無量壽莊嚴清淨平等覺經講記》（美國淨宗學會，1996），冊 1，頁 355。

六觀，勸十逆五惡之人念佛，又倡「晨朝十念」之法，整合了念佛中之觀、念兩個要素，給當時的彌陀往生信仰者，指引了一條脫離末法之世的捷徑，未嘗也不喚能起往生作者統合舊傳，再刊新書之意願。尤其遵式自己率先編有《往生西方略傳》，闡揚前輩典型，戒珠、王古等人躡其後，復作「往生傳」，正反映當時淨土往生信仰之已深入人心了。㉙

三、從往生故事的人物看
四種往生故事集之關係

　　以上諸書，除非濁之作外，所收之往生人物，有僧史上鼎鼎有名的高僧大德，也有籍籍無名的販夫走卒。前者多為兩種以上「往生傳」所收，後者或出現於一種或兩種「往生傳」，都有可能。茲將所有人物出現於此四種「往生傳」的情況，臚列於下，以觀察四種往生故事集之關係。為討論方便起見，將各書分別簡稱為《刪傳》、《往生傳》、《寶珠集》、《新傳》，依次以(1)、(2)、(3)、(4)代稱。大致上，人物出現的情況可分為下列十四種：

一、為(1)、(2)、(3)、(4)所收者：慧遠、曇鸞、道珍、慧命、尼法勝
　　（盛）、劉程之（遺民）

二、為(1)、(2)、(3)所收者：智顗、法知（智）

三、為(1)、(2)、(4)所收者：道綽、善導、僧衒、僧藏、懷玉、雄俊

四、為(1)、(3)、(4)所收者：靜靄、僧崖、烏場（長）國王、〔宋〕

㉙　關於遵式倡淨土往生之說，詳見下文討論。

魏世子四人

五、爲(1)、(2)所收者：惟岸、大行、道昂

六、爲(1)、(3)所收者：登法師、道喻、洪法師、隋文后、尼大明、
　　張元祥

七、爲(1)、(4)所收者：韋文（之）晉、元子平、張鐘馗、尼淨眞、
　　約山村翁二人

八、爲(2)、(3)、(4)所收者：僧顯、慧永、慧虔、僧濟、慧恭、僧
　　叡、曇鑒、曇弘、道瑗、慧進、慧（惠）光、法琳、僧柔、慧
　　思、法照

九、爲(2)、(3)所收者：智舜、智（慧）通、眞慧、善冑、法祥、慧
　　持、道海、曇泓、道廣、道光、法音、王氏、道慧

十、爲(2)、(4)所收者：辯才、自覺、齊瀚、神皓、少康、知玄、惟
　　恭、鴻莒、志通、紹嚴、守眞、悟恩、靈巋

十一、僅爲(1)所收者：懷感、尼法藏、尼悟性、沙彌二人、童子阿
　　　曇遠、童子魏師讚、隋朝恒州人某、分州人某、房翼、溫文靖
　　　妻、梁氏、裴氏、姚婆、張文熾妻、汾陽縣老人、邵願保

十二、僅爲(2)所收者：明贍、灌頂、智琰、神素、功迴、法持、慧
　　　日、啓芳、圓果、慧蘭、道撫

十三、僅爲(3)所收者：宋滿、尼淨嚴

十四、僅爲(4)所收者：承遠、李知遙、鄭牧卿、季祐、智覺、遵
　　　式、吳氏、黃長史女、王仲回、翼讚

　　由於現存的《寶珠集》與《新傳》都是殘本，二者雖可合併成
《新傳》的上、下兩卷，而中卷則仍無法復原。如此一來，欲根據
此表推論某些現象，必有偏差。不過，從以上人物在四種故事集出

現的情況看，約略可見：㈠往生人物仍是以宋以前爲主，而唐朝人最多；㈡在(1)中出現的人物幾有半數不再出現。而所以不再出現，顯然與其身分、地位有關。換句話說，他們都不是知名人物；㈢在(2)(3)、(2)(4)或(2)(3)(4)之間，人物重複出現者相當多，若再比較其內容，可見王古頗利用《往生傳》來編他的《寶珠集》及《新傳》。事實上，誠如大村西崖指出，王古在編《寶珠集》時，多抄襲《往生傳》，待編《新傳》時，才有所增訂；㈣僅在(3)(4)出現者，不到所有人數的十分之一，而宋朝人物屈指可數，在比例上不甚相稱。因宋代彌陀淨土信仰之盛，與唐代相較，有過之而無不及，可編寫成往生故事之人物必不限於此數人。❸既然如此，王古爲何只收錄少數十幾人而已呢？可能的解釋是，許多故事尚未普遍流傳，王古來不及編寫入其書中。也可能是王古只是根據往生故事之文字，隨見隨寫，並未很認眞的去博採口傳的故事。他雖然在自序中說有些故事來自「耳聞所接」，恐怕此類故事畢竟屬於少數。

四、四種往生故事集的內容與其相互關係

以上四種往生故事集的主要資料來源雖然都是僧傳，但是其各篇人物的描寫與僧傳卻未必盡同。而且各本之間雖有前後相承的關係，但《刪傳》與《往生傳》之間對同一人物的描寫，詳略頗有不同。而《寶珠傳》、《新傳》與《往生傳》之間對同一人物的描述

---

❸　南宋志磐在〈淨土立教志〉所收錄的往生人物，有不少生於王古之前，可以爲證。

雖多半類似，亦時而有異。

　　大致來說《刪傳》內容甚為簡單、各篇傳記又短，雖多承襲慧皎、道宣之文，但只取有關往生西方的記載。譬如慧遠法師之傳，只聊聊數行，與慧皎之長篇敘述不可同日而語，但完全以描述其淨業為主，不及其他。茲抄錄於下，以見一斑：

> 東晉朝僧慧遠法師，雁門人也。卜居廬山，三十餘載，影不出山，跡不入俗，送客以虎溪為界。雖博群典，偏弘西方。嵒下建淨土堂，晨夕禮懺。有朝士謝靈運、高人劉遺民等，並棄世榮，同修淨土。信士都有一百二十三人，於無量壽像前，見齋立誓。遺民著文讚頌，感一仙人，乘雲聽說，或奏清唄，聲御長風。法師以義熙十二年八月六日，聖眾搖迎，臨終付屬，右脅而化，年八十三矣。[31]

與《高僧傳》裏的慧遠傳相比，以上短短的描述，實不及慧遠一生行事之千分之一。尤其對慧遠之死，僅以數語交代，未能表明慧遠立淨社、行淨業而得往生淨土之效。慧皎《高僧傳》原文對慧遠之死，有如下描述：

> 以義熙十二年八月初動散，至六日困篤。大德耆年，皆稽顙請飲豉酒，不許。又請飲米汁，不許。又請以蜜和水為漿，乃命律師令披卷尋文，得飲與不？卷未半而終，春秋八十三

---

[31]　《淨土宗全書續》冊 16，頁 2。

矣。門徒號慟，若喪考妣，道俗奔赴，轂繼肩隨。遠以凡夫
之情難割，乃制七日展哀。遺命使露骸松下。既而弟子收
葬。潯陽太守阮保，於山西嶺鑿壙開隧。謝靈運爲造碑文，
銘其遺德。南陽宗炳又立碑寺門。初遠善屬文章，辭氣清
雅。席上談吐，精義簡要。加以容儀端整，風彩灑落，故圖
像于寺，遐邇式瞻。所著論序銘詩書，集爲十卷，五十餘
篇，見重於世焉。❸❷

這些描述在戒珠《往生傳》裏的〈慧遠傳〉多半都保留下來，但也
仍不能表現他修淨業之效。不過戒珠在其文中加塡了若干細節。譬
如說明慧遠反對飲豉酒是因「以酒療病，律無通文。」而不飲米汁
是因「日過中矣。」其所增加的文字中，爲後人所重視者，即是慧
遠「三睹勝像」的一段。此段記載，他自謂引自《[慧]遠別傳》，
對慧遠之往生，作如下描述：

按：《遠別傳》，遠於淨土之修，克勤于念，初憩廬山十一
年，澄心系想，三睹勝相，而遠沈厚，終亦不言。後十九年
七月晦夕，遠於般若臺之東龕，方由定起，見彌陀佛身滿虛
空，圓光之中有諸化佛。又見觀音、勢至侍立左右。又見水
流光明，分十四支，一一支水，流注上下，自能演說苦空、
無常、無我。佛告遠曰：「我以本願力故，來安慰汝。汝後
七日，當生我國。」又見佛陀耶舍與慧持、曇順在佛之側，

---

❸❷　　《高僧傳》，no. 2059，頁 361b。

前揖遠曰：「法師之志，在吾之先，何來遲也！」遠既目擊分明，又精爽不亂，乃與其徒法淨、慧寶等，具言所見。因告淨曰：「始吾居此十一年，幸於淨土，三睹勝相。今而復見之，吾生淨土決矣！」次日寢疾，又謂淨曰：「七日之期，斯其漸也，汝徒自勉，無以世間情累拘也。」至期果卒。❸❸

這段記錄，未見於其他早於《往生傳》的佛教文獻，可說是對慧遠往生淨土最詳細之描寫。它不但充滿神話及文學想像色彩，而且最符合《阿彌陀經》裡的所述往生極樂淨土的條件：

舍利佛，若有善男子、善女人，聞說阿彌陀佛，執持名號，若一日、若二日、若三日、若四日、若五日、若六日、若七日，一心不亂，其人臨命終時，阿彌陀佛與諸眾聖，現在其前。是人終時，心不顛倒，即能往生阿彌陀佛極樂國土。❸❹

佛教徒認為《往生傳》所描繪的慧遠，是宣揚往生彌陀淨土的最佳例證，自然樂於引述。今日的淨空法師既知以它來解說往生之義，

---

❸❸　《淨土宗全書續》冊 16，頁 18-19。按：《[慧]遠別傳》，現已不存，戒珠並未說明其作者及撰寫年代。又按此段文字中之「化佛」，依丁福保《佛學大辭典》（北京：文物出版社，1982），是「佛、菩薩等以神通力化作之佛形。」在《觀經》中屢見之。下文所述及的往生故事中屢屢出現。

❸❹　見《佛說阿彌陀經》（《大正藏》本）。

宋代的佛徒豈有不知之理？❸故王古襲用戒珠之文以述說慧遠的往生經驗，當是很自然之事。❸

再取《刪傳》中的〈曇鸞傳〉與僧傳比較，也可以看出它著重對往生過程的描述。道宣在《續高僧傳》裏描述曇鸞的死如下：

> 以魏興和四年，因疾卒于平遙山寺，春秋六十有七。臨至終
> 日，幡花幢蓋，高映院宇。香氣蓬勃，音聲繁鬧。預登寺者
> 並同矚之，以事上聞。乃葬于汾西泰陵文谷，營建塼塔并為
> 立碑，今並存焉。❸

這種描述並未顯示曇鸞之不尋常處，與往生的現象之關係，略嫌曖昧。所謂「臨至終日，幡花幢蓋，高映院宇。香氣蓬勃，音聲繁鬧，」是人為的呢？還是彌陀眾聖從天而降而帶來的？與《刪傳》的記錄頗不相類。《刪傳》說曇鸞火焚《仙經》之後，

> 忽於半夜，見一梵僧入房，與鸞曰：「我是龍樹菩薩。」便
> 說偈：「已落葉不可更附枝，未束粟不可倉中求。百駒過隙

---

❸ 淨空法師曾說：「我們在《往生傳》上看到初祖慧遠大師往生的記載。他往生的時候，看到阿彌陀佛、觀音、勢至，還有蓮社先往生的的那些人……」又說：：「我們在傳記裡看到，向淨宗初祖慧遠大師，一生就三次見到極樂世界。」參看淨空法師《佛說大乘無量壽莊嚴清淨平等覺經講記》冊 2，頁 477、576。

❸ 《淨土宗全書續》冊 16，頁 70-71。按：《寶珠集》改「無以世間情累拘也」為「無以世情拘累也。」而《新傳》則又改回原文。

❸ 《續高僧傳》，470c。

不可暫駐，已去者叵反，未來未可追。在今何在？白駒難可
回。」法師乃知壽終。集弟子三百餘人，自執香爐，面西教
戒門徒，勸崇西方，以日初出時，齊聲念佛，即便壽終。寺
西五里有一尼寺，聞空中音樂，西來東去，須臾又聞，東來
西去。❸

與《續高僧傳》之文相比，《刪傳》之描述較戲劇化，製造出龍樹
菩薩顯聖的一幕，加重了往生西方的神話性效果，當爲《往生傳》
所採錄之因。唯《往生傳》雖因襲其文，但也在「教戒門徒，勸崇
西方」一語，加以發揮，而說：

集弟子數百人，盛陳教戒，言其四生役役，其止無日，地獄
諸苦，不可以不懼。九品淨業，不可以不修。因令弟子齊聲
高唱阿彌陀佛，鸞乃西向，瞑目頓顙而示滅之。❸

基本上，《往生傳》之文只多出曇鸞教戒門徒之內容，但所述「鸞
乃西向，瞑目頓顙而示滅之，」更予人感受到他確已爲西方彌陀所
接引去了。這種結果，自然較《刪傳》所用的「壽終」一語更接近
往生之效。王古編《寶珠集》與《新傳》時，就順理成章的沿用下
來，毋需加以點染了。❹其實，這種爲印證曇鸞已爲「往生人」的

---

❸　《淨土宗全書續》冊 16，頁 2。
❸　《淨土宗全書續》冊 16，頁 24-25。
❹　《寶珠集》與《新傳》對曇鸞之描述與《往生傳》大同小異。見《淨土宗全
　　書續》冊 16，頁 78-79；106-107。

記載，已見於唐迦才的《淨土論》。此書在敘述空中音樂，西來東去、東來西去之後，說：

> 中有智者告大眾曰：「法師和尚，一生教人修淨土業，今此音聲向東去者，必應多是迎法師來。食訖，相命覷法師去，庭前相待，未出寺庭之間，復聞音樂遠在空中，向西而去。尼僧等相與至彼，乃見無常，依此經論，定得生西方也。」**❹**

此段文字肯定曇鸞往生西方，不知戒珠等人，為何不用？難道未曾閱過迦才之作？

以上兩個例子顯示《刪傳》雖是以僧傳為基礎，但在人物的經歷上，集中於往生淨土的描寫。而《往生傳》則更進一步，於往生淨土的細節，著墨更多。《寶珠集》與《新傳》則大致上沿襲《往生傳》罷了。但是這種相因襲的關係，也不是一成不變的。我們可以智顗（538-597）、道綽、善導之傳為例來看。

關於智顗生平與事迹，《續高僧傳》本傳中有相當長的敘述。但於其淨業著墨不多。對其臨終情況只說他曾「命學士智越，往石城寺掃洒於彼佛前。命終，施床東壁，面向西方，稱阿彌陀佛、波若觀音。」其後不久，「端坐如定而卒。」**❹**《刪傳》則將《續高僧傳》本傳簡化成十數行，加入彌陀、西方之語，而謂：

❹　《淨土論》，《大正藏》冊 47，no. 1963，頁 97c-98a。

❹　《續高僧傳》，no. 2060，頁 567ab。

吾從生已來，坐向西方，念阿彌陀佛、摩訶般若、觀音、勢至，威神之力，不過此也。吾多請觀音懺悔，從染疾來，西方之念彌切，吾應隨去。……觀音、勢至今來迎我。……又命維那曰：「臨終聞鐘，增其正念，且各默然，吾將去矣！」言訖而終。❹

《刪傳》之文雖然加進了更多往生西方的語彙，但看不出臨終前的情況。《往生傳》把二書之文字匯成一體，稍增強其效果：

他日由禪定起，謂弟子智越曰：「吾之幻質，旦夕云滅，汝於石城，嚴持鑲華俟吾，以此謝報。及顗至之，施床西向，念阿彌陀佛與二菩薩，及於淨土化佛與化菩薩，來相擁護。又囑弟子，多燃香燭，又把三衣缽杖，以近其身……又曰：「人命將終，聞鐘磬聲，增其正念。汝宜鳴磬，以增吾念。」乃自跏趺，於彌陀像前終焉。❹

此段文字把《續高僧傳》及《刪傳》較鬆散的敘述連成一氣，顯示智顗臨終前確實面對西方念阿彌陀佛與二菩薩。而在「於彌陀像前終焉」比「言訖而終」一語，寓意效果較強，有暗示往生彌陀淨土之意。
　　值得玩味的是，王古的《寶珠集》中之〈天臺智者大師傳〉並

---

❹　《淨土宗全書續》冊 16，頁 4。
❹　同前書，頁 34。

未依以上諸書而作。對智顗臨終前，敘述略異，而又增加一段文字，以驗證智顗往生西方之實：

> 臨終，說諸法門，令唱《無量壽經》及《觀經》題目，乃顧
> 大眾，合掌讚曰：「四十八願，莊嚴淨土，花池寶樹，易往
> 無人。火車相現，一念改悔，尚得往生。況戒定薰修，聖行
> 道力，實不唐捐。」訖，稱三寶名，奄然而滅。後有僧，求
> 知生處，乃夢觀音，金容數丈，智者從後，而語僧曰：「如
> 疑決否？」再驗智者生西方矣。❹

王古的意思很清楚：智顗一生念佛，往生西方是毫無疑義的。而他在往生前，還強調一念悔改，即得往生，聖道之行，功不唐捐；主張「他力」之助，固然可期，「自力」之功，尤其可貴。

　　道綽呢？就其經歷言，《刪傳》對僧傳的潤飾與《往生傳》大致相似。但《刪傳》不載道綽教人數豆以代珠之事，《往生傳》則保留之，並強調以豆代珠在并、汾之地的影響。《續高僧傳》裏，道綽臨終的情況是：

> 曾以貞觀二年四月八日，綽知命將盡，通告事相。聞而赴
> 者，滿于山寺。咸見鸞[法]師在七寶船上，告綽云：「汝淨
> 土堂成，但餘報未盡耳。」並見化佛住空，天華下散。男女
> 等以裙襟承得，薄滑可愛。又以蓮花乾地而插者，七日乃

---

❹　同前書，頁82。按：最後一行，「僧」字重複，當爲衍文。

萎，及餘善相，不可殫紀。自非行感備通，詎能會此乎？❹

這段文字雖顯示道綽臨終時瑞相呈現於天上，但經《刪傳》加上「白光」後，更顯得神妙：

> 果至亡日，三道光：白毫照於房內。又見曇鸞法師光，七寶池中語曰：「淨土已成，餘報未盡。」紫雲境上三度現。❹

《往生傳》雖未述及「白光」之事，卻多出化佛與化菩薩。而對他在并、汾之間宣揚淨土往生的貢獻，則大肆渲染：

> 復見化佛與化菩薩，飄飄在空，眾乃驚歎，大生信服。雖夫無種闡提之人，亦率服之。以故唐初并、汾諸郡，薰漬淨業，由綽盛焉。❹

《新傳》的〈道綽傳〉，則顯然是以上二傳的綜合體，但描寫與形容生動得多：

> 復見化佛與化菩薩，飄飄在空，眾乃驚歎，大生信服。雖夫無種闡提之人，亦率服之。以故唐初并、汾諸郡，重[薰]漬

---

❹　《續高僧傳》，no. 2060，頁 594a。
❹　《淨土宗全書續》冊 16，頁 5。
❹　同上。

> 淨業,由繹盛焉。……至二十七日欲終時,又有眾聖從西方
> 來,兩道白光入房徹照,終訖乃滅。又欲殯時,復有異光從
> 空中現,殯訖乃止。復有紫雲於塔上三度現,眾人同見斯
> 瑞。㊾

所謂「白光」、「異光」、「紫雲」之現,都是爲說明道綽被接引
至西方,明白表示他的往生彌陀淨土是無庸置疑的。這種描述,與
迦才在《淨土論》與道鏡(生卒年不詳)在《念佛鏡》中肯定道綽必
然往生見佛之語前後相印證,增強了他變爲往生人的效果。㊿

　　至於善導往生西方之記載,既不見於《續高僧傳》亦不見於
《刪傳》,所以後來作者對善導之死的記載,就充分發揮他們的想
像,造成了不少問題。㉛首先是戒珠誤讀《續高僧傳》,把從柳樹
上「倒投身下,至地遂死」的善導門人說成善導自身。於是《往生
傳》遂有如下不合情理之記載:

> 導厭此身諸苦逼迫,情偈變易,無暫休息,乃登所居寺前柳
> 樹,西向願曰:「願佛威神,驟以接我。觀音、勢至,亦來

㊾　《淨土宗全書續》冊 16,頁 90-91。按:此傳是《新傳》佚文,從他處輯
　　出。

㊿　見前引《淨土論》,no. 1963,頁 98c。《念佛鏡》(《大正藏》本),no.
　　1966,113c。迦才之傳還引《華嚴經》,以「又放光明名見佛,此光覺悟命
　　終者。念佛三昧必見佛,命終之後生佛前」之偈語,強調道綽已往生西方。

㉛　按:《續高僧傳》未爲善導立傳,當是道宣完成其書時,善導尚未成名之
　　故。參看 Julian Pas, *Visions of Sukāhvatī*,頁 71-72。石破洋在其論文中也認爲
　　如此,但未多談。見前引論文頁 17。

助我。令我此心，不失正念，不起驚怖，不於彌陀法中，以生退墮。願畢，於其樹上，投身自絕。(52)

這種死法與一般的往生淨土的情景極不相稱，如何能勸人信仰彌陀？不料後來的僧史竟都抄襲《往生傳》之說，以訛傳訛，使眞相更加混淆。(53)戒珠還說善導每念一聲阿彌陀佛，「則有一道光明，從其口出。或其十聲，至于百聲，光亦如之。」(54)把善導神化，而後來作者更信之不疑。譬如王古在《新傳》之〈釋善導傳〉就沿襲其說。但王古又有〈唐往生高僧善導〉一傳，所描繪的善導與《往生傳》不同，但與《刪傳》裏道綽、善導兩傳所描寫之善導，若合符節。其中對他臨終時的情況則說：「忽然微疾，掩室怡然長逝，春秋六十有九，身體柔軟，容色如常，異香、音樂，久而方歇。」(55)這種死亡，較像往生淨土的情況，也可能是王古稱他「往生高僧」之故。

---

(52)　《淨土宗全書續》冊 16，頁 42。

(53)　最近楊曾文先生也在其〈道綽、善導和唐代淨土宗〉一文中指出其誤。該文見藍吉富編《中印佛學泛論》（臺北：東大圖書公司，1993），頁 213-214。又見前引 Julian Pas（1995），頁 75。大致上，學者都認爲戒珠犯錯，誤讀《續高僧傳》之文。岩井大慧認爲戒珠博學，應不致誤讀道宣之文，可能係有意改作，以表現善導以自我犧牲奉獻（self-immolation）之方式成就往生淨土之路。石破洋則認爲不合理，原因之一是佛教根本上反對自戕的行爲，戒珠有意犯錯並無任何意義。見前引其文頁 196-198。到底善導如何死亡，至今仍是一個迷。

(54)　《淨土宗全書續》冊 16，頁 92。按：此即註⑬中印順法師一語的來源。

(55)　同前書，頁 92-93。

　　王古的「兩善導」說並未爲後來的佛教學者採用。譬如南宋志磐《佛祖統紀》的〈善道傳〉描寫的就是《新傳》中的往生高僧善導，而南宋本覺的《釋氏通鑑》則取《往生傳》裏的善導。❻南宋宗曉在其《樂邦文類》中列有〈蓮社繼祖五大法師傳〉，善導名列第一，實是《往生傳》裏「投身自絕」的善導。❼可見這些佛教學者中，唯有志磐看出王古〈唐往生高僧善導〉一傳的「微言大義」。問題是王古既要宣揚淨土往生之實效，實無必要再另立一傳，表揚「投身自絕」而死的善導。

五、從「死亡」到「往生」

　　上文將以「往生傳」爲名或性質類似的著作與僧傳比較，目的在說明宋代信仰彌陀淨土的作者，透過寫作藝術，將過去人物尋常的「死亡」，轉變爲帶有神話性的「往生」。當然這種變形，也可能受到口傳故事的影響。換句話說，「往生傳」的作者描繪當代往生人物時，也會兼採所聽所聞，編寫其人傳記。我們所關切的是，他們是如何把尋常的「死亡」美化成神祕的「往生」，來宣揚彌陀淨土之信仰？在以上諸例中，將各往生傳與較早的僧傳相比較，可以看出往生傳作者具體作法，即是在描寫死亡時，強調白光、紫雲、香氣等各種祥瑞，以襯托淨土三聖的接引。

---

❻　見《佛祖統紀》，《大正藏》冊 49，no. 2035，頁 276b，《釋氏通鑑》（臺北：新文豐出版社影印《卍續藏經》本），頁 459a。

❼　見宗曉《樂邦文類》，《大正藏》冊 47，no. 1969，頁 193a。

至於對僧傳未收錄之人物及作者當代人物的描寫，各書的作者既無原始資料的限制，大可逞其臆想，加重「往生」的描寫。茲以《刪傳》所述的下列人物爲例說明：

隋僧道喻（?-588）臨終時，

> 化佛來迎，光明照室，眾皆聞見，即便命終。(58)

隋天臺僧法智，

> 無疾而終，金色光明，照數百里。(59)

唐藏禪師（唐乾符中卒），

> 命終之日，諸天次第來請，不去。及至淨土化佛來迎，方始而往。(60)

唐懷玉（?-742）禪師臨終時，

> 說偈已，見紫金臺，含笑而終。(61)

---

(58)　《淨土宗全書續》冊 16，頁 4。

(59)　同前書，頁 7。

(60)　同前書，頁 6。

(61)　同前書，頁 7。

唐僧雄俊（?-769）大曆中見閻羅王，於閻王前自辯念佛不知其數，不應入地獄，

> 言訖，往生西方，乘臺而去。㉒

唐觀察使韋文晉（生卒年不詳），

> 立行慈身，建西方道場，念阿彌陀佛，懺悔願生西方，行菩薩道。守護佛法，轉正法輪，度脫含識。至六月內，面西跏趺，合掌念阿彌陀佛六十聲，忽而化世，異香滿宅，內外皆聞，祥瑞不可稱說。㉓

唐隋[隨?]州約山村翁婆二人，

> 臨終時，光明滿宅，半夜謂如白日中。㉔

裴氏，

> 貞觀年中，因僧教念佛，用小豆爲數，念滿十三石，自知生處，遍辭親知，辭後如法裝飾，念佛而終，往生極樂。㉕

㉒　同前書，頁8。
㉓　同前書，頁10。
㉔　同前書，頁11。
㉕　同上。

汾陽縣老人，

> 常誦西方，遂取糧於法忍山，借一空房，止宿念佛。臨終
> 時，大光遍照，面西而終，登蓮臺遂而去。❻❻

唐元子平（大曆中），

> 忽夜染患，夜聞空中異香、音樂，病人歡喜動地，空中有人
> 告曰：「麤樂已過，細樂續來。」經日，念佛而終，的生淨
> 土，數日異香。

唐張元祥（時間不詳），臨終時，

> 食畢，焚香對西方，正念而終。送至墓所，異香、光明，蓋
> 覆墓上。❻❼

唐張鍾馗（?-655?）❻❽

> [臨終]值善光寺念佛僧弘道，令鋪聖像，念阿彌陀佛，忽然

---

❻❻　同前書，頁 12。
❻❼　同上。
❻❽　《刪傳》說「永徽九年臨終」，但永徽無九年，《新傳》照抄其文，也襲其
　　誤。茲暫作永徽六年。

異香，奄然而逝。**⑲**

此數人之死亡，很明白地表現了典型的「往生」過程。其他人物，或「言訖而終，光照於室」，或「臨終之時，重眾睹光明，內聞沈水，香氣來迎」，或「見菩薩來迎，地即震動，天華散空，一時俱逝，隨願往生」，或「聞異香，乘空一時而去」等等，不一而足。**⑳**

這種特別加重「往生」描寫的傾向，也見於戒珠以前的宋代僧傳，如贊寧的《宋高僧傳》。譬如贊寧對上述唐代「往生人」的壽終，就有如下的形容：

> [懷]玉說偈已，香氣盈空，海眾遍滿，見阿彌陀佛、觀音、勢至身紫金色，共御金剛臺來迎，玉含笑而終。**㉑**
> ……雄俊傳語云：「若見城中道俗告之，我已得往生西方。」言畢承寶臺直西而去。**㉒**
> [法智]忽預辭道俗云：「生西方去，令親識爲吾設齋終日。」於中夜無疾而化，時有金色光明來迎，照數百里。**㉓**

當然除了這些有可能是本於《刪傳》而寫的人物，還有其他往生人物，也有類似的描繪。後來戒珠編寫《往生傳》時，遂也偶依《宋

---

⑲　同前書，頁 10。
⑳　同前書，頁 8-10。尼淨眞、尼大明、沙彌二人、隋朝恒州人等傳。
㉑　《宋高僧傳》（北京：中華書局點校本，1987），頁 619。
㉒　同前書，頁 621。
㉓　同前書，頁 610。

高僧傳》之文，加以描摩，益見「往生」之妙。茲用以下數人爲例
說明：

懷玉（?-742）❼❹：

> [懷]玉說偈已，香氣盈空，海眾遍滿，見阿彌陀佛、觀音、
> 勢至身紫金色，共御金剛臺來迎，玉含笑而終。（《宋高僧
> 傳》）
>
> 偈畢，香氣四來，弟子中有以見佛與二菩薩，共御金臺，臺
> 傍千百化佛。西下迎玉。玉恭恭合掌，含笑長歸。（《往生
> 傳》）

辯才（723-778）❼❺：

> 安坐繩床，默然歸滅……先是有邑子石顥，從役于城上，其
> 夜未渠，聞管絃之聲自西至，乃天樂也。異香從空散下，則
> 生淨方之兆也。（《宋高僧傳》）
>
> 乃自趺坐，湛然云[示?]滅。時邑子石顥，從役城上，聞其
> 音樂西來合奏。又聞諸妙香氣，由西散下，至于清旦，益又
> 盛之。（《往生傳》）

志通（生卒年不詳）❼❻：

---

❼❹　《宋高僧傳》，頁 619；《淨土宗全書續》冊 16，頁 51-52。
❼❺　《宋高僧傳》，頁 387；《淨土宗全書續》冊 16，頁 48。

> 將欲化去，所止房地生白色物，如傅粉焉。未幾，坐禪床而
> 終，還座闍維，有五色煙覆于頂上，法華川中咸聞異香焉。
> （《宋高僧傳》）
>
> 將欲歸寂，通見百鶴、孔雀，行列西下，又見蓮花光相，開
> 合于前，通曰：「百鶴、孔雀，淨土境也，蓮花光相，託生
> 處也。淨土其將迎我耶？」乃起禮佛，對佛而終。至闍維
> 時，復有五色煙雲，環覆其火，法華山僧，咸共見之。
> （《往生傳》）

神皓（716-790）**⓱**：

> 說法而終，是夜琉璃色天，星實如雨，西方兆朕，密現於
> 前。（《宋高僧傳》）
>
> 其夕，淨土兆朕，密現於前，皓乃澡身易衣，以終其報。報
> 盡之三日，所居之室，香氣存焉。（《往生傳》）

晤恩（912-986）**⓲**：

> 端坐面西而化，……其夜院僧有興、文偃等皆聞空中絲竹嘹
> 亮……且多鈴鐸，漸久漸遠，依稀西去。（《宋高僧傳》）

⓰ 《宋高僧傳》，頁 595；《淨土宗全書續》冊 16，頁 58-59。

⓱ 《宋高僧傳》，頁 371；《淨土宗全書續》冊 16，頁 53。

⓲ 《宋高僧傳》，頁 160；《淨土宗全書續》冊 16，頁 60-61。

是日，坐亡于止觀講堂。至其夜半，寺僧文偓、有興等聞空
中歌唄之音，依稀西去。（《往生傳》）

這幾個例子可以看出《往生傳》之文往往較《宋高僧傳》之文更具
明確的「往生」效果。再拿後來的《新傳》與《往生傳》相比較，
可見《往生傳》大致上已成了日後「往生」故事的範本。《新傳》
甚至較晚的《樂邦文類》都原封不動地收錄《往生傳》之故事，除
增加新的往生人物外，於原故事之內容，則多未改動。

可惜《新傳》只是個殘本，無法供我們詳考其對新增往生人物
「往生」過程的描述。不過雖然只有幾個新增人物，也可以略窺其
究竟。譬如：
唐長安人李知遙（生卒年不詳）：

善淨土教五會念佛，眾爲師範，後因疾忽云：「念佛和尚
來。」命水著衣，所香爐出堂，向空頂禮，乃聞空[中]聲，
說偈曰：「報汝李知遙，功成果自招，引君生淨土，將爾上
金橋。」卻，扶就床坐而逝，眾聞異香。❼❾

唐汾州人季祐（生卒年不詳）：

殺牛爲業，臨病終時，見數頭牛逼觸其身，告妻曰：「請僧
救我！」僧至，告曰：「《觀經》中說，『臨終十念，而得

---

❼❾　《淨土宗全書續》冊 16，頁 8。

往生。』」遂應聲念佛。忽聞異香滿室，便終。❽

　　以上兩個唐代的例子，無非是強調平日念佛或臨終念佛而得往生彌陀淨土之報，與一般「往生」時出異香現象之情狀，無甚差異。以下一個宋代的例子，距離王古的時間相當近，王古又有點故神其說，加重了「往生」過程的特殊效果。此例子中的主角吳氏，是范仲淹友人龍圖閣學士吳遵路（?-1043）之妹。❽據云吳氏與其夫都信佛，家居常念〈金剛般若經頌〉，又事觀音甚殷，每於淨室，置數十瓶缶，盛水其中，手持楊柳誦咒，必見觀音放光，然後將瓶水灌諸器中，疾苦者飲其水，立即病癒。而咒水「積歲不腐，大寒不凍。」吳氏遂被尊為「觀音縣君」。❽王古雖敘述此事，但未說明吳氏往生之情況，反倒敘述其侍女之一，說她奉戒剋苦，常數月不食。平日只飲吳氏念咒後之「觀音淨水」一杯而已。依王古之意，此侍女似經常念佛，閉目間常見金蓮捧彌陀、觀音及勢至之足、膝、身、及面目，甚至見西方「殿堂、國界」。不但心知此為其安養淨土，且能為人道說淨土情狀，謂已得天眼通。後於死前感疾，「自言往生而終。」❽既然吳氏侍女僅飲咒水，念佛打坐，就

---

❽　《淨土宗全書續》冊 16，頁 12。

❽　按：吳遵路於乾興初（1022）任大理寺丞兼杭州清酒務，在任其間曾主動為錢塘孤山智圓之文集《閒居編》作序，對智圓之文評價甚高。見《閒居編》（臺北：新文豐出版社，《卍續藏經》冊 101），卷首序文，頁 27ab，及同書〈謝吳寺丞撰《閒居編》序書〉，頁 59d-60d。

❽　同上，頁 18。

❽　同上。

能往生入彌陀淨土，吳氏以咒水治病，造福無數，豈有不得往生之
理？

　　此故事顯示有些人物的往生彌陀淨土是可以追求、預見與預知
的。此種求仁得仁、求往生即能預知、預見往生之看法，恐怕已然
被不少信仰淨土的知識分子接受。《新傳》中的另一個宋人故事即
是此種認知之例。此故事是王古根據其友人楊傑（英宗、神宗時人）
所述而記錄的。故事的主角光州司士參軍王仲回是無爲郡（今安徽
盧江縣）人，不但與楊傑爲同鄉，而且因信仰淨土而曾就教於楊
傑。❸他可能對當時流行的「唯心淨土」之說有疑義，故向楊傑請
教。此「唯心淨土」之說，被某些禪師解爲「心即是淨土，不必更
求生西方。」換句話說，這些禪師認爲淨土教典是不可信、不用看
的。楊傑認爲念阿彌陀佛固然沒錯，但也需要看教典，二者並不衝
突。其後，王仲回念彌陀、修淨業，而竟於死前七日知其「往生」
之時間，並於當日出現於楊傑夢中，告知已獲往生，故來相見。❸

　　與吳觀音縣君一故事一樣，這個故事裏也沒特別描述異香、天
樂、金銀臺、及三聖等在「往生」之時刻出現，但卻強調「預知」
其時刻來臨之可能，當也是作者意圖宣揚念佛還可預知得獲往生的
表現。此故事一經楊傑描寫，更加吸引人。王古收入其往生集中，
大大增強其往生集之勸人改宗（proselytizing）之效用。

　　總之，以上所舉之種種例子，在在都足以證明北宋淨土往生信
仰之作者，將過去零碎、星散在僧傳裏的幻想性（fantastic）的淨土

---

❸　關於楊傑在宋代佛教史上之地位，見本書第三章。

❸　《淨土宗全書續》冊 16，頁 18。

故事編集成書，強化、加重往生彌陀淨土之描述，灌輸讀者念佛求往生實為一可以實現的理想。這種著作之流傳，對北宋及後來彌陀淨土信仰的發展，其推波助瀾之效，自然是不言而喻的。

六、結論

　　北宋時期往生故事集顯然不只上述四種，上文所說天臺沙門慈雲遵式編著的《往生西方略傳》一書，可以為證。遵式之作雖已失傳，但其自序仍在。觀其自序可見其編著該書用意之深。**❽⑥**大致上其自序標榜以下觀點：㈠《十六觀經》（按：即《觀無量壽經》）許下品下生、逆罪之輩，十念得往生，則無罪之人，自無不得往生之理。**❽⑦**又彌陀本願及諸經上有一念稱佛，減生死重罪，或積無量功德之說，則十念稱佛，日復一日，月復一月，年復一年，一生都念阿彌陀佛者，所得功德，更無可限量。**❽⑧**㈡若能暫歸三寶，受持佛名，當獲十種勝利，其中第十為「命終之時，心無怖畏，正念歡喜，現前得見阿彌陀佛及諸聖眾，持金蓮臺接引，往生西方淨土。

---

❽⑥ 依其《金園集》（臺北：新文豐出版社，《卍續藏經》冊 101）一書末尾所附書目，此《略傳》似為一卷。遵式的序為〈往生西方略傳心新序〉收於其《天竺別集》（臺北：新文豐出版社，《卍續藏經》冊 101）中。見該書頁 143c-144d。

❽⑦ 見《天竺別集》，頁 143d。按：《觀經》略謂此輩愚人，原應墮入惡道，經歷多劫，但若遇善知識，教令念佛，具足十念，稱南無阿彌陀佛，於念念中，除八十劫生死之罪，命終之時，見金蓮花，即得往生。

❽⑧ 見《天竺別集》，頁 143d。

盡未來際，受勝妙樂。」❽遵式有鑑於歷代聖賢如龍樹、天親，法師、禪師如道安、慧遠、智者、道綽、善導、懷感、慈愍、慈恩、澄觀等人，都曾製疏解經或宗經造論，敷揚、敦勸淨土往生之旨，因而「復引自古及今、西天東夏，道俗士女，往生高人，三十三條顯驗之事，具示將來諸有賢達，願共往生也。」❾

　　遵式提倡淨土往生之說不遺餘力，他除了集往生故事作《往生西方略傳》外，還教人勸持《阿彌陀佛經》，並指導僧俗念佛之法，為人釋疑解難。他認為宋初言念佛者有「專緣三十二相，繫心得定，開目、閉目常得見佛」之法，也有「但稱名號，執持不散，亦於現身而得見佛」之法，而以後者為多。上述往生故事之人物，多半行此種稱名念佛之法。但往生故事著重於描述念佛得往生淨土之效驗，對念佛之法、稱名要訣，並無詳述，令人易產生疑問。尤其念佛之人大致如遵式所說「稱佛都不精專，散心緩聲。」如此念佛，即令有彌陀淨土之世界，念彌陀者也未必都能遂其往生之願。是以遵式乃有「遂致現世成功者少，臨終感應事稀」之嘆。❿所以他教人稱名念佛時，強調：

> 必須制心，不令散亂。念念相續，繫緣名號。口中聲聲喚阿彌陀佛，以心緣歷，字字分明，使心口相繫。若百聲、若千聲、若萬聲，若一日、若二日、若七日等，但是稱名時，無

---

❽　見《天竺別集》，頁144b。

❾　見《天竺別集》，頁144bc。

❿　見《金園集》，〈示人念佛方法并悔願文〉，頁113d。

> 管多小，必須一心一意，心口相續，如此方得一念減八十億
> 劫生死之罪。若不然者，滅罪良難……。❷

他還提醒念佛者，若恐怕心散不專，還要「高聲疾喚」，使一心不亂，然後聲聲相續，才能成功。❸

遵式教人念佛求往生，有所謂「晨朝十念法」。❹此法說明「十念」之意義，教人每日清晨服飾之後，面西正立，合掌連聲稱阿彌陀佛。盡一氣爲一念，盡十氣爲十念。一念之中佛名次數不定，依氣之長短爲度，但聲音要「不高不低、不緩不急、調停得中。」如此十氣連屬不斷，是爲十念。❺這是一種藉氣束心、避免心散不專之念佛法，非往生故事之編著者所留意。而王古在其《新傳》裏的遵式傳中竟也隻字不提，讀者完全無法領會遵式提倡往生之貢獻，更看不出他本人念佛求往生之經驗，此實在是往生故事集之一大缺點。

雖然如此，往生淨土之著作，畢竟多爲口傳故事之記錄，自然較偏重故事裏幻想或神話性的素材，不會去顧及念佛之要訣或邏輯、合理性與否的問題。它的重視淨土往生之「靈驗」，就如同

---

❷ 同上。

❸ 同上。

❹ 見南宋宗曉之《樂邦文類》，《大正藏》冊 47，no. 1969，頁 210b，〈晨朝十念法〉一文，此文標題爲宗曉所加，原文見遵式之《往生淨土決疑行願二門》，《大正藏》冊 47，no. 1968，頁 147a，爲遵式論淨土行願門之第二門。

❺ 同上。參看筆者《北宋佛教史論稿》，〈北宋時期兩浙的彌陀信仰〉一章，頁 417-466。

《法華經》、《金剛經》的靈驗故事集一樣，都無形中將疑點重重的故事加以事實化，而使其變成爲許多人眼中歷史之部份。事實上，如果拋開故事的幻想、神話面不論，而只考慮歷來僧俗對「往生」一目標的追求，我們恐不能不接受它爲傳統社會中的一個重要現象，這種現象普及的程度，難以測度，但至少在北宋的江浙一帶是相當普及的。❾❻北宋名僧孤山智圓（976-1022）住錢塘孤山，在懷念他亡母之時，曾說「吾母也，始能捨吾爲佛徒，次能資吾以學法，末又約吾以往生，是能誨我於道也。」❾❼智圓之母，臨終之際以「所造淨土無量壽像囑吾以供養承事焉，十載于茲矣。」❾❽對智圓及許多信仰者來說，她早已往生彌陀淨土矣。然則往生故事著作的流傳，對許多類似的現象的發生，其可能造成的影響，當是不容忽視的。

　　大體言之，往生故事從早期慧皎、道宣等人之聖徒列傳式（hagiographic）的僧傳記載，到北宋的「往生傳」故事集，顯然由口傳故事，逐步的在佛教徒眼中「史實化」（historicization）。換句話說，原來含有幻想及想像的故事，因不同的作者一再潤飾，竟被當作歷史來看待了。這些故事形諸文字，化爲歷史，對彌陀淨土的確實存在，和「往生」之可以追求與預期，比其口傳的形式更爲具體，且更有說服力，實是佛教宣揚往生觀念及吸引信徒的一大利器。

---

❾❻　關於此點，見前引〈北宋時期兩浙的彌陀信仰〉一文。

❾❼　見智圓，《閑居編》，〈淨土贊并序〉，頁 36d-37a。

❾❽　同上。其〈淨土贊〉所謂「大覺軫慈，淨國爰居」也。

第三章　北宋居士楊傑與佛教
——兼補《宋史》楊傑本傳之缺

本文討論楊傑與佛教之關聯，指出楊傑爲北宋最重要之佛教居士之一，他鼓吹淨土、調和禪淨、並宣揚華嚴教義，對佛教貢獻不小，在北宋社會各階層享有盛名。然《宋史》楊傑本傳，只錄楊傑之事功，偏於敘述其制禮作樂之經過，而於其佛教信仰與作爲，無片言隻字及之，實爲元史臣之缺失。本文以蘇軾在楊傑館伴義天入杭時所作之〈送楊傑〉詩爲引子，指出楊傑博通釋典、長於論說，爲北宋朝廷、文士及僧侶所重。其餘各段證明楊傑確爲一儒釋兼通而又相當活躍之佛教居士。他深信彌陀，鼓吹淨土往生，強調念佛之效，也堅信讀經之功。他推崇永明《宗鏡錄》，調和禪淨爭議，主張「唯心淨土」，卻不執著於心外無淨土之説。此外他還熟習華嚴教典，有功於華嚴宗之延續。本文之討論，在在顯示楊傑與佛教密切之關係，足以補《宋史》楊傑本傳之缺。

一、引言

宋元豐八年（1085）十二月，高麗王子兼祐世僧統義天（1055-

1101）到杭州求法。皇帝詔命楊傑爲館伴主客學士奉陪義天。❶時年五十歲的大文豪蘇軾（1036-1101）適奉命入朝就禮部郎中任，正取道江淮回京，在途中遇楊傑，爲他作詩一首送行，詩曰：

> 天門夜上賓出日，萬里洪波半天赤；
> 歸來平地看跳丸，一點黃金鑄秋橘。
> 太莘峰頂作重九，天風吹灩黃花酒；
> 浩歌馳下腰帶輕，醉舞崩崖一揮手。
> 神遊八極萬緣虛，下視蚊雷隱污渠；
> 大千一息八十返，笑屬東海騎鯨魚。
> 三韓王子西求法，鑿齒彌天兩勍敵。
> 過江風急浪如山，寄語舟人好看客。❷

---

❶ 按：蘇軾於元豐八年十月以朝奉郎除禮部郎中，十二月上旬抵京師赴任。他可能在十月中、下旬與楊傑在金山或附近晤面。楊傑奉陪義天的時間，可參看宋僧湛然元照（1048-1116）的《芝苑遺編》，（臺北：新文豐出版社，《卍續藏經》本，1977），卷下，頁 280d，〈爲義天僧統開講要義〉一文。爲元照編其文集的門徒，爲該文寫序，略謂：「高麗王子弘眞祐世僧統義天，同弟子壽良航海求法，首登師門。元豐八年十二月二十八日，偕館伴主客學士楊傑，就寺請師陞座，發揚細要。義天瞿然避席作禮，請所著書歸遼東摹板流通。」又義天的《大覺國師外集》卷 10（漢城：建國大學，1974），頁 6b-7a，錄有楊傑的〈龍山泛海觀音詩并序〉，亦謂：「皇宋元豐八年冬，予陪高麗國祐世僧統，瞻禮尊像。」此像在杭州鹽官，可見此年十二月楊傑已在杭州。按：「主客」即主客郎中或員外郎。元豐改制之後掌「以賓禮待四夷之朝貢」。參看龔延明，《宋史職官志補正》（杭州：浙江古籍出版社，1991），頁 155。

❷ 這首〈送楊傑詩〉見於義天的《大覺國師外集》卷 11，頁 7b-8b，與《蘇軾

這首詩將楊傑生涯中的三段插曲，分別用「天門」、「太華」、「三韓王子」等語表達，呼應了蘇軾在詩序中對楊傑這樣的描述：

> 無爲子嘗奉使登太山絕頂，雞一鳴見日出。又嘗以事過華山，重九日飲酒蓮花峰上。今乃奉詔與高麗僧統遊錢塘，皆以王事而從方外之樂。善哉，未曾有也，作是詩以送之。❸

序中所說無爲子即是楊傑之號，太山（泰山）、華山即是詩中所謂的天門、太華。有關奉朝命登此二山之經過，因文獻無徵，難知其究竟。不過楊傑於元豐中官太常數任，「一時禮樂之事，皆預討論。」登泰山、華山，當是爲奉祀而行，❹應該都是他官宦生涯中

詩集》（北京：中華書局，1982），卷 26，頁 1374。宋以後歷代詩選多收錄此詩。《全宋詩》（北京：北京大學出版社，1992），卷 809，頁 9368 亦有。按：孔凡禮，《蘇軾年譜》（北京：中華書局，1998）根據「過江風急浪如山，寄語舟人好看客」一句，推說蘇軾晤楊傑於過大江之前。根據他給楊景略（康功，1004-1086）的書簡，兩人相遇時，楊傑還餽贈他酒一壺。其後他在渡淮河赴登州之時，因風浪太急，三日無法渡河，致「闔戶擁衾，瞑目塊坐」，只能借楊傑所贈之酒「少酌徑醉」，並作成〈醉道士石詩〉一首。見《蘇軾文集》，頁 1659。

❸ 同上。《無爲集》（臺北：臺灣商務印書館，影印文淵閣《四庫全書》本）原序亦謂：「晚年嘗奉使過泰山，觀日出於絕頂之上。重九賦詩，舉酒於華山蓮花之峰，繼被詔從高麗僧統義天遊。前輩以謂皆以王事而得方外之樂故。」此處前輩，即指蘇軾。

❹ 《宋史》（臺北：鼎文書局影印本，1978），卷 443，〈文苑五·楊傑傳〉，頁 13102。又同書〈禮志〉云：「五禮之序，以吉禮爲首，主邦國神祇祭祀之事，凡祀典皆領于太常。」見頁 2424。又宋代自眞宗封禪之後，常遣官祀泰山及汾陰，後者包括祀西嶽。楊傑入華山，顯然是奉祀西嶽。

之重要經歷。至於奉詔陪伴三韓王子入錢塘,自然是與朝廷借重他的佛學素養有關。蘇軾用「鑿齒彌天兩勍敵」來形容他與義天,比二人為東晉的名學者習鑿齒(生卒年不詳)與高僧釋道安(314-385),自然有其深意在。❺這首〈送楊傑詩〉,蘇轍(1039-1112)讀後,也賦詩唱和:

> 人言長安遠如日,三韓住處朝日赤;
> 飛帆走馬入齊梁,卻渡吳江食吳橘。
> 玉門萬里唯言九,行人淚墮陽關酒;
> 佛法西來到此間,遍滿曾如屈伸手。
> 出家王子身心虛,飄然渡海如過渠;
> 遠來欲見傾盆雨,屬國真逢戴角魚。
> 至人無心亦無法,一物不見誰為敵?

---

❺ 按:東晉道安法師(312?-385)又稱彌天法師,是東晉最負盛名的高僧。習
鑿齒則是當時最博學善辯的學者。據《高僧傳》說,東晉孝武帝太元四年
(379),前秦符堅攻佔襄陽,得道安與習鑿齒二人,曾謂「以十萬之師取襄
陽,唯得一人半。」其中之一人指的是釋道安,半人指習鑿齒。又說鑿齒在
襄陽時「鋒辯天逸,籠罩當時。」他早聞道安之名,曾致書通好,表達思慕
之意。及聞道安入襄陽,遂修書造訪。見面時,自稱「四海習鑿齒」,道安
以「彌天釋道安」對,時人以為名答。鑿齒見道安後,對他佩服不迭,曾在
致謝安書中說:「來此見釋道安,故是遠勝,非常道士,師徒數百,齋講不
倦。無變化伎術,可以惑常人之耳目;無重威大勢,可以整群小之參差。而
師徒肅肅,自相尊敬,洋洋濟濟,乃是吾由來所未見。其人理懷簡衷,多所
博涉,內外群書,略皆遍睹,陰陽算術,亦皆能通。佛經妙義,故所游刃;
作義乃似法蘭、法道。恨足下不同日而見,其亦每言思得一敘。」見慧皎
《高僧傳》(北京:中華書局校點本,1992),頁 177-185〈釋道安傳〉。

東海東邊定有無，拍手笑作中朝客。❻

蘇轍之詩題爲〈次韻子瞻送楊傑主客奉詔同高麗僧遊錢塘〉，故韻
腳與蘇軾詩相同。詩中所說的「傾盆雨」應該是暗喻義天遠來欲受
「法雨」之霑蓋，而「戴角魚」則指楊傑爲朝官中熟習佛法之稀有
人物。蘇軾之詩比楊傑、義天爲「兩勍敵」，而蘇轍則幽默地表示
兩人應當都有「至人」之胸襟，能夠虛心相對，不以所學所知視對
方爲敵。不管如何，楊傑奉詔陪同義天遊錢塘一事，對蘇軾、蘇轍
兄弟來說，是值得歌頌入詩的。雖然文人賦詩酬唱，在官場上爲常
見之事，本不足爲奇，但交情不深，酬唱易流於互相吹捧。蘇軾與
楊傑相交多年，作詩酬唱，互相言志，實爲人情之常。尤其蘇軾於
元祐四年（1089）七月出守杭州後，與當時任兩浙提刑的楊傑時相
過從，常結伴出遊，偷閒作樂。元祐四年九月二十一日，兩人曾同
欣賞某「賢師琴」彈琴，嗣後賢師欲求詩，蘇軾倉卒間無以回應，
幸楊傑爲之解圍，誦歐陽修贈李師詩，請蘇軾書以贈之。❼次年三
月二日，兩人與王瑜（生卒年不詳）、張璹（生卒年不詳）遊龍華寺、

---

❻　蘇轍，《欒城集》（上海：上海古籍出版社校點本，1987），卷 14，頁
　　334。按：第十一句「遠來欲見傾盆雨」，《四庫全書》本作「遠來忽見傾盆
　　雨」。又按：孔凡禮《蘇軾年譜》頁 686，謂此詩作於本年九、十月間。

❼　《蘇軾文集》〈書文忠贈李師琴詩〉，頁 2250。按：此詩應爲《歐陽修全
　　集》（臺北：河洛出版社，1975）之〈贈無爲軍李道士二首〉（見該書《居
　　士集》頁 26）。其詩之一，首句爲「無爲道士三尺琴，中有萬古無窮音。」
　　其詩之二，首句爲「李師琴絃如臥蛇，一彈使我三咨嗟。」此彈琴道士名李
　　景仙，正是楊傑所說之「李師」。

過錢塘麥嶺，至天竺。並同遊西湖北山之韜光庵，皆題名留念。❽
同月八日，兩人又同訪劉季孫（生卒年不詳），晤談間，劉出示所藏
歐陽修之書帖，楊傑效歐陽修「抵掌談笑」，令蘇軾「感嘆不
已。」❾同年九月，楊傑赴京師任禮部員外郎，蘇軾爲他餞行，作
有〈介亭餞楊傑次公〉一詩，除了記兩人登西山介亭之情況外，並
刻畫了楊傑的性格：

> 籃輿西出登山門，嘉與我友尋山村；
> 丹青明滅風篁嶺，環珮空響桃花源。（郡人謂介亭山下爲桃源
> 路）
> 前朝欲上巳臘辰，黑雲白雨如傾盆；
> 今晨積霧卷千里，豈謂觸熱生病根？
> 在家頭陀無爲子，久與青山爲弟昆；
> 孤峰盡處亦何有？西湖鏡天江抹坤。
> 臨高麾手謝好住，清風萬壑傳其言；
> 風迴響答君聽取，我亦到處隨君軒。❿

此詩稱楊傑爲「在家頭陀」，指出他爲佛教居士，又盛稱他的情致

---

❽　按：王瑜字忠玉，生平事迹不詳。張琦字全翁，湖北安陸人，曾官京東轉運
　　使，餘無所知。見《蘇軾年譜》，頁909-910；《蘇軾文集》，頁2583。

❾　見《蘇軾文集》，頁 2179。按：劉季孫字景文，開封祥符人，家藏書帖三萬
　　軸，楊傑與蘇軾都爲歐陽修門下客，故聽說他藏有歐陽書帖，自樂於一睹爲
　　快。參看《蘇軾年譜》，頁910。

❿　見《蘇軾詩集》，卷32，頁1704。

高妙，與青山爲友，而有「我亦到處隨君軒」之句，深表與楊傑結伴相行之樂。❶他視楊傑爲君子，因在〈楊次公家浮磬銘〉一文中，借浮磬之清直比喻他。❷又在〈再和并答楊次公〉一詩，道出了與楊傑泛舟攬翠的雅趣：

> 毘盧海上妙高峰，二老遙知説此翁；
> 聊復艤舟尋紫翠，不妨持節散陳紅。
> 高懷卻有雲門興，好句眞傳雪竇風；
> 唱我三人無譜曲，馮夷亦合舞幽宮。❸

此詩借「再和」林希詩以答楊傑，可見楊傑先已有詩，可惜楊詩無記錄可尋。依詩意看，應是記同遊金山見佛印了元（1032-1098）之事。因妙高峰在潤州金山，爲佛印了元最後駐錫之地。峰上妙高臺，爲佛印了元所居方丈名。因金山在大江中，而「毘盧」有光明遍照之意，正符金之屬性，故云「毘盧海上」。「二老」當然是蘇軾自己與楊傑，而「此翁」即是佛印了元。了元爲雲門五世法嗣，

---

❶　按：楊傑之〈和酬子瞻内翰贈行長篇〉，似爲和此詩而作，以其韻腳相同之故。詩曰：「雲濤湧開滄海門，鼓鼙萬疊鳴江村。仙翁引我峰頂望，耳目震駭難窮源。黃金鑄鯨爲酒樽，桂漿透徹冰雪盆。吳歌楚舞屏不用，夾道青玉排雲根。經綸事業重家世，習聞父子今季昆。九丹煉就鼎灶溫，刀圭足以齊乾坤。我行欲別湖山去，爲我索筆書長言。照乘不假明月珠，自有光焰生輗軒。」見《無爲集》卷3，頁4b-5a。

❷　他説此浮磬「清而直、朴而一，雖有鄭衞，無自而入，以託於君子之堂。」見《蘇軾文集》，頁561。

❸　《蘇軾詩集》，卷32，頁1691。

傳雲門禪風，以佛印名於世。楊傑陪義天入金山拜見了元時，曾與了元因接見義天之禮，意見相左，深深了解「此翁」之脾氣。詩中的雪竇指重顯（980-1052），爲雲門四世，有「雲門中興」之功，法嗣遍天下。重顯善爲詩，有《祖英集》等詩集。據說了元年輕時，其翰墨已有雪竇之風，頗見重於時。蘇軾用「雲門興」、「雪竇風」之辭，當在烘托了元之雲門出身，與其詩文上的成就，同時並藉以形容三人聚會談禪、作詩之樂。⓮

除此之外，蘇軾還作有〈題楊次公春蘭〉、〈題楊次公蕙〉、及〈次韻和楊次公惠徑山龍井水〉等詩。⓯前二詩可見楊傑嗜好花卉，後一詩則見楊傑對蘇軾眼疾之關懷。蓋據蘇軾詩題註，「龍井水洗病眼有效。」而蘇軾詩中有「幻色將空眼先暗，勝游無礙腳殊輕」之句，證明其爲眼疾所苦。⓰

這些有關楊傑的描述，雖然有限，但與《宋史》列傳所述之楊傑大異其趣。一個是好登覽游樂，寄情山水之詩人；而一個則是在神宗時歷官太常、熟悉禮樂、曾論四后升祔之禮、正宗廟大法的禮官和樂官。雖然列於〈文苑傳〉，但傳中於其詩文成就，竟無一辭之贊，僅說「有文集二十餘卷」而已，⓱實失漏之甚。熟知楊傑經

⓮　關於佛印了元，見惠洪《禪林僧寶傳》（臺北：新文豐出版社，《卍續藏經》本，1977），卷 29，頁 279c-280d。雪竇重顯，見同書卷 16，頁 244a-244d。

⓯　見《蘇軾詩集》，卷 32，頁 1694、1695、1698。

⓰　按：蘇軾在黃州時患眼疾，踰月不出，致有謠傳以爲已死，見《蘇軾年譜》，頁 563-567。

⓱　《宋史》，卷 443，頁 10102-10103。

歷之人就不免有所批評。譬如清代學者錢塘倪濤（生卒年不詳）就曾
說：「楊傑字次公，無爲人，以郎官奉詔伴高麗僧游錢塘，見于公
送傑詩序，而傑撰龍井寺記，亦敘其事，此公所謂無爲子以王事從
方外之樂者是也。傑本傳但言元祐中爲禮部員外郎出知潤州，除兩
浙提點刑獄，曾不言因高麗出使事，是亦史家之闕已。」⑱倪濤所
謂的「史家之闕」，正是本文所要指出的。當然楊傑本傳所缺載
的，不只是楊傑奉詔館伴高麗王子而已。楊傑的個人信仰及其社會
參與，代表北宋社會一個相當重要的現象。他的竭力鼓吹彌陀淨土
信仰，表現了北宋士大夫兼佛教居士與中、下層社會的互動，不容
佛教史家忽視。⑲

　　其實，就正史對歷史人物描寫的周延性而言，《宋史》並非唯
一有史家缺筆之作。不過，它立傳失當處之多，號爲正史中極草率
之作，特別爲學者詬病。⑳再者，《宋史》人物列傳與其他正史人
物列傳實亦無多大差異，所載多半是人物在官場上的浮沈記錄。雖
或有「文苑」、「儒林」等傳，所述亦多重事功而略其他。尤其人
物之生活與宗教信仰，既非史官所關切，更乏記錄，楊傑本傳不過
是其中之一例而已。此種人物傳記，對知人論世，幫助不大，實有
補充或改寫之必要。

---

⑱　見《六藝之一錄續編》（臺北：臺灣商務印書館，影印文淵閣《四庫全書》
　　本），頁 3a-4b〈蘇軾、王渝[瑜]、楊傑、張璹同游龍華寺，元祐五年歲次庚
　　午三月二日題〉一詩之按語。此序所説之「公」即是蘇軾。

⑲　筆者在〈北宋時期兩浙的彌陀信仰〉一文中曾略論楊傑與其他北宋居士，見
　　《北宋佛教史論稿》（臺北：臺灣商務印書館，1997），頁 447-449。

⑳　見《廿五史述要》（臺北：世界書局，1970），頁 228-238。

二、生平、著作與行實

　　楊傑，無爲人（今安徽廬江縣），字次公，道號無爲子。《宋史》將他錄於〈文苑傳〉中，卻不談他的文學，而特別強調他在禮樂上的成就。《宋史》的〈樂志〉也屢述楊傑製禮作樂、議樂、論樂、著《元豐新修大樂記》，以及他對樂器之認識，足見他在於禮、樂上有很深的修養。㉑大致上，他「議禮樂因革」，頗受朝廷所重，應無疑義。㉒

　　根據楊傑自己的說法，他「少起農耕，長從科舉。策名清世，垂三十年；備員太常，連六、七任。」所謂「連六、七任」，事實上是連六、七年。㉓因爲自覺「久官省寺，無補朝廷。」故在哲宗元祐初，祈放州郡，而以禮部員外郎受命出守潤州（今江蘇鎮江）。㉔

㉑　見《宋史》，卷 126、128、131、140 之〈樂志〉及卷 155，〈藝文志〉，頁 5055。按：楊傑雖然長於音樂，但恐不免自視太高，引起反感。李燾《續資治通鑑長編》（臺北：臺灣商務印書館，影印文淵閣《四庫全書》本），卷 307，頁 27b 云：「初劉几、楊傑欲銷王朴鐘，意新樂成，雖不善更無舊器可校，後執政至太常寺案試前一夕，傑乃陳朴鐘已敝者，一縣樂工皆不平，夜易之而傑弗知。明日執政至，傑屬聲云朴鐘甚不諧美，使樂工叩之，音韻更佳，傑大慚沮。」

㉒　見前引《無爲集》原序。

㉓　見《無爲集》，卷 6，〈無爲子六年官太常，江上耆老思得一見，門人求京師名筆傳寫以歸，因題之云〉，頁 9。

㉔　引文及祈放外郡，見《全宋文》（成都：巴蜀書社，1990），第 38 冊，〈潤州到任謝皇帝表〉、〈潤州到任謝太皇太后表〉，頁 146-147。出守潤州的時間，見同書，〈大宋光州王仲回傳〉，頁 232-233。按：以下引自《全宋文》之資料，除部分出自《無爲集》外，十之八、九都出自藏經。

不久，又除兩浙提刑，來往於兩浙地區。❷❺不過在稍早之前，他也在江西、安徽兩地出任過短期的地方官，常與友人登高攬勝，寫了不少詩。譬如在英宗治平二年（1065）冬任官無爲，三年（1066）冬出守江西，次年（1067）秋八月又奉祀江西西山，都有詩文記其登山之事。從其詩可見他與蘇軾、郭祥正（功父）、周子韶（生平不詳）等詩人都有來往。❷❻蘇軾用「早與青山爲弟昆」之句來形容他，可謂知其嗜性。至於他的文學與爲人，《無爲集》的原序有如此一說：

　　　公自妙齡擢巍科，以雄文妙賦、純德懿行，得名於時。❷❼

這篇「原序」是南宋紹興癸亥（1143）年，知無爲軍趙士粲（生卒年不詳）在蒐編楊傑遺稿後寫成的。所謂「得名於時」，當非過譽。楊傑家族的友人李之儀（字端叔，元豐時進士）便說：「無爲楊氏自傑次公以文學義有聞于時，外至殊方異國亦知之。而以字行，以故遂爲東南望族。其議論激昂，舉止淹雅，不問可知爲其家子弟，或席

---

❷❺　《全宋文》，第 38 冊，頁 147-148〈兩浙提刑謝皇帝表〉、〈兩浙提刑謝太皇太后表〉。

❷❻　見《全宋文》，第 38 冊，頁 216-219〈隱賢巖記〉、〈昭德觀記〉、〈西山紀遊記〉；《無爲集》，卷 7，頁 1〈廬山五笑并序〉；卷 4，頁 4b-6b〈治平三年秋七月，當塗郭功父招無爲楊次公會於環峰，時五雲叟陳德孚以詩寄吾二人，因聯句酬之〉及〈崔仲岳隱居松江，以丹白黑飾舟曰鶴舟。括蒼周子韶、無爲楊次公，治平三年夏六月會仲岳於繁昌蓬萊亭，勉其罷鶴舟以應書席，上聯句送之〉二首。

❷❼　見前引《無爲集》原序。

下諸生也。」❷李之儀對楊傑之文學與爲人，給予很高的評價。可惜楊傑雖「生平著述甚富。」但「散亂未傳」。❷他固然「少以文學致身蘭省」，實「尤深於釋迦、老聃之教。」❸趙士粲雖「搜其遺稿，得詩賦雜文若干，編次十五卷，題曰《無爲集》。」但仍有遺漏。他將楊傑有關釋、道二家詩文編成的別集，也早已失傳。❸幸佛教文獻裏保留部分這方面的資料。

　　佛教文獻多述士大夫與僧侶之交遊，雖意在凸顯士大夫之受益於僧侶，但也透露了僧侶受惠於士大夫之實。楊傑與僧侶交遊頻繁，對僧侶之讚譽，往往使他們名聞於世。譬如，號「淨土子」的錢塘的北關思淨（1068-1137），年三十五祝髮習淨土觀、念法門，以誦彌陀及《觀無量壽經》爲日課。他長於畫彌陀像，常以畫丈六彌陀像結眾緣，雖「市曹刑人之所，亦別作之。」❸據說，他畫像時，「每下筆，澄神淨室，憶佛、念佛，得光明相好，方解衣盤

---

❷　李之儀，《姑溪居士前集》（臺北：臺灣商務印書館，影印文淵閣《四庫全書》本），卷49，頁1a-4a〈楊判官墓志銘〉。

❷　清嘉善曹庭棟，《宋百家詩存》（臺北：臺灣商務印書館，影印文淵閣《四庫全書》本）卷6，頁25ab，楊傑條。

❸　《蘇軾年譜》引《永樂大典》卷22537《無爲集》條下引王之道〈別集序〉。

❸　曹庭棟，《宋百家詩存》說：「其釋、道二家詩文，另編別集。」趙士粲原序謂：「若釋道二家詩文，則見諸別集云。」可見趙士粲編有《無爲別集》一書，而王之道的〈別集序〉當是爲此書而作。

❸　《釋門正統》（臺北：新文豐出版社，《卍續藏經》本，1977），卷7，頁444ab。又曉瑩，《雲臥紀談》（臺北：新文豐出版社，《卍續藏經》本，1977），卷上，頁9a。

磚。」❸楊傑賞識其畫之精妙，以其姓呼之爲「喻彌陀」，因而以「喻彌陀」之名，爲世所知。❸

　　楊傑又與中際可遵禪師（生卒年不詳）爲道交，常有詩頌唱和。可遵號野軒，因喜作詩頌，爲叢林目之爲「遵大言」，他曾於廬山湯泉題詩，因東坡曾和其詩而名愈彰。楊傑曾以偈調侃他說「無孔鐵鎚太重，墮在野軒詩頌；酸鹹氣息全無，一向撲入齏瓮。」❸可遵接楊傑偈，立即依其韻作偈對之曰：「無爲不甚尊重，到處吟詩作頌；直饒百發百中，未免喚鐘作瓮。」❸他還作偈一首，託一位往無爲軍化緣的沙門送楊傑，略云「今去無爲化有情，野軒無物贈君行。若從楊傑門前過，爲我高聲喝一聲。」❸

　　這雖然都是遊戲之辭，但也可見楊傑與可遵交遊來往之一斑。南宋宗曉（1151-1214）在他編著的《樂邦文類》曾說楊傑「尊崇佛法，明悟禪宗，江西臨濟下棒喝、承當之輩，猶謂常流」等語。❸此種描述，可代表佛教界對楊傑的看法，當是就事論事，而非吹捧之說。大概楊傑與張商英（1043-1121）一樣，既深於禪宗，兼又潛心淨土，熟習教典，故相當自負，於一般禪徒例不稍假辭色，遂給

---

❸　《釋門正統》，卷 7，頁 444ab。

❸　同上。

❸　《雲臥紀談》，卷下，頁 20b。

❸　同上。

❸　同上。

❸　見《樂邦文類》（臺北：新文豐出版社，影印《大正藏》冊 47，1983），〈大宋無爲子楊提刑傳〉，頁 195b。

人予崖岸自高的印象。❸當然，這並不影響他與名禪大德之交情。如白雲守端（1025-1072）、芙蓉道楷（1043-1118），都是名重一時的禪師，與楊傑都有深交。❹當時叢林有謂「楊無爲之於白雲端，張無盡之於兜率悅，皆扣關擊節，徹證源底，非苟然者。」❹證明楊傑與守端關係之深。至於與芙蓉道楷之關係，可見於兩人相別七年後幽默輕鬆之對話。❹

此外楊傑也與錢塘淨慈寺的法涌禪師（1035-1109）相熟。法涌亦是蘇軾的方外交，原主錢塘淨慈寺，後奉詔入主開封法雲寺，號大通善本禪師，一時朝廷名流都與之結交。他曾與其他佛門耆宿校刊永明延壽（904-975）的《宗鏡錄》，因知楊傑喜閱該書，乃請楊爲其新校本作序，可見頗敬重楊傑。❹京師之僧侶，除大通善本

---

❸　關於張商英，見筆者〈張商英護法的歷史意義〉一文，收於筆者《北宋佛教史論稿》一書，頁 359-416。

❹　與白雲守端之交見《叢林盛事》（臺北：新文豐出版社，《卍續藏經》本，1977），頁 35c。與芙蓉道楷交見同書頁 28a。

❹　《叢林盛事》，頁 35c，出自圓極彥岑爲歸雲本所作〈叢林辨佞篇〉之跋文。

❹　同上，頁 28a。

❹　《全宋文》，第 38 冊，頁 205-206，〈宗鑑錄序〉。按《宗鑑錄》即《宗鏡錄》。法涌禪師之新校本，是應吳人徐思恭（生平不詳）之請，「同永樂、法真二三者宿，遍取諸錄，用三乘典籍，聖賢教語，校讀成就。」法涌入京後，在京演法八年，越國大長公主奏皇帝賜大通之號，遂以大通善本名於世。參看筆者〈雲門宗與北宋叢林之發展〉一文，在筆者《北宋佛教史論稿》頁 250。最近美國學者 Robert Gimello 教授在其文 "Māga and Culture: Learning, Letters, and Liberation in Northern Sung Ch'an" 一文中曾提及法涌禪師，表示不知爲何許人，其實即是大通善本。其文見 Robert E. Buswell, Jr., and Robert M. Gimello eds., *Paths to Liberation: The Māga and Its Transformation in Buddhist Thought* (Honolulu: University of Hawai'i Press, 1992)，頁 428，註 72。

外，華嚴講師有誠（生卒年不詳）也是楊傑的法友。有誠以講《華嚴經》著稱，可以說是京師最富盛名之華嚴學者。楊傑曾疏請他講《華嚴經》，疏中譽有誠謂「東際瞻仰，早悟菩提；南方遊行，遍參知識。鼓倡一乘之教，洞開三觀之門。」❹對他推獎甚力。高麗僧統義天入京時，朝廷曾命兩街僧侶推選最爲博贍的華嚴講主爲義天講授華嚴，有誠膺選，❹疑楊傑亦有贊助之功。

　　除了以上僧侶外，楊傑也與若干天臺僧侶來往。最有名的當然是辯才元淨（1011-1091）。辯才元淨主持杭州上天竺寺多年，深受杭州道俗所敬仰，以辯才名於世，蘇軾、趙抃（1008-1084）都與之交遊。❹楊傑自己曾說：

　　　元豐八年秋，余被命陪高麗國王子、祐世僧統訪道吳越，嘗謁師於山中，乃度鳳凰嶺、窺龍井、過歸隱橋、鑑滌心沼、觀獅子峰、望薩埵石、升潮音堂、憩訥齋、酌沖泉、入寂室、登照閣、臨閒堂、會方圓庵，從容論議，久而復還。❹

---

❹　《全宋文》，第 38 冊，〈請講大方廣佛華嚴經疏〉，頁 267。

❹　關於有誠與義天，請參看筆者〈十一世紀高麗沙門義天入宋求法考論〉，收於筆者《北宋佛教史論稿》頁 201-222。

❹　關於辯才元淨，見筆者 "Elite and Clergy in Northern Sung Hang-chou: A Convergence of Interest," 該文收於 Peter Gregory and Daniel Getz., eds., *Buddhism in the Sung* (Honolulu: University of Hawai'i Press, 1999)，第 8 章，頁 295-339。

❹　《全宋文》，第 38 冊，〈延恩衍慶院記〉，頁 216-217。按：此記原收於《咸淳臨安志》、《杭州上天竺講寺志》及《龍井見聞錄》。又此處說元豐八年秋，而他處說元豐八年冬，可知見元淨當在觀泛海觀音像之前。

可見楊傑不但對元淨所居的龍井山寺瞭如指掌，而且遍遊此山，與辯才議論良久。❹辯才兼修天臺教與修西方淨業，並講授淨土往生，楊傑熟習淨業，兩人之會晤豈能無淨土往生之談。❹楊傑對辯才相當佩服，有〈辯才贊〉云：「月白風清，雲間水淥，犀柄金爐寄天竺。老龍頭角縮寒巖，膏雨人間已霑足。」❺其意在說辯才雖退居龍井山，但在杭州期間，居民早已深受其惠。

楊傑還與另一天臺僧法寶從雅（生卒年不詳）深相過從。從雅為海月慧辯（1014-1073）法嗣，曾任錢塘僧監。楊傑說他「平生修舉彌陀教觀，參究宗風，樂為偈頌，頗得其趣。又精於醫術，多施藥以濟人，人或以貨資酬之，則曰：『非我能也，三寶之功。』」❺從雅是個虔誠的彌陀淨土信仰者，據說他「拜彌陀百萬拜，[誦]佛號五千萬聲。」而且「心期淨土，一生坐不背西。」下文所說的〈安樂國讚三十章〉，就是楊傑為讚美他而作的。❺

楊傑的著作，除詩文之外，以提倡淨土信仰之篇什為主。根據宗曉之記載，含以下數種序、贊類之文：〈天臺十疑論序〉、〈王古直指淨土決疑論序〉、〈法寶僧鑑〉、〈彌陀寶閣記〉、〈安樂國

---

❹ 關於辯才居杭州與龍井山的情形，參看上述拙文 "Elite and Clergy in Northern Sung Hang-chou: A Convergence of Interest."

❹ 辯才修淨業，見蘇軾，《樂城集》（北京：中華書局校點本，1987），〈龍井辯才法師塔碑〉，頁1439-1443。碑文謂：「平生修西方淨業，未嘗以須臾廢。」（頁1441）

❺ 《全宋文》，第38冊，〈辯才贊〉，頁226。

❺ 《全宋文》，第38冊，〈建彌陀寶閣記〉，頁220。

❺ 《佛祖統記》（臺北：新文豐影印《大正藏》冊49，1983），卷11，頁312a。

三十贊〉。❸這些篇什，「備陳西方要津，誠爲萬世往生龜鑑矣！」❹顯然都是有關淨土往生之作，都未必在趙士粲所編《別集》之中，但清四庫館臣重編《無爲集》時，已說《別集》不傳，他們又未參考宗曉之《樂邦文類》，自然不會收入《無爲集》中。❺

　　依宗曉之說，楊傑另著有《輔道集》「專紀佛乘」，而且蘇軾爲它作序也說：

　　　　無爲子宿稟靈機，偏（遍？）參知識。凡所謂具煉迦羅眼
　　　　者，次公目擊而道存焉。❺

宗曉所說的《輔道集》今已不存。但既然「專紀佛乘」，似爲一本讀藏經的摘要。可惜東坡序文的全文也已遺失，無法窺其梗概。我們只能在佛教文獻中找到《輔道集》的一段引文，而這段引文實爲

---

❸　見前引《樂邦文類》，〈大宋無爲子楊提刑傳〉，頁 195b。按：〈天臺十疑論序〉當爲〈淨土十疑論序〉之誤；〈彌陀寶閣記〉或稱〈建彌陀寶閣記〉；〈安樂國三十贊〉或稱〈安樂國贊三十章〉；〈王古直指淨土決疑論序〉亦稱〈直指淨土決疑集序〉。詳見下文。

❹　同前引宗曉〈大宋無爲子楊提刑傳〉。

❺　關於《無爲集》的原編者及四庫館臣之重編，見《無爲集》之提要及《無爲集》原序。根據《現存宋人別集版本目錄》（成都：巴蜀書社，1989），趙士粲於紹興十三年所編的《無爲集》現存北京圖書館，唯筆者尚無緣一見。

❺　同上。

他爲王古〈直指淨土決疑論〉所作序文之摘要。❺❼

　　除了以上作品，《樂邦文類》還收有〈淨慈七寶彌陀像記〉、〈善導彌陀道場讚〉、〈白蓮咸敎主眞讚〉、〈瑞竹悟老種蓮〉等記、讚。這些資料，及其他佛書、方志之零星記載，并《全宋文》所收之楊傑作品，❺❽在在證明楊傑與淨土信仰、禪敎關係之密切。

三、歸心淨土、習禪悟敎

　　楊傑之佛學，以修彌陀淨業、倡往生之說爲主。宗曉曾說他：「闡揚彌陀敎觀，接誘方來。括其所談，乃謂眾生根有利鈍，其進而易知、簡而易行者，唯西方淨土也；但能一心觀念，總攝散心，仗彌陀願力，直超安養，更無他趣，決取成功矣！龍樹所謂易行之道，依他力故也。」❺❾此語指明楊傑深信西方淨土，闡揚彌陀敎觀，認爲念佛往生是達成人生終極目標，往生極樂淨土最簡易之

---

❺❼　見南宋沙門曇秀的《人天寶鑑》（臺北：新文豐出版社，《卍續藏經》本，1977），頁63b。

❺❽　見《全宋文》，第38冊，頁132-267。按：《全宋文》編者雖然漏列以上四種記、讚及〈淨土十疑論序〉、〈宗鏡錄序〉等文，但估計約網羅了楊傑有關佛敎文字的十之八、九，對楊傑相關資料之保存，貢獻不小。

❺❾　《樂邦文類》，卷3，頁253a，按：依王日休之說，〈大宋無爲子楊提刑傳〉係出自蘇軾之手，見《龍舒淨土文》（臺南：淨宗學會，2000），頁45。唯《東坡文集》並無其文。按：本文引用淨宗學會刊印之《龍舒淨土文》而未用「大正藏」本，實因前者所收之序，較「大正藏」本多，且以電腦重新排版，易於查閱之故。雖然如此，引用該本之時，仍參考「大正藏」本原文。

道。蘇軾說楊傑「晚年作監司、郡守，常畫丈六彌陀尊像，隨行供養觀念。至壽終時，感佛來迎，端坐而化。辭世頌曰：「生亦無可戀，死亦無可捨。太虛空中，之乎者也；將錯就錯，西方極樂。」是他身體力行彌陀教觀的表現。❻⓪

　　當然，楊傑壽終時，是否真的「感佛來迎」，實可質疑。而蘇軾所說，恐亦不過是想當然之詞。後來王日休及宗曉等都信蘇軾之說，當是因爲他們本身也修淨業、念彌陀經，相信往生之時可預見三聖乘金臺或銀臺來迎，也自然樂於宣傳此種圓滿的人生歸宿。不過，楊傑篤信往生之說，認爲如來教典處處叮嚀者無非勸往生之道，而「阿彌陀佛與觀音、勢至乘大願船，泛生死海，不著此岸，不留彼岸，不止中流，唯以濟度爲佛事。」❻① 這種對往生之說的深信不疑，實來自他對《阿彌陀經》的嫻熟與信仰。故他引述《阿彌陀經》之文，鼓吹念佛：

　　　　是故《阿彌陀經》云：「若有善男子、善女人，聞說阿彌陀佛，執持名號，若一日乃至七日，一心不亂，其人命終時，阿彌陀佛與諸聖眾現在其前；是人終時，心不顛倒，即得往生極樂國土。」❻②

---

❻⓪　同上。

❻①　《全宋文》，第 38 冊，〈念佛鏡序〉，頁 199-200。按：〈念佛鏡序〉與〈淨土十疑論序〉內容，除前者之「唯善道〈念佛鏡〉十一門，最爲首冠」一句與後者「唯智者大師〈淨土十疑論〉，最爲首冠」一句互異，顯示所序之對象不同外，全文皆同。疑後者爲僞託者或後人所加。

❻②　同上。按：此雖引自《阿彌陀經》但於原文稍有刪減。

因為深信經文之說，楊傑很可能在辭世之時，宣稱他「感佛來迎」，以確証其念佛之報。而淨土學者加以附會，更編出「臨終時，見金臺從空而至，」以神其說。❻❸事實上，他認為「彌陀甚易持，淨土甚易往。」而感嘆眾生因不信嚮，故不能持、不能往。所以他特別強調自東晉慧遠（334-416）以來七百年，僧俗修持獲感者不乏其人，皆錄於淨土傳記中無誤，那些擔心墮入地獄而懷疑往生者，實無須過疑。❻❹

楊傑所說的「淨土傳記」指的是唐宋以來的「往生人」故事，此類故事後來經僧侶編成《往生瑞應傳刪存》、《淨土往生傳》、《新修往生傳》等書，流傳至今。❻❺這些書所載的往生人物，多半於壽終時，或見彌陀聖眾來迎，或聞香氣盈空，或如宗曉所說的「端坐而化」、曇秀所說的「金臺來迎」，儼然印證了經文上「往生極樂國土」之描述。楊傑既視經文所述及之往生故事為事實，自然樂於提倡淨土往生之說，所以他於熙寧九年（1076）在京城獲唐僧善道大師所作之《念佛鏡》，❻❻認為它於宣揚彌陀教觀最為深刻，遂大力推薦學者研讀，冀使人人接受淨土往生之說。他自己曾說：「傑頃於都下嘗獲斯文，讀示所知，無不生信。」❻❼雖然對他

---

❻❸　見《人天寶鑑》，頁 63b。

❻❹　此段引文皆見前引〈念佛鏡序〉。

❻❺　關於此類淨土傳記，見本書第二章。「往生人」一詞，來自唐迦才的《淨土論》一書。

❻❻　按：此書作者，說法不一。有疑為善導者，有疑為善道及善導合著者，也有疑為善道所著而與善導無關者，莫衷一是，實牽涉到善導是否即善道的問題。參看上述筆者論「往生西方」著作一文。

❻❼　見前引〈念佛鏡序〉。

鼓吹彌陀信仰的影響或嫌誇張，但他所作的努力應該是不容置疑的。

　　楊傑最初喜好禪宗，曾經歷參諸老耆宿，都未相契。他在熙寧末（1077），因扶護亡母靈柩歸葬故里，「得暇閱大藏教典，因以淨土妙緣舉示老舊。」頗得鄉人誠信嚮慕。[68]是以他才閱完佛藏，即致力宣揚淨土往生之說，稱釋迦佛為大導師，淨土為安養國，無量壽佛（即阿彌陀佛）是淨土師。倡言眾生「但發誠心、念彼佛號，即得往生。」而且「若生彼土，則無諸惱。」[69]他致力於淨土往生之教，融會佛經闡述淨土之說，到處為人撰文作序，釋疑解難。故南宋時期的天臺佛教史學家鎧菴居士吳克己（生卒年不詳）稱他：「作〈天臺無相院碑〉，亦稱智者大士建化天臺，依法華三昧為極致，以安養國土為依歸。」[70]

　　以西方淨土為安養國或安樂國，確是楊傑著作的一大主題。他所作的〈安樂國讚三十章〉，每章四句，都根據經文而作。譬如「淨土周沙界，如何獨指西？但能從一入，處處是菩提。」（第一章）；「彌陀願力重，光明照塵沙；一念若相應，即生如來家。」（第四章）「弱羽不離枝，嬰兒不離母；念念阿彌陀，決定生淨

---

[68]　《全宋文》，第38冊，〈大宋光州王仲回傳〉，頁232-233。

[69]　引文見《全宋文》，第38冊，〈直指淨土決疑集序〉，頁201-203。《龍舒淨土文》引〈直指淨土決疑集序〉作「若生彼土，則無諸苦。」

[70]　見《樂邦文類》，卷2，〈刊往生行願略傳序〉，頁175c。按：吳克己為佛教史《釋門正統》的原作者。後來宗鑑撰天臺史仍用《釋門正統》之名，但恆引吳克己之說。見陳垣，《中國佛教史籍概論》（臺北：新文豐出版社重印本，1984），頁123。〈天臺無相院碑〉不見於諸書，恐已失傳。

土。」（第十四章）「十方諸如來，一音廣長舌；發願即得生，稱讚誠實說。」（第十五章）「佛爲法藏時，四十八誓願，願願度眾生，攝受無限量。」（第二十八章）「若有諸眾生，一稱我名號，若不生西方，我不成佛道。」（第二十九章）雖然都是讚美禪師法寶從雅之語，但一再頌揚西方淨土，強調念佛之實效，實乃篤信彌陀淨土，言出肺腑之表現。**❼**

除了「淨土三經」（按：即《無量壽經》、《觀無量壽經》及《阿彌陀經》）之外，諸經亦多有讚彌陀淨土之文。楊傑會通諸經之文，形成其淨土觀，當然對自己及別人的往生，信心十足。譬如他序好友王古（字敏仲，生卒年不詳）所寫的《直指淨土決疑集》時，就引《般舟三昧經》文說：「跋陀想菩薩請問釋迦佛，未來眾生云何得見十方諸佛？佛教念阿彌陀佛，即見十方一切諸佛。」**❼**又引《大寶積經》說：「若他方眾生聞無量壽如來名號，乃至能發一念，淨信歡喜愛樂，所有善根迴向，願生無量壽國者，隨願皆生，得不退轉，此皆佛言也。」**❼**他全盤接受這些經典的說法，認爲經文所說都是佛言，經文既說有淨土安養之國，眾生「但發誠心，念彼佛號，即得往生。」對那些不信經文之人，他以「不信佛言，何言可信？不生淨土，何土可生？」表示質疑。他還批評那些「發三種不信心、

---

❼ 〈安樂國讚三十章〉見《樂邦文類》，卷 2，頁 180c-181b。按：原文各章無編號，此處編號爲筆者所加。

❼ 見《全宋文》，第 38 冊，〈直指淨土決疑集序〉，頁 201-203。按：王古爲仁宗時名臣王素（1007-1073）之從孫，與楊傑一樣，是北宋士大夫中鼓吹淨土往生最力之人。參看筆者〈北宋時期兩浙的彌陀信仰〉，及本書第二章。

❼ 《全宋文》，第 38 冊，〈直指淨土決疑集序〉，頁 201-203。

不求生者。」說這些人認爲自己能「超佛越祖，故淨土不足生」；
或認爲「處處皆淨土，」不必生西方；或主張「極樂聖域，我輩凡
夫不能生。」他認爲持這些看法之人都是「自欺自慢，自棄已
靈。」❼

　　王古的《直指淨土決疑集》現已不傳，內容究竟如何，我們不
得而知。但是根據楊傑的序，此書「博採教典，該括古今；開釋疑
情，徑超信地。其載聖賢之旨，在淨土諸書最爲詳要，蓋安養國之
鄉[嚮]導也。」❼撇開楊傑誇張的讚語不論，我們知道這是一部爲
「開釋疑情」而鼓吹「徑超信地」的淨土指南。所謂「徑超信地」
其實就是「直指淨土」，也是楊傑所頌「決定生淨土」、「發願即
得生」的更直截說法。這種說法是認定純粹訴諸信仰便能「得救」
而往生淨土，不顧及理性的思考，當然容易受到學者的質疑。所以
王古要「決疑」，以除卻各方的疑慮。而楊傑要爲他的「決疑」盡
一番闡揚之力，讓「具縛凡夫」能夠去疑生信，發願往生淨土。後
來的王日休（1107-1173），及其他宣揚彌陀淨土信仰的學者和僧
侶，都有同樣的理念。❼他們繼續鼓吹彌陀信仰，但堅持楊傑「自
力」不能廢的信念，主張往生安養之國或成佛不需完全倚賴「他
力」。「信佛」與「念佛」是以「自力」爲先決條件，不信不念，
既無法往生淨土，更不可能成佛。

　　懷疑彌陀信仰之效益及淨土存在的學者，對楊傑等人全然訴諸

---

❼　此段引文皆見〈直指淨土決疑集序〉。

❼　同上。

❼　這些學者如南宋的石芝宗曉（1151-1214）及元代的優曇普度（1199-
　　1280）。前者編有《樂邦文類》一集，後者編有《廬山蓮宗寶鑑》一書。

信仰的看法自難苟同。他們的疑問甚多，其較突出者有二：其一，
彌陀淨土的追求，既以信念爲先，如何說是自力而非屬他力？又如
何說是爲人而不爲己？如是爲己，是否應屬小乘、權教？其二，既
然有「唯心淨土」之說，又何必另尋彌陀淨土，追求往生？關於這
兩點問題，事實上從隋、唐以來就有爭論，智顗（538-597）的《淨
土十疑論》、迦才的《淨土論》都曾談到這個問題，並爲淨土之說
辯護。⓱楊傑爲提倡彌陀淨土說的中堅分子，自然反對小乘、權
教、他力之說，而認爲唯心淨土之說無礙於往生之追求。所以他
說：

> 故華嚴解脫長者云：「知一切佛猶如影像，自心如水。彼諸
> 如來，不來至此，我不往彼。我若欲見安樂世界阿彌陀如
> 來，隨意即見。」是知眾生注念，定見彌陀；彌陀來迎，極
> 樂不遠。乃稱性實言，非權教也。⓲

又說：

> [彌陀]四十八願，悉爲度生；一十六觀，同歸繫念。一念既
> 信，已投種於寶池；眾善相資，定化身於金地。無輒悔墮，
> 誤認疑城；即時蓮開，得解脫道。唯心淨土，自性彌陀，大

⓱　或謂《淨土十疑論》非智顗所作，而係後人僞託而作。但其中所談的重要問
　　題，在迦才的《淨土論》及善道的《念佛鏡》中都曾討論過。所以至遲在唐
　　代中期，對大、小乘及淨土存在與否的問題即有爭論。
⓲　見〈直指淨土決疑集序〉，頁202。

光明中絕無魔事。❼⑨

「唯心淨土，自性彌陀」之說，如同說淨土即在心中，不必他求，易引起學者誤會；尤其宋代禪師，硬執「唯心淨土」觀念，根本反對淨土經典所說之極樂淨土，影響所及，人多以為「心即是淨土，不用更求西方。」楊傑的友人王仲回對這經典與祖師教法間的差異，就無所適從，求楊傑釋疑。❽⓪楊傑之回答如下：

> 實際理地，無佛無眾生，無樂無苦，無壽無夭，又何淨穢之有？豈得更以生不生為心耶？此以理奪事也。然而處此界者，是眾生乎？是佛乎？若是佛境，則非眾生，又何苦樂、壽夭、淨穢之有哉？試自忖思，或未出眾生之境，則安可不信教典、至心念彌陀而求生淨土哉？淨則非穢，樂則無苦，壽則無夭矣。於無念中起念，於無生中求生，此以事奪理也。故《維摩經》曰：「雖知諸佛國與眾生空，而常修淨土，教化群生。」正是謂也。❽①

基本上，楊傑還是強調淨土信仰應由教典開始。他認為宇宙之一切可以從「理」（noumenon, principle）或「事」（phenomenon, reality）的角度分別理解。若以「理」觀之而不言「事」，一切皆空，既無佛與

---

❼⑨　同上。

❽⓪　見前引〈大宋光州王仲回傳〉，頁232。

❽①　同上，頁233。

眾生，就無苦與樂、壽與夭的分別，更無淨土與穢土之差異。如此而言，生或不生淨土，就不是問題。但是若就「事」而觀之，則確有佛眾生、苦樂、壽夭、淨穢之分。所以，只要人還在眾生之境存活，就不可不信教典。即使心中有淨土，還是要至誠念彌陀，淨土才會變成實相。也就是說，淨土原不能見，唯有常修淨業，從教典中認識淨土，誠心念佛求往生，才能真正體驗到往生淨土之結果。這種說法，是先肯定經典所說的淨土確實存在，而視「唯心淨土」與念彌陀求往生，為實踐往生淨土的條件與步驟而已。換句話說，楊傑還是認為要念彌陀教典，不能因為認定「心即是淨土」，就不念佛；也就是他所謂的「眾生注念，定見彌陀；彌陀來迎，極樂不遠。」他還認為「樂土清淨，非願力不能生；濁世罪尤，非懺悔不能去。」主張行淨土懺願之法，或入淨土修道場，從法師修懺立願，期生安養之國。⑧

　　有宋一代，禪、淨之徒對「唯心淨土」之理各有解說，引起不少爭執。爭執的焦點之一即是心外是否有淨土之問題。禪宗之徒多持否定態度，而楊傑對王仲回問題之回答，相當程度地反映了彌陀淨土信仰者對禪徒看法之回應。他的看法，與南宋最熱衷的淨土宣揚者龍舒居士王日休前後相互輝映。王日休對類似否定態度曾指出：「世有專於參禪者云：唯心淨土，豈復更有淨土？自性阿彌，

---

⑧　見《全宋文》，第 38 冊，〈題淨土懺法〉，頁 206；〈建彌陀寶閣記〉，頁 220。

不必更見阿彌！此言似是而非。」⑧他的看法是：

> 西方淨土有理有跡，論其理，則能淨其心，故一切皆淨，誠
> 爲唯心淨土矣。論其跡，則實有極樂世界，佛丁寧詳覆言
> 之，豈妄語哉？人人可以成佛，所謂自性阿彌者，固不妄
> 矣，然猝未能至此，譬如良材，可以雕刻物像，而極其華
> 麗，必加以雕刻之功，然後能成，不可遽指良材，而遂謂極
> 物像之華麗也，是所謂惟心淨土，而無復更有淨土，自性阿
> 彌，不必更見阿彌者，非也。⑧

這裡所謂的「有理有跡」與楊傑的有理有事類似，所強調的，仍是
極樂淨土之確實存在。大抵上，楊傑所主張的唯心淨土說，是心外
確有淨土，但信徒須存有淨土在心中之觀念，時時念彌陀及相關教
典，常常修淨土懺願之法、甚至入淨土道場修懺行願。他的唯心淨
土觀，是強調念佛修行，重「雕刻之功」，他的看法雖無北宋慈雲
遵式（964-1032）所講的唯心淨土說及〈淨土懺願二門行法〉詳細，
大致上應不出其軌範。⑧他自歸心淨土之後，即處處宣揚「淨土妙

---

⑧　《龍舒淨土文》，頁 33。按：王日休不稱彌陀而稱阿彌，是因爲他認爲：
「梵語阿，此云無。梵語彌陀，此云量，省文稱之，寧稱阿彌，不可稱彌
陀，若稱彌陀，則是量，乃與無量之意相反。若稱阿彌，猶有無量之意存
焉。」

⑧　同上，頁 23-24。

⑧　關於遵式之淨土法門，筆者於〈北宋時期兩浙的彌陀信仰〉一文中略有敘
述。Daniel Stevenson 在其 "Tsun-shih and the Inscribing of T'ien-t'ai Liturgy"
亦有詳論。該文見上述 *Buddhism in the Sung* 一書。

緣」，改變了中、下層官僚如王仲回參軍的信仰，恪守淨土信仰宣揚者及實踐者之義務，於彌陀信仰之推廣之功勞，不容忽視。

楊傑於禪宗頗有會心，已如前述。他在遍閱藏經、歸心彌陀之前，嘗歷參諸名禪大德。晚年更從雲門宗的天衣義懷禪師（993-1064）參禪，義懷每引龐居士機語令他研究深造。❽由於他的佛學素養都是因閱讀佛典而來，雖然習禪，也不因而廢棄經籍。事實上，他根本反對不立文字、不習教典的說法，而大談經教聚而佛藏成、佛藏成而法輪轉之義：

> 法界本無眾生，眾生緣乎妄見。如來本無言教，言教為乎有情。妄見者，眾生之病；言教者，如來之藥。以藥治病，則病無不治；以言覺妄，則妄無不覺。此如來不得已而言，賢智不得已而述也。故阿難陀集而為經，優婆離結而為律，諸菩薩衍而為論。經、律、論雖分乎三藏，戒、定、慧蓋本乎一心。藏以示其涵容，心不可以凝滯。故雙林大士接物隨機，因權表實，聚言教而為藏，載寶藏而為輪。以教依輪，則教流而無礙；以輪而顯教，則輪運而無窮。使披其教者，理悟變通，見其輪者，心不退轉，然後優游性海，解脫意筌，無一物不轉法輪，無一塵不歸華藏。非有深智者，其孰能如此哉！❽

---

❽ 《武林梵志》（臺北：臺灣商務印書館，影印文淵閣《四庫全書》本），卷8，頁24ab。

❽ 見《全宋文》，第38冊，〈襄禪山慧空禪院輪藏記〉，頁222。

楊傑認為教藏為悟理之根本，學者須先讀教藏，習經、律、論之言，方能生戒、定、慧之識。須確實體悟大乘之理，然後能不為文字所羈。故他雖探賾心宗，通達禪學，但最推崇博洽教、禪的永明延壽（904-975），盛讚他「洞究教典，深達禪宗，稟奉律儀，廣行利益。」又說他作《宗鏡錄》「於無疑中起疑，非問處設問。為不請友，真大導師。」❽故特別推崇《宗鏡錄》。

　　《宗鏡錄》於吳越錢懿王（弘俶，929-988）時刊印，但並未廣為流傳，至宋神宗元豐中，得閱其書者仍不多。神宗之弟魏端獻王趙頵（1056-1088）雖鏤板分施名藍，但流傳仍然有限。❾哲宗元祐六年（1091）夏，楊傑遊開封法雲寺，見吳人徐思恭所刊印之錢唐新本，愛不釋手。因為新本是經法涌禪師及永樂、法真等二、三耆宿遍取三乘典籍及賢聖教語，校讀之後，刊印而成，故特別精詳。法涌知楊傑喜閱其書，請他為新本作序，已如上述。顯然，楊傑在名禪大德眼中之優越地位是不容置疑的。❿南、北宋之際的相山居士王之道（1093-1169）曾如此描述他：

　　　　元豐中，嘗詔對便殿，問以佛法，既被旨修道門科儀。平生所著二家詩文最多，得大辯才，通達無礙。當時好談性理之學，如臨川王介甫、眉山蘇子瞻，猶或避路放一頭地，而況

---

❽　此段引文見《全宋文》，第38冊，〈《宗鏡錄》序〉，頁205。

❾　按：趙頵博學善字畫，好醫書，曾著有《普惠集效方》一書。

❿　同上。法涌禪師即是上文所說的大通善本。永樂、法真生平事迹無可稽考。

餘人乎？**⑨**

王之道與楊傑沒有什麼關係，他的說法應該不差。至少，楊傑的「性理之學」或主見性成佛之道的禪學，在北宋士大夫中是名列前茅的。所以王日休說他「少登高科，明禪門宗旨。」又說他「謂眾生根有利鈍，即其近而易知、簡而易行者，爲西方淨土。但一心觀念，仗佛願力，直生安養。」指出他兼習禪、淨，主張眾生以其根器之利鈍，參禪或修淨業，並不認爲二者有何牴牾之處。**⑨**雖然如此，以他對淨土用心之深來看，他似較傾向攝禪歸淨，而以普勸彌陀信仰，教化直生淨土爲其最終之理念。

楊傑亦習華嚴教義，他在京城之日，與華嚴講主有誠法師即有來往，對華嚴教論略有會心。他相當欽服華嚴三祖唐賢首國師法藏（637-712），對他所作的《華嚴一乘分齊章》三卷讚揚備至，稱他解說華嚴「符彌陀因地之名，蓮生當處；贊毗盧稱性之典，日照高山。以此章釋無盡章，以此義解無量義。判五教而歸圓教，辨十宗而顯頓宗。大開三昧之門，不入二乘之手。」**⑨**賢首此書又稱《五教章》，爲時所重。楊傑時人華嚴大師道亭（生卒年不詳）曾作《義

---

⑨ 見《蘇軾年譜》，頁 686 引《永樂大典》，王之道〈無爲別集序〉。按：王之道，字彥猷，廬州人，宣和六年進士，累官河南轉運判官。紹興初通判滁州，因上書反對和議，大忤宰相秦檜，遂絕意仕進，卜居相山之下，自號相山居士，以詩酒自娛凡二十年，著有《相山集》。今《四庫全書》本《相山集》無〈無爲別集序〉。

⑨ 以上王日休之語見《龍舒淨土文》，頁 44。

⑨ 見《全宋文》，第 38 冊，〈《華嚴一乘分齊章義苑疏》敘〉，頁 203-204。

苑疏》十卷，❹即是闡揚賢首《五教章》之作。楊傑閱讀道亭之疏，認為它議論精深，故先作〈《義苑疏》敘〉，又作〈《義苑疏》後序〉，說明其會通教、宗，發揮華嚴精義之功。❺

不過楊傑真正研讀賢首之書，當在他館伴高麗王子義天之後。義天嘗究心華嚴教義，頗得其中三昧，楊傑印象深刻，深表忻慕。故他在〈謹和古調詩二百言，酬贈高麗祐世僧統，伏惟采覽〉一詩中，對義天表達其欣慕之意曰：

> 東方有高僧，道德久純被；浮盃渡滄溟，飛錫過都市。
> 為求最上乘，占雲遠來此。所印期以心，所聽不在耳。
> 善財遊百城，頃刻億萬里；不動步已遍，奚假西天屐。
> 嘗聞奘三藏，問津法王子；大教傳瑜珈，唱道慈恩寺。
> 又聞浮石老，雞林稱大士；唐土學華嚴，旋歸振綱紀。
> 性相樂有得，未能盡善美；孰若祐世師，五宗窮妙理。
> 願報二聖恩，壽祝南山比；陛辭還補陀，不更中流止。
> 端坐即靈通，華藏本如是；我愧陪彌天，才辯非鑿齒。

---

❹　道亭於神宗年間住霅溪（今浙江吳興）普靜寺，為宋代《五教章》疏的四大家之一，其生平行實不詳。

❺　同上。又見〈《義苑疏》後序〉，頁204-205。按：楊傑之序並未指出《義苑疏》作者之名。考諸華嚴學有關著作，知其為北宋道亭所著，原名為《華嚴一乘教義分齊章義苑疏》，共十卷，收於《卍續藏經》冊 103。南亭法師的〈華嚴宗概要〉一文曾述及該書，見《華嚴學概論》（臺北：大乘文化出版社，1981），頁 178-180。黃懺華在《中國佛教》（北京：知識出版社，1980）中之〈賢首宗〉一章，也述及其書，見頁306。

留贈明月珠，光透玉壺裏；四海同一家，何此亦何彼。**96**

這首詩以入印度求法之唐僧玄奘，及入唐求法之新羅僧義想（625-702）來烘托義天之傑出，而於「五宗窮妙理」一句後，又自註曰：「[義天]一年之間，通達賢首性宗、慈恩相宗、達摩禪宗、南山律宗、天臺觀宗，無不得其妙旨。」**97**證明義天之超邁前人，其語或略嫌誇張，也未嘗不是實錄。尤其詩中「我愧陪彌天，才辯非鑿齒」一句，回應前引蘇軾之詩，而自承非彌天之敵，亦無鑿齒之辯，雖然也是自謙之辭，也可能是有感而發。也許是因為義天之啓發，日後楊傑才進一步研習《五教章義苑疏》，體會賢首判教之法與華嚴一乘之精義。**98**

總之，楊傑留心佛法、深通教義，為時所知，故神宗曾召入殿請問佛法，而哲宗也命他館伴義天入杭。宋人傳說楊傑雖奉召入殿，但廷對時唯唯而已，人皆怪之，而楊傑卻說其意在避免作佛法「導師」之故：

> 楊傑次公留心釋教，嘗上殿，神考頗問佛法大概，楊並不詳答，云：「佛法實亦助吾教。」既歸，人咸咎之，責以「聖主難遇，次公平生所學如此，乃唯唯，何也？」楊曰：「朝

---

96 此詩見義天《大覺國師外集》卷11，頁5b-6b，不見於《無爲集》中，亦不見於《全宋詩》，第12冊，卷672-677之楊傑卷。

97 同上。

98 按：楊傑序《義苑疏》在元祐五年（1090）前後，是陪義天入杭五年之後。

廷端慎明辯，吾懼度作導師，不敢妄對。」**⑨**

楊傑在廷對的表現是否眞如傳言所說，吾人恐怕無從查究。但他嫺熟佛法，當是眾所周知的。如果他眞的無意作「導師」，當是因爲他寧願多從文字撰述上去宣揚淨土與禪，在生活上實際爲佛教做些推廣的工作。儘管如此，身爲詩人的他，最終還是嚮往無羈無束與大自然融成一體的生涯，他的〈舟泊太湖〉一詩，就道出了這種素願，詩曰：

> 區區朝市逐紛華，不信湖心有海槎，
> 八十丈虹寒臥影，一千頃玉碧無瑕。
> 古今風月歸詩客，多少尊鱸屬酒家，
> 安得扁舟如范蠡，煙波深處卜生涯。**⑩**

四、結語

以上所討論的北宋士大夫楊傑，與《宋史》列傳中的楊傑大異其趣。一般來說，《宋史》列傳雖不特別重視傳主的宗教定向

---

⑨ 見朱彧，《萍洲可談》（上海：上海古籍出版社，1989），頁 48。元陶宗儀，《說郛》（臺北：臺灣商務印書館，影印文淵閣《四庫全書》本），卷 35 下，頁 6b，亦載其事，疑出自朱彧之說，唯「朝廷端慎明辯」一語作「朝廷端欽明辯」。

⑩ 見《全宋詩》，第 12 冊，卷 675，頁 7867。

（religious orientation），但偶而也依例記錄若干人物信佛、崇道或兼習內、外典之性向。❿譬如，它說李沆（974-1004）不治居第，告其弟李維（真宗朝）曰：

> 身食厚祿，時有橫賜，計囊裝亦可治第。但念內典以此世界爲缺陷，安得圓滿如意，自求稱足？今市新宅，須一年繕完，人生朝暮不可保，又安能久居？巢林一枝，聊自足耳，安事豐屋哉？⓲

---

❿ 　《宋史》以前諸史，多有此例。譬如《舊唐書》卷63，蕭瑀「好釋氏，常修梵行，每與沙門難及苦空，必詣微旨。」（頁2938）；卷103，杜鴻漸身爲宰相「心無遠圖，志氣怯懦，又酷好浮圖，道，不洗均戎。」（頁3283-3284）；卷111，房琯於以兩京陷賊，車駕出次外郊，天下人心惶恐，當主憂臣辱之際，身爲宰相，而不務正事，「但與庶子劉秩、諫議李揖、何忌等高談虛論，說釋氏因果、老子虛無而已。」（頁3323）；卷130，關播「善言物理，尤精釋氏之學。」（頁3627）；卷159，韋處厚「雅信釋氏因果，晚年尤甚。」（頁4187）；同卷，路隨「在絕域累年，棲心於釋氏之教，爲贊普所重。」（頁1591）；卷163，孟簡「明於內典。」曾與劉伯芻、歸登、蕭俛等「同就醴泉寺翻譯《大聖本生地觀經》。」而「簡最擅其理。」（頁4257）；卷166，白居易「儒學之外，尤通釋典。」（頁4345）；卷177，裴休「家世奉佛，[休]尤深於釋典。太原、鳳翔近名山，多僧寺，視事之隙，遊踐山林，與義學僧講求佛理。中年後，不食葷血，常齋戒，屏嗜慾。香爐貝典，不離齋中，詠歌贊唄，以爲法樂。」（頁4594）；卷190，王維「弟兄俱奉佛，居常蔬食，不茹葷血。晚年長齋，不衣文綵。」（頁5152）。雖然如此，掛一漏萬之處也多，譬如柳宗元、劉禹錫都好釋氏，就無記錄。

⓲ 　見《宋史》，卷282，頁9541。

由這段記錄可以看出李沆智內典，對佛學有相當的心得。⑩⑬

　　又如，《宋史》列傳說李穆（928-984）「深信釋典，善談名理」；沈倫（909-987）「好釋氏，信因果」；蘇易簡（958-996）「尤善談笑，旁通釋典」；張洎（933-996）「博覽道釋書，兼通禪寂虛無之理」；陶穀（903-970）「博通經史，諸子佛老，咸所總覽」；扈蒙（915-986）「好釋典，不喜殺」；宋太初（946-1007）「著《簡談》三十八篇，自序略曰：『廣平生文史老釋之學，嘗謂禮之中庸，伯陽之自然，釋氏之無爲，其歸一也。』」；夏竦（985-1051）「自經史、百家、陰陽、律曆，外至佛老之書，無不通曉」；王曙（963-1034）「喜浮圖法，齋居蔬食，泊如也」；查道（955-1018）「深信內典，平居多茹蔬，或止一食，默坐終日……」；楊億（974-1020）「留心釋典禪觀之學」；晁迥（951-1034）「通釋老書，以經傳傅致，爲一家之說」；王隨（神宗朝）「性喜佛，慕裴休之爲人，然風跡弗逮也」；錢易（眞宗朝）「喜觀佛書，常校道藏經、著〈殺生戒〉」等等。⑩⑭這些人的傾向佛教，《宋史》史臣依修史慣例，以片言帶過，固嫌不足，但他們無一言半句來說明楊傑對釋典的留意、禪宗的深造、華嚴的探賾，與對彌陀信仰的堅持，

---

⑩⑬　李維亦然，他曾於眞宗時任譯經潤文官，又與楊億等人合作，刊削《景德傳燈錄》。見楊億《景德傳燈錄》（臺北：新文豐出版社，《大正藏》冊51），頁195c，楊億之序文。

⑩⑭　見《宋史》，卷263，頁9107；卷264，頁9114；卷266，頁9173；卷267，頁9215；卷269，頁9238、9240；卷277，頁9244；卷283，頁9572；卷286，頁9633；卷296，頁9880；卷305，頁10083、10086；卷311，頁10204；卷317，頁10344。

是何原因？自然是蒐羅不足，編修不力的結果。

　　總而言之，楊傑在北宋佛教界扮演相當重要的角色，他雖然沒以居士自稱，但卻是北宋佛教居士的領導人物。本文詳述他在文學與佛學上之素養與作爲，以補《宋史》楊傑列傳之缺筆，並喚起讀者注意楊傑之另一面貌，對他有更全面的了解。

後記：

　　本文刊登前，筆者正在日本京都旅次，承中研院文哲所廖肇亨博士之介紹，而認識京都大學人文科學研究所的古勝隆一博士，得以參觀該所。適逢《漢學研究》編輯耿立群小姐傳來 email，囑立即將三校稿作最後一次之校對。倥傯之間，遂假古勝先生之研究室就電傳來之校稿校對一過。其間，並意外借到北平圖書館的南宋刻本《無爲集》（見本文註㊳）。因爲時間倉促，只能匆匆翻閱一遍，未能取文淵閣四庫全書本來與之校讀，甚爲遺憾。該本有程有慶先生於 1991 年撰的影印宋本《無爲集》說明一文，文末略謂：「北京圖書館所藏宋刻《無爲集》爲海內孤本，它曾經明內閣大庫，及清內府珍藏，罕爲人見。有鑑於此，中華書局將之列入古逸叢書三編之一，影印出版」云云。此海內孤本，經影印之後，顯然已經流傳至異域矣！

第四章　淨土決疑論
——宋代彌陀淨土的信仰與辯議

　　彌陀淨土信仰的興盛，在中國淨土立教的複雜歷史過程中，無疑扮演很重要的角色。從魏晉到南宋，經過不少淨土信仰者的宣揚，彌陀淨土終於以一有蓮社師傳的教派面目出現。這數百年中，鼓吹彌陀信仰者，曾經先後面對來自各方的問難與質疑。為了回應這些質疑，他們很自動自發地負起「決疑」的任務，以各種行動來為懷疑者或不信者斷疑。

　　歷代有關彌陀淨土的決疑理論，先後被編成專論，而成《天臺十疑論》、《西方要決》、《釋淨土群疑論》、《念佛鏡》等書，據說分別為智顗（538-597）、窺基（632-682）、懷感、道鏡和善道所作。這些決疑之作遂成了後代決疑論者的典範，為他們辯疑斷惑的參考素材。本文即是討論宋代淨土論者在面臨當代彌陀淨土疑難者所作斷惑決疑的努力。

　　宋代的淨土決疑論之作，亦有被編成專論者，但不幸都已遺失。本文根據宗曉（1151-1214）所編《樂邦文類》中的零星篇章，撿出元照（1048-1146）、知禮（960-1028）、遵式（964-1032）、楊傑、王以寧、思梵（?-1168）、守訥（1047-1122）、道琛（1086-1153）、王闐等僧俗之議論，揣摩各篇作者在當

時決疑的情況，並研討其辯議之方法與內容，而獲得下列結論：大致上，宋決疑論者仍面對與前代相類似的質疑，不過他們除了有經典爲依據之外，還有前人的決疑論爲奧援，使其決疑工作，左右逢源。雖然如此，宋人之辯議仍具「信仰至上論」（fideism）之傾向。他們雖然引經據論，似表現其理性之思辨，但對於眞正理性的問題，卻仍是訴諸信仰，以鼓吹唯信之方式作答。他們之論點既本於淨土經中念佛即獲往生之說，而又強調發願信仰之靈驗，則任何理性的質疑，就變成不同層面之思辨，而與之扞格不入。此種信仰至上的決疑論，固可幫助彌陀淨土信仰向民間流傳，但也不斷地引發後續的詰問與決疑。

一、引言

淨土信仰自魏晉南北朝以來即爲民間流行的幾種信仰之一，唐代著名的僧史家道宣（596-667）在他的《釋迦方志》就曾說：「自晉、宋、〔齊〕、梁、陳、魏、燕、秦、趙，國分十六，時經四百，觀音、地藏、彌勒、彌陀，稱名念誦，獲其將救者，不可勝計。」❶從魏晉到唐，彌陀淨土與其他信仰同時流行，但愈傳愈盛，彌陀淨土也由小邦蔚爲大國，取代彌勒兜率天的優越地位，變

---

❶　《大正藏》冊 51，no. 2088，道宣著《釋迦方志》，卷下，頁 972b。按：道世在其《法苑珠林》將「獲其將救者」改爲「獲得救者」，似較通順。見《法苑珠林》（上海：上海古籍出版社，1991），頁 135b。

為淨土信仰的主要對象，是中國佛教史上一個既複雜且饒有興味的問題。

　　彌陀信仰之轉趨盛行雖然原因複雜，但與魏晉以來曇鸞、道綽、善導及其後僧侶的推動與提倡有密切的關係。這些僧侶有宣講西方淨土教義者，有參與淨土經的譯述、編造與疏論者，也有從事往生故事的蒐集與編纂者。❷他們所進行的活動，由唐到宋，延續不斷，對彌陀信仰的逐漸流布、盛行，都有相當程度的推波助瀾之效。大致上，彌陀信仰先在北方流傳，至唐代漸漸傳至南方。北宋之時，經天臺僧侶四明知禮（960-1028）、慈雲遵式（964-1032）及他們弟子的宣揚，淨社接二連三出現於各地，彌陀淨土的信仰由江浙地區向全國各地蔓延，滲透社會各個階層。❸到南宋末年，天臺僧侶志磐寫《佛祖統紀》時，它已經在社會上起了相當大的作用。志磐在《佛祖統紀》中，特闢〈淨土立教志〉數卷，正式認許「淨土」為一教派，而為其立「蓮社七祖」，追述宋以前宣揚彌陀

---

❷　此處所謂的「編造」指的是與阿彌陀佛相關之「偽經」。東晉以來不乏有關彌陀淨土的「偽經」，這些「偽經」，包括《善王皇帝功德尊經》、《藥師琉璃光經》、《須彌四域經》、《十往生阿彌陀佛國經》、《阿彌陀佛覺諸大眾觀身經》、《隨願往生十方淨土經》、《占察善惡業報經》等，都對彌陀淨土之信仰有助。日學者望月信亨，認為這些偽經相繼出現顯示彌陀淨土信仰之受到一般重視。見望月信亨著，釋印海譯《中國淨土教理史》（臺北：慧日講堂，1974），頁 31-34。

❸　關於唐以前北方彌陀信仰的流行，及唐以後向南集中的情況參看道端良秀《中國淨土教研究》（京都：法藏館，1980），頁 7-31。宋以後的情況，請參看筆者〈北宋時期兩浙的彌陀信仰〉一文，收於拙作《北宋佛教史論稿》（臺北：臺灣商務印書館，1997），頁 417-466。

淨土的主要僧侶及其行誼與貢獻。❹

事實上，在志磐以前，天臺知禮的弟子石芝宗曉（1151-1214）有見於彌陀淨土信仰之盛，就蒐集淨土有關文獻、事迹，編成《樂邦文類》及《樂邦遺稿》二書，表彰對彌陀淨土信仰有貢獻的僧侶和士人。宗曉雖非佛教史家，但他顯然對「專以彌陀爲宗主，諸經爲司南」的淨社之興，認爲是一個重要的歷史現象，故蒐集相關文獻，欲著爲彌陀信仰發展之實錄，而在編纂各類詩文之時，也自撰篇什，立「蓮社六祖」之說，以表達其個人對淨土信仰淵源與遞嬗之看法。❺他的著作對彌陀淨土信仰的發展當然有其催化作用，對志磐〈淨土立教志〉及「蓮社七祖」之說也提供了相當有用的素材。❻

爲淨土教立祖說是強化彌陀淨土信仰的一種做法，可以說是彌陀淨土信仰發展、盛行的必然過程之一。它的目的在建構淨土教史的連續性，與禪宗僧史家建立燈統之做法有異曲同工之妙，都是自發並爲樹立宗派威權的積極作爲。問題是：何以這立教之企圖至南宋時才顯現，而不見於南宋之前？這個問題不容易回答。不過，就彌陀信仰的發展歷程來看，不難見到彌陀信仰是在歷經一段相當長

---

❹ 見《佛祖統紀》（臺北：新文豐出版社，影印《大正藏》本，冊 49）。志磐的「蓮社七祖」爲：廬山慧遠、善導、承遠、法照、少康、延壽、省常。

❺ 宗曉的「蓮社六祖」說見於〈蓮社始祖廬山遠法師傳〉及〈蓮社繼祖五大法師傳〉二篇。此六祖爲：廬山慧遠、善導、法照、少康、省常、宗賾。

❻ 當然志磐也根據其他素材寫成其〈淨土立教志〉，譬如紹興初錢塘陸師壽及四明沙門海印等編成的淨土往生傳。此類往生傳的編集，有助於彌陀淨土信仰之流傳，參看本書第二章。

時間的發展與演變之後，才逐漸具有形成淨土宗派的條件。在此期間，彌陀淨土的倡導者，除面對來自各方的質疑和挑釁，堅持其信念、竭力宣揚彌陀淨土之外，還須致力於解說彌陀淨土的本質，會通各種淨土經論，對其間不相協調或矛盾之處，提供合理一貫的說明，以釋疑解惑，勸服對彌陀淨土質疑問難之人。

　　宋以前對彌陀淨土信仰產生疑問者為數必不在少，我們雖無統計數字可供查證，但就諸淨土師所造之論，及同時間崛起與流行的各種信仰來看，可知彌陀淨土信仰與其他信仰之間，必有競爭與對抗。譬如，三階教的僧侶，禮懺地藏，認為彌陀淨土為上行人第二階根所修，而時當濁惡，人性卑微，不能行上人之法，「下起上修，障道受苦，法根不會，豈得成功？」並認為彌陀佛像及諸經都是泥龕。而彌勒的信徒又主張修十念以求上生彌勒兜率天，認為以十聲稱阿彌陀佛而得往生為錯。❼此外還有參禪者主張坐禪看心、作無生觀之效，習教者高唱聞經、讀經、講經之力，持戒者強調持二百五十戒、五百戒之德，都懷疑念佛之效益，對彌陀淨土信仰都構成相當程度的威脅。❽職是之故，唐代的淨土論著，都有高尊彌陀崇揚淨土的目標。在淨土諸師的前後相承之下，漸漸化解教外的挑釁，掃除教內的詰難，篤定其地位。到了宋代，彌陀信仰的地位已經屹立不搖，融入佛教各宗，而高居其他民間信仰之上了。

---

❼　關於淨土與三階、彌勒信仰者的爭執，可見於據傳為窺基所作的《西方要決》、懷感的《釋淨土群疑論》、及道鏡、善道合著的《念佛鏡》。本文所用諸書，係《卍新纂大日本續藏經》本（東京：國書刊行會，1986），第 61 冊。頁 82a，112c-113a，146a-c，147a。

❽　見《念佛鏡》（《卍新纂大日本續藏經》本），頁 147b-148b。

從後人的觀點來看，彌陀信仰愈傳愈盛，當與上述的條件有關。但是宋代的淨土論者，則未必持同樣的看法。他們或可感覺到淨土信仰之盛，但是仍要面臨新的問題與挑戰，仍要回應各方的質問，解除非信者的疑惑。換句話說，他們仍要紹述前賢的事業，繼續宣揚淨業、傳播彌陀淨土信仰，以維繫淨土一教之命脈。這種努力是不可缺的，因爲植基於淨土三經的淨土教義，經前代祖師的詮釋，已偏向非理性的「信仰至上論」（fideism）。❾此時的彌陀教義，強調口稱念佛，認可五逆十惡之獲往生彌陀淨土。《觀經》中宣示的「信仰」（faith）之靈驗與超越性，已屬不容置疑。求極樂安養似取代了求涅槃眞如之目標。彌陀淨土，雖是六道輪迴與涅槃之間的一個中間階段，但似不輸涅槃，因爲任何往生此土之眾生，與阿彌陀佛同享無量之壽，無限之樂，既能如此，又有何求？

唐以來的淨土論者已很明顯地表現「信仰至上論」的傾向，他們所號稱之「易行道」的大乘彌陀淨土，對於訴諸理性以求眞理的學者或士大夫、對於深信「四聖諦八正道」而重視修持的僧侶與信士、對於信仰菩薩救贖理想的大眾來說，已違背了大乘佛教之初衷，確實有其可疑、可議之處。宋代彌陀淨土論者面對四方來的詰難與質疑，就須肩負起前賢未盡完成的任務，繼續對這些挑戰性的

---

❾ "Fideism"一詞源自拉丁文 "fides"，即「信仰」（faith）之意。此詞雖學者用法不一，但其根本之義大致如下：它是以信仰爲依歸之宗教理念，在此種宗教理念中，「信仰」（faith）成爲決定一眞理的最終標準，而「理性」（reason）對眞理的理解是無關緊要的。換句話說，凡認爲一宗教信仰系統是不須經理性來檢驗的人，都可視爲 fideist，而較極端的 fideist 根本認爲「理性」在宗教信仰中毫無存在之必要。本文將此詞暫譯爲「信仰至上論」。

問題予以「決疑」。當然，他們所面對的問題也有老調重談者，但是宋代佛教的態勢畢竟不同，淨土論者還是會遭遇到新的問題與挑戰，本文之目的即是在查考宋代淨土論者回應詰難者所作的「決疑」及他們所表現的「信仰至上論」的傾向。

二、湛然元照與淨土質疑

歷來有關彌陀淨土的質疑，多重見於宋代。個人認爲北宋律宗大師湛然元照（1048-1116）的轉信彌陀提供了一個最典型的例子。湛然元照，在北宋神、哲宗朝，傳法於錢塘三十年，重振南山律宗。僧史說他「授菩薩戒幾萬會，增戒度人六十會。」又說他「施貧、授戒、追福、禳災，應若谷響。」❿顯然是北宋佛教界相當傑出的僧侶之一。元照雖傳律學，但也修西方淨業。蘇軾即曾在元照所主持的佛寺，追薦其亡母冥福。他對元照有如下印象：「錢塘元照律師，普勸道俗，歸命西方極樂世界」；「杭州元照律師，志行苦卓，教法通洽，晝夜行道，二十餘年，無一念頃有作相，自辯才去後，道俗皆宗之。」⓫蘇軾所說的辯才，即是辯才大師元淨（1011-1091），是仁、神宗之間在杭州享譽最隆的天臺高僧。蘇軾對辯才評價非常高，曾作祭文贊他。祭文末謂：「我初適吳，尚見五公，講有[慧]辯、[梵]臻、禪有[懷]璉、[契]嵩，二十年後，獨

---

❿　以上關於元照，見《釋門正統》（臺北：新文豐出版公司，影印《卍續藏經》本，冊130），頁460ab。

⓫　《咸淳臨安志》（臺北：國泰文化事業出版公司影印本），卷79，頁1-2。

餘此翁[按：辯才也]，今又去矣，後生誰宗？」⓬他既說元照是「自辯才去後，道俗皆宗之」的人物，當初「後生誰宗」的憂慮似已解除，而他對元照的推崇也由此可見。雖然如此，元照開始學律之時，對彌陀淨土深表憎惡，他自己曾說：

> 竊自思曰：初心晚學，寧無夙善？但不遇良導，作惡無恥，虛喪一生，受苦長劫。於是發大誓願，常生娑婆五濁惡世，通達佛理，作大導師，提誘群生，令入佛道。復見《高僧傳》惠布法師云：「方土雖淨，非吾所願，若使十二劫蓮花中受樂，何如三塗極苦處救眾生也。」由是堅持所見，歷涉歲年，於淨土門略無歸向，見修淨業復生輕謗。⓭

就元照所發大誓願看，他是要行菩薩行，普度眾生。因為他認為若入淨土極樂世界，只能自己「受樂」，如何去救眾生？唯有留在五濁惡世、三塗極苦之處，才真正能救眾生。換句話說，元照對追求往生彌陀淨土為目標的信仰，根本懷疑，不但不歸信，反而加以批評。後來他患重病，覺先前之看法錯誤，開始閱讀《天臺十疑論》，受書中之語感悟，遂「盡棄平生所學，專尋淨土教門，二十餘年，未嘗暫捨。」並且「研詳理教，披括古今，頓釋群疑，愈加

⓬ 關於辯才元淨，參看筆者 "Elite and Clergy in Northern Sung Hang-chou: A Convergence of Interest," in *Buddhism in the Sung* (Honolulu: University of Hawai'i Press, 1999)，第 8 章。

⓭ 《樂邦文類》（《卍新纂大日本續藏經》本），〈淨業禮懺儀序〉，頁 227a。

深信。」⓮

　　元照後來不但力行淨業，而且作《觀經疏》及《彌陀經疏》，闡揚彌陀淨土教義，倡議彌陀淨土不遺餘力。據他說，當初使他茅塞頓開、改信彌陀的是《天臺十疑論》裏的「初心菩薩，未得無生忍，要須常不離佛」之義，及該書所引《智度論》的「具縛凡夫，有大悲心，願生惡世，救苦眾生，無有是處，譬如嬰兒，不得離母，又如弱羽，秪[祇?]可傳枝」一語。⓯按《天臺十疑論》又稱《淨土十疑論》（以下簡稱《十疑論》），據說是智顗之作，但學者都表懷疑。⓰不管作者為誰，其著作動機是在對彌陀淨土疑惑不信之人，釋疑解惑，是典型的「決疑」之作。書中設有十疑，以十問方式表示，並逐一回答。其第一個疑問正與元照懷疑淨土之理由類似：

　　　　問曰：「諸佛菩薩以大悲為業，若欲救度眾生，秖應願生三
　　　　界，於五濁三途中，救苦眾生，因何求生淨土，自安其身？
　　　　捨離眾生，即是無大慈悲心，專為自利，障菩提道。」⓱

⓮　同前書，頁 227ab。

⓯　同上。

⓰　按《天臺十疑論》書中引用許多唐代著作，而唐代淨土論者譬如迦才、懷感、窺基、道鏡、善道等從未引用其書。宋代談淨土者，不但紛紛引用其書而且為之作序，可見其著作時間不太可能在唐代淨土論者之前，其作者亦不可能智顗，可能是唐末或宋初天臺僧侶偽託之作。

⓱　見澄彧《淨土十疑論註》（《卍新纂大日本續藏經》本），頁 153c-154a。

這個問題的前提，基本上是反對求生淨土的，因爲那是「自安其身」，屬小乘格局，豈是有度世之心的大乘菩薩所應求？元照有此一疑，故不信淨土，但看了《十疑論》的解說之後，竟表釋然，到底《十疑論》是如何改變他的想法呢？

《十疑論》說菩薩有兩種，一是「久行菩薩道，得無生忍者。」這種菩薩「實所當責」，眞正有救眾生之責任與能力。另一種菩薩是「未得無生忍已還，及初發心凡夫菩薩。」此種菩薩「要須常不離佛，忍力成就，方堪處三界中，於惡世中救苦眾生。」這是爲甚麼菩薩願中有「先證無生忍，然後度眾生」之說。《十疑論》很明顯地在說，菩薩未必能救眾生，須證無生忍之後，才有能力救眾生。既然如此，凡夫更不可能救眾生，正如《智度論》所說「具縛凡夫，有大悲心，願生惡世，救苦眾生，無有是處」一語，因爲：

> 世界煩惱境強，自無忍力，心隨境所轉、聲色所縛，自墮三惡道，焉能救眾生？❶⑧

凡夫即使「生人中爲國王、大臣、長者，富貴自在。」但若「貪瞋放逸，廣造重罪。」就會因其惡業，墮入三塗，經無量劫之後，而從地獄出，生爲貧賤人，復墮地獄，輪迴不已，如何能談救眾生之事？❶⑨

---

❶⑧　此段引文皆見《淨土十疑論註》，頁 154a。
❶⑨　此段引文同前書。

《十疑論》還用如下譬喻來明初發心不能救苦難眾生之理：新發意菩薩若不得忍力而欲救人，就同入水救溺者，情急救人，反而與被救者俱沒。此菩薩若不常常近佛，就會如同嬰兒離母，墮坑井渴乳而死，或如幼鳥羽翼未成，「只能依樹傳枝，不能遠去。羽翮成就，方能飛空，自在無礙。」❷至於凡夫，《十疑論》的看法是：「凡夫無力，唯須專念阿彌陀佛，便得三昧。以業成故，臨終斂念得生，決定不疑。」❷換句話說，只要如《彌陀經》所說，專念阿彌陀佛，積成許多善業，臨終絕對可獲得往生。往生之後，「見阿彌陀佛，證無生法忍已還，來三界乘無生忍船，救苦眾生，廣施佛事，任意自在。」❷這種說法，強調往生淨土與普度眾生，並無矛盾，事實上，要先得往生，變成菩薩，才能回來三界，救贖眾生。

元照對《十疑論》的「唯須專念阿彌陀佛，便得三昧」之說，全然毫無疑問地接受，而從此獻身於彌陀信仰。後來又見善導和尚之著作，從他對淨業所作的「專、雜二修」之辨，得到「專念」之印證，更堅定其對念佛生淨土之信心。他略引善導之文謂：「若專修者，百即百生。若雜修者萬千一二，心識散亂，觀行難成。」❷這段引文過簡，難以看出善導原意。其實善導作〈淨業專、雜二修〉一篇，是答覆有關為何念佛要直接「專稱名號」而不教「作觀」的問題，目的也在「決疑」。善導認為：「眾生障重，境細心

---

❷ 見《淨土十疑論註》頁 154a。
❷ 同上。
❷ 同上。
❷ 同上。

蟲，識颺神飛，觀難成就，是以大聖悲憐，直勸專稱名字，正由稱
名易故，相續即生。」這「專稱名號」就是元照所謂的「專修」，
和《十疑論》所說的「專念」。善導還說：

> 若專修者能如上念念相續，畢命爲期者，十即十生，百即百
> 生，何以故？無外雜緣得正念故，與佛本願相應故，不違教
> 故，順佛語故。若捨專念，修雜業者，百中希得一、二，千
> 中希得三、四，何以故？乃由雜緣亂動失正念故，與佛本願
> 不相應故，與教相違故，不順佛語故……㉔

顯然，善導的「專修」等於是「專念」，與《十疑論》相似，而其
效驗，完全是根據淨土經之說。元照全盤接受，即是認爲只要相信
淨土經所言，按經上所說去做，就可以獲往生淨土了。

　　元照從《十疑論》入手，然後研讀淨土經典，及善導對念佛的
闡釋而對彌陀淨土有了認識。經此努力，他自認爲對原先的疑惑已
得到解答，可以專意西方，獻身彌陀，宣揚淨土了。

三、由疑生信、即權是實

　　元照的經驗，恐怕是比較特殊的。多數對彌陀淨土有疑問者，
都不會去自尋答案，因爲專念彌陀而生淨土對他們來說是很難以想
像的。佛經雖說得很清楚，卻叫人疑竇叢生，難以接受，經專家解

㉔　見《樂邦文類》（《卍新纂大日本續藏經》本），頁 268a。

釋，或耳聞目見信士的往生，或許可以釋疑。譬如，南、北宋之際的王以寧（生平不詳）曾聞道於天童的宏智正覺禪師（1091-1157），正覺請他閱《起信論》，王因奔走戎馬，多年之後方借得其書，然翻閱再三，心中頗有疑義，因爲他認爲《起信論》一書係「爲大乘人作，破有蕩空，一法不留之書。」❷❺但末章以繫念彌陀，求生淨土爲言，不知其旨在何處。❷❻他後來道經雪峰，遂問眞歇清了禪師。❷❼因聞清了「淨土之修於道無損」之語，心中釋然。其後他道經閩之福清，聽朋友妙明居士陳思恭談及其夫人往生之經歷，遂更加相信清了之說。按王以寧之轉述，陳夫人馮氏，自少即體弱多病，十六歲嫁予陳思恭爲妻後，疾病更劇，群醫束手。於是造訪當時在汴京的名禪慈受懷深（1077-1132）求助，懷深教以持齋誦佛，馮夫人信而不疑，齋居卻葷，專以西方爲念，飲食起居、行住坐臥、語默動靜、酌水獻花、翻經行道皆向西方。甚至刹那之念、秋毫之善，一以西方爲之津梁。十年如一日，無墮容、無矜色，心安體胖，神氣昌旺。一日，她忽然對侍者說已經神遊淨土，面禮慈尊，觀音、勢至及百千萬億清淨佛子，稽首來迎。不久即安臥而逝，入殮之時，家人聞妙香芬馥，不類人間。❷❽

　　王以寧的所見所聞正是歷來有關淨土往生的典型故事的翻版，這些故事中的「往生人」多自稱見淨土三聖并西天佛眾，或乘金臺

---

❷❺　見《樂邦文類》，頁 248ab。

❷❻　按《大乘起信論》末章確有專念彌陀之語，詳見下文。

❷❼　關於眞歇清了及宏智正覺分別在雪峰及天童傳法事，參閱《北宋佛教史論稿》，頁 275-311。

❷❽　見《樂邦文類》，頁 248bc。

或乘銀臺，隨香華妙樂來迎他們入極樂安養之國。㉙王以寧既親聞死者之夫說其事，心中之疑，頓掃而空。何況他當時「老且病，於無量壽國方且問途，聞夫人事，樂爲之記。非徒信[正]覺、[清]了二禪師之語，亦以爲將來薰修者之勸云。」㉚毫無疑問的，經過此一因緣，王以寧就變成彌陀淨土的正信弟子了。他心中理性的疑問已被感性的「信仰至上論」所支配了。

事實上，王以寧當初對《起信論》的疑問，是相當合理有效的。因爲《起信論》主要在說明眞如緣起，薰習無明以求涅槃。而其所說五種修行法門並未包括念阿彌陀佛，以彌陀淨土來取代涅槃。只在全書最後一段，突然提出專念西方之說，而把它當作如來的善巧方便。而這個「方便」不過是針對那些初學大乘之法而「其心怯弱」的人所說的。這些人，依《起信論》之意，「以住此娑婆世界，自畏不能常值諸佛，親承供養。懼畏信心難可成就。」而有退縮之意。《起信論》要他們

> 當知如來有勝方便，攝護信心。爲以專意念佛因緣，隨願得生他方佛土，常見於佛，永離惡道。如修多羅說：「若人專念西方極樂世界阿彌陀佛，所修善跟迴向願求生彼世界，即得往生。」㉛

㉙　關於淨土往生故事，見本書第二章。

㉚　見《樂邦文類》，頁 248c。

㉛　見高振農，《大乘起信論校釋》（北京：中華書局，1992），頁 186。

《起信論》這種將彌陀淨土視爲善巧方便的說法，王以寧似乎並沒有注意到它的嚴重性。因爲以善巧方便來軌範彌陀淨土，依某些人看法，即是視彌陀淨土之教爲權教而非實教，是倡言彌陀信仰的人所難以接受的。

　　從北宋開始，彌陀信仰屬權教或實教，在淨土信仰圈內，就變成一個引起爭議的問題。部份彌陀淨土信仰者，包括部份士大夫及禪師，只認爲它是權教，屬於小乘。但是天臺及其他從事淨業并講彌陀淨土懺儀的僧侶，卻堅稱彌陀淨土不但是圓教，而且是大乘實教。❸❷雖然兩種議論者並未形成兩個淨土派別，但反對小乘、權教一方之辯議，卻持續了一段相當長的時間，北宋兩位最具影響力的天臺法師四明知禮和慈雲遵式都參加這個辯論。不過因爲《起信論》既指彌陀淨土爲如來之勝方便，即是如來之示權，其爲權教，似不在話下。要否認其爲權教，似乎不易。所以知禮在答楊億（974-1020）所謂「惟極樂之界，蓋覺皇之示權」一語時，也只能無奈地說：「言極樂之界，蓋覺皇之示權者，經論既以淨土之教爲勝方便，驗知是如來善巧權用也。」❸❸但是，在承認「經論」之說的同時，知禮卻要演繹出一套「即權是實」的論調而說：

　　　　但權名不局，實理亦通，是要甄分，方知去取。體外之權須破，體內方便須修。離事之理則麤，即權之實方妙。❸❹

---

❸❷　此問題筆者在〈北宋時期兩浙的彌陀信仰〉一文曾稍加討論，此處再加補
　　充、詳論。

❸❸　見《樂邦文類》，頁 260a。引文出自知禮〈復楊文請住世書〉。

❸❹　同上，頁 260ab。

他將前引《起信論》之文稍加改易，解說如來權巧之意，辯稱彌陀
淨土雖爲如來權巧，但並未因此淪爲小乘：

> 《起信論》云：初學大乘正信，以在此土，不常值佛，懼謂
> 信心，缺緣退失。當知如來有勝方便，令其不退。但當專念
> 極樂世界阿彌陀佛眞如法身，必生彼國，住正定故。專念眞
> 如法身者，豈異大乘？以依彼佛爲境，故能牽生淨方，斯
> 是如來權巧也。㉟

比較知禮之文與《起信論》原文，可看出知禮不但更改原文，而且
變易其說。《起信論》之文是根據淨土經文所說，念佛得往生後，
再加修習，可入涅槃。故在上文「即得往生」之後，說「常見佛
故，終無有退。若觀彼佛眞如法身，常勤修習，畢竟得生住正定
故。」㊱知禮之文，則似有意說專念極樂世界阿彌陀佛與眞如法身
發生於同時，而往生淨土與住「正定」亦爲同一事。所以他才有
「專念眞如法身者，豈異大乘」的結論。最主要的是，他覺得如來
的「勝方便」未必就讓淨土變成權教。

　　不論知禮的解說是否說得通，他的目標是在以行動來強調往生
彌陀淨土之可實現性及超越性。他要捨其穢身，忻求淨土，基本上
是因爲往生彌陀淨土是他年少宿願：

㉟　同上。
㊱　見前引《大乘起信論校釋》，頁186。

知禮爰自少年便存此志，今已衰朽，多歷事緣，此心常自現前，對境彌加增進，信由宿願，敢不恭酬。年來建立道場，眾信共營，供具三載，資緣粗備，數僧行願，偶同此者，遭逢秘監，知乎姓名，察其始末，敢請俯爲檀越，運以力輪，使片言善之有成，俾淨願之克遂，然後庇我宗教，廣見流行，令未聞者聞，使未悟者悟。更冀佐治功成之後，期賾報滿之時，隨願求生極樂世界，冀得同會一處，同敍宿因，同化含生，同登大覺。❸

知禮興建道場，與信士共同修懺，共期往生彌陀的極樂世界，而公開表示「將焚身以供妙經。」❸是欲以個人信仰及宿願，來影響未聞、未悟之人。他的行爲是「信仰至上論」的最高度表現。

四、決疑、解疑，信仰至上

慈雲遵式也提出對淨土爲權教的辯護，而據他說，他的立論是統會百家淨土經說的結果。他在《往生淨土決疑行願二門》說「今談淨土唯是大乘了義中了義之法也。」❸他又將大乘判爲三種，而有「三乘通教」、「大乘別教」、「佛乘圓教」之分，而說「三乘通教」及「大乘別教」都不是了義。「三乘通教」者不明淨土深

---

❸ 見《樂邦文類》，頁 261b。按：知禮復楊億書時，楊億任秘書監，故此處稱楊億爲秘監。

❸ 見《佛祖統紀》（臺北：新文豐出版社，影印《大正藏》冊49），頁 193a。

❸ 見《樂邦文類》，頁 262a。

理，而「大乘別教」者，又指淨土因果，僅是體外方便，都不正確。遵式認爲彌陀淨土爲圓教，理由如下：

> 此教詮旨圓融，因果頓足，佛法之妙，過此以往，不知所裁也。經曰：「十方諦求更無餘乘，唯一佛乘。」斯之謂與！是則大乘中大乘了義中了義。十方淨穢，卷懷同在於刹那；一念色心，羅列遍收於法界。並天眞本具，非緣起新成。一念既然，一塵亦爾。故能一一塵中一切刹，一一心中一切心，一一心塵復互周，重重無盡無障礙。一時頓現非隱顯，一切圓成無勝劣。若神珠之頓含眾寶，猶帝網之交映千光。我心既然，生佛體等，如此則方了迴神，億利[刹?]實生乎自己心中；孕質九蓮，豈逃乎刹那際內？苟或事理攸隔，淨穢相妨，安令五逆凡夫，十念便登寶[實?]土，二[三?]乘賢輩，迴心即達金池也哉？信此圓談，則事無不達，昧斯至理，則觸類皆迷。❹

遵式深信《般舟三昧經》「佛是我心，是我心見佛，是我心作佛」之說，所以他雖然主張觀、念，有「唯心淨土，自性彌陀」之色彩，但認爲未必全靠觀行才得往生，只要能夠「知淨土百寶莊嚴、九品因果，並在眾生介爾心中，理性具足，方明往生事用，隨願自

---

❹ 見《樂邦文類》，頁 262b。按：此引文出自《樂邦文類》之〈往生淨土決疑門〉一文，與明智旭所編選之《淨土十要》中之《往生淨土決疑行願二門》本（《卍新纂大日本續藏經》第 61 冊），頁 665c-666a 文字略有出入。茲將後者之重要異文註於括弧中。

然，是則旁羅十方。不離當念，往來法界。」❹他對鼓吹彌陀淨
土，不遺餘力，除教人以不同方法持經、念佛之外，❹還著《往生
西方略傳》，收錄「自古及今，西天東夏，道俗士女，往生高人，
三十三條顯驗之事，具示將來諸有賢達，願共往生。」❹揭示《觀
經》五逆十惡猶得往生之義，強調念佛往生極樂之靈驗。此書雖已
不傳，但觀其序文，知遵式完全按照《觀經》之彌陀本願來鼓勵道
俗求生淨土。他認為「安養淨業，捷直可修。」與諸佛所設方便不
同。而且，既然大乘諸經都有「十方諸佛出廣長舌稱美彌陀淨土以
示不妄」之說，則他就沒理由不信，故說「我等云何。敢不信
佛？」❹不但如此，任何人都應該相信彌陀淨土之驗，修習淨業：

> 若比丘四眾及善男女諸根缺具者，欲得速破無明諸闇，欲得
> 永滅五逆十惡，犯禁重罪及餘輕過，當修此法。欲得還復清
> 淨大小戒律，現前得念佛三昧，及能具足一切菩薩諸波羅蜜
> 門者，當學此法。欲得臨終離諸怖畏，身心安快，喜悅如
> 歸，光照室宅，異香音樂，阿彌陀佛、觀音、勢至，現在其
> 前，送紫金臺，授手接引，五道橫截，九品長騖，謝去熱
> 惱，安息清涼，出離塵勞，便至不退，不歷長劫，即得無生

---

❹　同上，頁 666ab。
❹　譬如作〈阿彌陀經勸持〉教人勸持《阿彌陀經》，〈作晨朝十念法〉、〈往
　　生坐禪觀法〉等，教人如何以念佛、觀達成往生極樂之願。
❹　見《樂邦文類》，頁 225b。
❹　見《樂邦文類》，頁 225c。引文出遵式所作〈往生淨土懺願儀序〉。

　　者，當學是法……**㊟**

遵式既認爲彌陀淨土是大乘諸經、十方諸佛稱美之教，人人都可以得獲往生安養之極樂寶地，當然反對那些視其爲小乘、權教的看法。所以他說：

> 然世多創染割截，未視方隅，忽遇問津，靡暫[慚?]濫吹。或攘臂排爲小教，或大笑斥作權乘，以其言既反經，人惑常典……遂輒述往生決疑、行願二門。**㊟**

遵式作《往生淨土決疑行願二門》，明白標示「決疑」，固然是爲了反駁那些貶彌陀經教爲小乘、權教者的看法，實在是重申《觀經》九品往生之理，並以其他經論，如《華嚴》、《起信》、《摩訶衍義》、《法華》等來證實彌陀往生之驗。它這種決疑論，是否確能說服異論者，吾人難以得知，但他的立論，充分表現「信仰至上論」的立場。以下一例可進一步說明。譬如，問者懷疑下品等輩「修因既淺，應有退墮。」換句話說，這些懷疑者認爲：因爲犯五逆十惡之人，臨終方念佛，所修既淺，雖獲下品下生，可能無法享有「不退轉」之利。遵式爲疑者解說道：

㊟　同上，頁 225bc。按：此文亦收入明智旭的《淨土十要》，文字略有增損，大致内容無異。

㊟　見《樂邦文類》，〈往生淨土決疑行願二門序〉，頁 225c。按：《淨土十要》亦收此序，其異文亦註明於引文之括弧中。

九品華開有遲速，去佛有遠近，得道有利鈍，而生彼者，例皆不退。經云：「其有生者，悉住正定之聚。」又云：「眾生生者，皆是阿鞞跋致，此言不退。」《十疑論》中有五種因緣，故不退。一者，阿彌陀佛大悲願力攝持，故不退。二者，佛光常照，故菩提心常增進不退。三者，水鳥樹林風聲樂響皆說苦空，聞者常起念佛、念法、念僧之心，故不退。四者，彼國純諸菩薩，以爲良友，無惡緣境，外無鬼神邪魔，内無三毒等煩惱，畢竟不起，故不退。五者，生彼國即壽命永劫共菩薩、佛齊等，故不退。❹

基本上，遵式的解釋全根據《十疑論》所說，而《十疑論》則是對《無量壽經》的說法加以闡釋，所以遵式還是以疑者所疑的佛經之語，來回答其疑問。他的立場是：因爲佛經與《十疑論》都有「不退轉」之說，所以「不退轉」是毫無疑問的，而懷疑「不退轉」的效驗是完全無必要的。這種觀點，只能以「信仰至上論」來形容。

　　雖然淨土僧侶費盡心機辯解彌陀淨土非小乘、權教，但懷疑者仍多，似乎只要有講彌陀淨土之處，就會有人提出小乘、權教及其他相關疑問。提倡淨土論者，只有著書爲彌陀淨土決疑辯難。僧侶如知禮、遵式之外，虔誠的居士也以同樣方式來協助決疑。其中王古（敏仲，生卒年不詳）即是一個典型的例子。他效法遵式，著有《新修往生傳》，用往生故事來證明彌陀淨土之實際存在，又撰

---

❹　見《樂邦文類》，頁 274c。按此引文出自《十疑論》之第六疑，原文文字與此大致相同。

《直指淨土決疑集》，「博採教典，該括古今，開釋疑情，徑超信地。」❹可惜王古之作都不流傳，前者幸有殘本被發現，後者則湮沒無存，無法探知作者「決疑」的方法與議論。不過王古的好友楊傑（無爲、次公，生卒年不詳），爲該書作序，宣揚彌陀淨土之說，等於王古的代言人。❹序中楊傑批評非議彌陀淨土者說：

> 故華嚴解脫長者云：「知一切佛猶如影像，自心如水，彼諸如來不來至此，我不往彼。我若欲見安樂世界、阿彌陀佛如來，隨意即見。」是知眾生注念，定見彌陀。彌陀來迎，極樂不遠，乃稱性實言，非權教也。❺

楊傑是個典型的「信仰至上論」者，他博覽佛經，深信淨土理念，屢屢表示往生淨土之樂：

> 有佛釋迦是大導師，只清淨土是安樂國，無量壽佛是淨土師，爾諸眾生，但發誠心，念彼佛號，即得往生。若生彼土，則無諸惱，不聞知者，亦可哀憐。❺

因爲篤信淨土及念佛得往生，對那些於淨土無知之人又有憐憫之心，楊傑自然樂於「開導」他們。不過，他的聽眾仍是充滿疑而不

---

❹　見《樂邦文類》，楊傑〈直指淨土決疑集序〉，頁 229b。

❹　關於楊傑，參看本書第三章。

❺　《樂邦文類》，頁 228c。

❺　同上，頁 229a。

信之人，這些人，依楊傑之意，「發三種不信心，」也就是說，他們根本不信彌陀淨土，而所以不信，大致有三種理由：㈠自稱「吾當超佛越祖，淨土不足生也。」㈡認爲「處處皆淨土，西方不必生也。」㈢以爲「極樂聖域，我輩凡夫不能生也。」❷

　　這些不信的人固多，而其不信的理由，也多半影響其他人的不信。對楊傑來說，「不足生」、「不必生」、「不能生」之論調，暴露了懷疑者狂妄自欺之心態，而要指出此論調之誤，楊傑所依賴者也是佛經上的例子。故對「不足生」之論，他辯說：

> 夫行海無盡，普賢願見彌陀；佛國雖空，維摩常修淨土。十方如來有廣舌之讚，十方菩薩有同往之心。試自忖量，孰與諸聖？爲不足生者，何其自欺哉？❸

這是說佛經上都說普賢菩薩、維摩居士及十方菩薩都有往生淨土之心，而十方如來也都稱讚彌陀淨土，凡俗如我輩，豈能與他們相比，而竟說此淨土不足生，這不是「自欺」嗎？

　　對於「不必生」之論，楊傑之辯如下：

> 至如龍猛祖師也，《楞嚴經》有預記之文，天親教宗也，無量論有求生之偈。慈恩通讚，受稱十勝；智者析理，明辨十

---

❷　同上。
❸　同上。

　　疑。彼皆上哲，精進往生，爲不必生者，何其自慢哉！❺

此處所說的龍猛、天親指的是龍樹與世親。據說龍樹倡淨土的易行
道，以稱念阿彌陀佛等一百零七佛，及十方諸菩薩，來求生十方淨
土，而且也是捨掉原來所學法門，改念彌陀淨土的印度古德之一。
❺所謂「《楞嚴經》有預記之文」應指《楞伽經》中之一偈。此偈
略云：「大慧汝當知，善逝涅槃後，未來世當有，持於我法者。南
天竺國中，大名德比丘，厥號爲龍樹，能破無有宗，世間中顯我，
無上大乘法，得初歡喜地，往生安樂國。」❺此偈說龍樹往生安樂
國，正是「有預記之文」所指。不過楊傑似將《楞伽經》誤記爲
《楞嚴經》。世親則據說是《往生論》的作者，此作原稱《無量壽
經優婆提舍願生偈》（*Sukhāvatīvyūhôpadeśa*），故楊傑說「無量論有
求生之偈」。❺至於「慈恩通讚」、「智者析理」分別指窺基在
《西方要決》及智顗在《淨土十疑論》所辯說的彌陀淨土之勝，都
是楊傑用來證明先哲籲求往生的例證。既然這些先哲都主張往生，

---

❺　同上。

❺　根據淨空法師的說法，龍樹是古來的祖師大德中，在了解西方極樂世界之
　　後，把原先所學的法門，全部捨掉，而專心念阿彌陀佛求生西方淨土的一
　　個。見淨空法師講述《佛說大乘無量壽莊嚴清淨平等覺經講記》
　　（Sunnyvale：美國淨宗學會，1996），第 1 冊，頁 676。

❺　見《樂邦文類》，〈佛懸記龍樹生極樂國〉，頁 217a。

❺　關於此《往生論》之研究，參看 Minoru Kiyota, "Buddhist Devotional
　　Meditation: A Study of the *Sukhāvatīvyūhôpadeśa*" 在 Minoru Kiyota ed.,
　　Mahāyana Buddhist Meditation: Theory and Practice (Honolulu: The University
　　Press of Hawai'i, 1978)，頁 248-296。

那些認爲不必生淨土的人，豈不是自慢嗎？

　　對於「不能生」之論，楊傑只舉兩個往生故事爲例來加以否定：❺❽

　　　　火車可滅，舟石不沈。現華報者，莫甚於張鎚，十念而超勝
　　　　處；入地獄者，莫速於雄俊，再甦而證妙因。世人愆尤，未
　　　　必若此，謂不能生者，何其自棄！❺❾

對相信往生故事的楊傑來說，張鎚與雄俊不過是許多「往生人」的代表。在王古的《新修往生傳》中，張鎚（一作張鐘鎚，唐永徽時人）以販雞爲業，臨終念阿彌陀佛，忽聞異香，奄然而逝。這在所有往生故事中，並無特殊之處，而且與楊所謂「十念而超勝處」一語不甚相合。❻⓪可能楊傑誤記，而以季祐爲張鎚。因《新修往生傳》記季祐事略謂：「汾州人季祐，殺牛爲業，臨病重時，見數頭牛，逼觸其身。告妻曰，請僧救我。僧至告曰：『《觀經》中說臨

---

❺❽　這兩個故事都可以見於先前的「往生傳」故事中，也都在王古的《新修往生傳》內。本書第二章對王古之《新修往生傳》亦有詳論。

❺❾　《樂邦文類》，頁229a。

❻⓪　見《新修往生傳》（東京：山喜房佛書林，《淨土宗全書續》冊 16，1974），頁 121。按本文所引《淨土宗全書續》之頁次爲全本頁次而非各「往生傳」頁次。張鎚亦見於此冊《淨土宗全書續》之《往生西方淨土瑞應刪傳》，頁 10。兩者文字大同小異，疑王古抄流行於唐末或五代的《往生西方淨土瑞應刪傳》之文。

終十念，而得往生。』遂應聲念佛。忽爾，異香滿室，便終。」❻
此故事拈出「臨終十念，而得往生」一語，正與楊傑之文相合，當
係楊傑所指。不管如何，《觀經》所說的「臨終十念」正是楊傑所
要強調的。至於雄俊，依王古的《新修往生傳》，原是典型的惡
僧。據說他善講說而無戒行，講肆得財都非法而用之，故人人視為
「壞道沙門」。他聽說佛經有「一念阿彌陀佛，即滅五十億劫生死
之罪」之說，竟大喜而謂可以賴之以逃罪。故一面為非作歹，一面
口稱念佛。後來暴死入地獄，即將受酷刑，竟稱「一念阿彌陀佛，
即滅五十億劫生死之罪。」而所犯之惡，未達五逆十惡之境，結果
竟因此而被放回人間。不過，他生還之後，竟依冥王之勸乃痛改前
非，專意念佛，最終還是得獲往生淨土，此即楊傑所說「入地獄
者，莫速於雄俊，再甦而證妙因。」❻舉了雄俊的例子之後，楊傑
遂強調世人或犯有過失，多半沒有雄俊之罪嚴重，既然雄俊可生淨
土，別人豈不能生淨土？所以那些懷疑不能生者，豈不是自暴自
棄？

　　基本上，楊傑完全相信淨土經語及「往生論」之故事。佛經對
他來說既是佛語的記錄，自然都沒有問題。往生故事則是進一步將
佛語具象化的明證，意義更加深遠。所以他在總結前述辯論時，引

---

❻　見《新修往生傳》，頁 120，此故事亦見《往生西方淨土瑞應刪傳》，頁
　　10，文字亦大同小異。

❻　按：雄俊故事見《新修往生傳》，頁 119-120，亦見其他「往生傳」故事集。
　　《新修往生傳》之文與戒珠《淨土往生傳》之文，最為類似，可能抄自該
　　書。又諸「往生傳」所稱的地獄之王，都未明指為十王中之何王，此時十王
　　之觀念已流行，閻王固其中之一耳。

用《大寶積經》「眾生聞無量壽如來名號，迺至能發一念淨信，歡喜愛樂，所有善根迴向願生無量壽國者，隨願皆生，得不退轉」之說，而稱「此皆佛言也，不信佛言，何言可信？不生淨土，何土可生？自欺、自慢、自棄己靈，流入轉[輪?]迴，是誰之咎？」這種佛言即是眞理，佛言即不可懷疑的信仰，豈不是「信仰至上論」的最具體表現？

五、「唯心淨土」與禪、淨之爭

彌陀淨土信仰雖有王古、楊傑一類士大夫爲它作決疑辯難之工作，並無法排除後世之疑。上述小乘、權教的問題，到南宋還是有信士不斷提出。譬如，孝宗隆興中，天臺講主圓通思梵法師（?-1168）於杭州東北部的臨平山提倡淨業，士大夫常造訪其地問道。杭州通判鄭公（不詳爲何人）曾對他發問：「經教中所明念彌陀佛願生淨土，此莫專爲鈍根方便權說否？上根一超佛地，豈假他佛之力耶？」❻❸這種疑問，似乎合情合理，與小乘、權教之疑如出一轍。彌陀淨土信仰的辯護者，既熟讀經教，又有前賢之論述爲依據，自然不難回應此類疑問。故思梵回答鄭通判就說：

　吾宗先達呵此說云：「佛世文殊、普賢滅後，馬鳴、龍樹，

---

❻❸　見《樂邦遺稿》（《卍新纂大日本續藏經》冊61），頁298b。其中通判鄭公不詳何人。思梵法師，爲上天竺普明如淨之法嗣，慈辯從諫之法孫。見《佛祖統紀》，no. 2035，頁222c-223a。《釋門正統》卷7亦有傳。

此土智者、智覺，皆願往生，應是鈍根乎？釋迦勸父王淨
飯、並六萬釋種往生，應盡是凡器乎？」若以此爲權，將何
爲實？昔孫莘老亦疑於此，因會楊次公、王敏仲辨論，遂息
此疑，乃云淨土非聖人之權設，眞禪侶之棲止也。❻

這段話所提及的「吾宗先達」當然是智顗以來爲彌陀淨土辯護的前
輩僧侶。楊傑和王古則是北宋以來倡議彌陀淨土用力最勤的士大夫
代表，因此他們的著作、議論、和護法的行爲表現，就自然成爲後
來彌陀淨土論者進行「決疑」時的有力依據和例證，思梵提及楊
傑、王古正是這個原因。雖然楊、王跟孫覺（莘老，1028-1090）
的辯論並未留下記錄，我們也無從查考，但其虛實並不妨礙思梵對
楊、王之欣慕，故他不但贊揚二人說：「當知本朝洞曉淨土，唯
楊、王二賢矣。」而且還說：「楊敘決疑集，引《華嚴經》云：
『知一切法猶如影像，自心如水，佛不來此，我不往彼。我若欲見
阿彌陀佛，隨心即見。是知住念者定見，斯乃稱性實言，非權教
也。』」肯定他們駁斥彌陀爲權教的看法。❻

　　彌陀淨土信仰發展到南宋之時，與小乘、權教相關的其他問題
也漸漸變成熱門的話題。譬如淨土信仰者對「唯心淨土，自性彌
陀」一觀念的解釋，歧義越來越大。從北宋到南宋，不少淨土信士
和禪徒，對此說都有不同的詮釋，他們都花了不少精神討論、釐清

❻　同上。此處智者與智覺分別指天臺智顗及永明延壽，楊次公及王敏仲分別指
　　楊傑及王古，孫莘老爲孫覺（1028-1090）。
❻　同上。按：楊傑之文，見本書第三章。思梵引其文，正可見其對楊傑淨土議
　　論之重視。

這一觀念。

　　雖然「唯心淨土」可以溯源自《維摩詰經》的「隨其心淨則佛土淨」之說，但是眞正被當作問題來討論，應是它跟彌陀淨土產生了關聯之後。這固然一方面是因爲有人認爲「隨其心淨則佛土淨」的「佛土」指的是十方淨土，並非專指尊彌陀淨土，另一方面則是禪宗之徒主張直指人心、見性成佛，認爲心即是淨土，心外無所謂淨土，而佛性無待它求，能見己之佛性，便可成佛。這種對「心淨則佛土淨」所產生的疑問，❻及對「唯心淨土」所作的不同詮釋，大致上是造成南、北宋「唯心淨土，自性彌陀」有關論辯的主要因素。

　　事實上，這個論辯從五代末或宋初已經展開。譬如，永明延壽就曾被問「唯心淨土，周遍十方，何得托質蓮臺，寄形安養，而興取捨之念？」延壽的回答是「唯心淨土者，了心方生，《如來不思議境界經云》：『三世一切諸佛，皆無所有，唯依自心。菩薩若能了知諸佛及一切法唯心量，得隨順忍，或入初地，捨身速生妙喜世界，或生極樂佛土中，故知識心，方生唯心淨土，著境，祇墮所緣境中，既明因果無差，乃知心外無法。……』」❼他認爲《起信論》的專念西方之說，《往生論》的求生淨土之因緣，及《十疑論》中「心淨土淨」之論，都足以說明「唯心淨土」專指生於彌陀

──────────

❻　如果我們接受《十疑論》爲智顗所作的說法，則在隋代，就有人對《維摩詰經》的「心淨故即佛土淨」的說法產生質疑。見《十疑論》，頁154c。

❼　見《萬善同歸集》收於《中國佛教資料選編》（北京：中華書局，1987），第3卷，第1冊。《樂邦文類》，〈萬善同歸集揀示西方六重問答〉之文略異，可能抄寫時有遺漏，見頁256c。

淨土,是與「自性彌陀」不可分離的。延壽的解釋,大概也難以使質疑者完全接受,他引用的經論,似不能完全解答他們的問題,所以後續的質疑,還是不斷地出現。譬如,既然淨土唯心,那麼到底要如何修淨土?北宋雲門禪師天一義懷(993-1064),就曾設此一問。他的自答,所謂「生則決定生,去則實不去,若明此旨,則唯心淨土,昭然無疑,」依他的弟子姑蘇守訥(1047-1122)及宗曉之闡釋,似在強調先修習自心的「無形體」淨土,待此淨土修成,莊嚴眞土自然浮現可及。宗曉發揮世親在〈金剛般若論偈〉之所說,將其「智習唯識通,如是取淨土,非形第一體,非莊嚴莊嚴」一句,解釋成:修眞實智慧,以通達唯識眞實之性,修成菩薩,取得「無形體」之淨土或「法性土」,然後莊嚴眞土或「形相土」,自然浮現可及。❻❽因爲淨土不自生滅,全然靠自心修習,由無形至有形,故有「唯心淨土」之說。守訥有此看法,故對部份禪徒之攻擊淨土,頗不以爲然,他毫不客氣的指出:

> 佛說極樂淨土,普勸娑婆群生,應當發願生彼國土。然學頓者拂之爲權說,不通理性者,泥之於事相。❻❾

守訥所稱的「學頓者」及「不通理性者」,泛指禪宗及懷疑淨土的人。他們的立場或是視彌陀淨土爲權說,或是認爲心即淨土,故不必另求彌陀。這種見解,守訥全然反對,他自己的看法是建立在

---

❻❽　《樂邦文類》,〈唯心淨土文〉,頁 266a。

❻❾　同上。

《唯識論》之「心外無境，境全是心」的見解，所以堅稱「心法遍周，淨土豈離乎當念？生佛同體，彌陀全是於自心。總攝有情。誠無凡聖之異，融通法界，寧有遠近之區？」他發現《首楞嚴經》所說的「心存佛國，聖境冥現，唯闡提無信根者，則十萬億佛土遠隔他方矣」一句，正可以用來支持他對「唯心淨土」之見解，同時可證實其師義懷說法之無誤。

　　守訥所稱的「學頓者」及「不通理性者」顯然不少，在他之前的遵式與楊傑就都有和這些人辯難的經驗。遵式曾被懷疑者問道：「淨土在心，何須外覓？隨其心淨則佛土淨，豈用迢然求生他方？」遵式認爲這種想法是把心局限在方寸之間，而視西方夐在域外，這樣怎可能談心淨佛土淨之義？他認爲要了解唯心淨土，就須認知《華嚴經》所講的「心、佛、眾生是三無差別」、「佛法既遍，心法亦遍」、「一念心遍，一塵亦遍，十萬億剎咫尺之間，豈在心外」等義理。但是世人都不求理解此義，而總是「若談空理，便撥略因果；若談自心，便不信有外諸法。」這不僅是謗佛而且是謗自心。他深信《無量壽經》中佛所說的「無量壽國聲聞、菩薩功德不可稱說。」和「其國土微妙安樂清淨。」認爲只要「精進努力自求之」，必得超絕去安樂國，橫截五惡道。」這種看法實是他「信仰至上論」的一貫表現。❼⓿

　　楊傑所遭遇到的質問也很類似。他的質問者是光州參軍王仲回（生足年不詳），是廬州無爲郡（在今安徽省）人，與楊傑爲同鄉。王在無爲時，嘗至附近的鐵佛道場謁天衣義懷請問佛法，可能

---

❼⓿　以上有關遵式之看法見《樂邦文類》，頁 275ab。

因此對淨土與禪有若干認識。神宗熙寧末年,楊傑母喪,扶柩歸故里,得暇閱讀大藏教典,曾爲里人講述淨土妙緣,王仲回也是聽者之一。楊傑當時對他的印象是「已能誠信嚮慕,但未具深心爾。」後來王仲回屢次造訪楊傑,參叩佛理,同時也開始產生疑問,不免就請教楊傑。其中有關「唯心淨土」的問題如:「經典多教念彌陀生淨土,祖師則云心即是淨土,不必更求西方。其不同何也?」而有關修淨土的問題如:「如何得念[彌陀]不間斷?」**❼**第一個問題顯示淨土經典與禪宗祖師間在淨土之理解上有了歧見,楊傑以「事理相奪」的方式回答如下:

> 實際理地,無佛無眾生,無樂無苦,無壽無夭,又何淨穢之有?豈得更以生不生爲心耶?此以理奪事也。然而處此界者,是眾生乎?是佛乎?若是佛境,則非眾生,又何苦樂、壽夭、淨穢之有哉?試自忖思,或未出眾生之境,則安可不信教典,至心念彌陀,而求生淨土哉?淨則非非穢,樂則無苦,壽則無夭矣。於無念中起念,於無生中求生,此以事奪理也。故《維摩經》曰:「雖知諸佛國,及與眾生空,而常修淨土,教化於群生,」正謂是也。**❼❷**

楊傑之說,似承認眾生與佛境之不同,眾生之境有苦樂、壽夭、淨穢之分,而佛境無此分。既欲離眾生之境,就一定要信教典,至心

---

❼ 以上有關王仲回都出自《樂邦文類》,〈大宋光州王司士傳〉,頁 253bc。
❼❷ 同上。

念彌陀，而求往生。若認爲唯心淨土而不必更求西方，那是已認定淨土在於一心，無須他求，是一種「以理奪事」的看法，而求生西方，則是一心念求淨土，是「以事奪理」的看法。楊傑似說二種看法是基於對「唯心淨土」的不同解釋，但他強調信仰教典、念佛與求生淨土必能有往生極樂世界的一天。所以他在王仲回的傳中，就說王托夢告知他已往生淨土，而所以得獲往生，全是受他教化後深信淨土之故。❼楊傑這種對淨土的理解與看法，充分地顯示一個「信仰至上論」者的堅信與執著，這種堅信與執著，是無法用理性來與他相詰難的。

有關唯心淨土之問辯，一直持續到南宋。其主題仍是環繞在唯心淨土和往生的關係。遵式與楊傑所受到的質疑，又再次出現。譬如：

> 唯心淨土，本性彌陀，爲當往生[是]？爲即心是？若往生者，何謂唯心？若即心是，何故經云過十萬億佛土耶？❼

這個問題是南宋天臺僧侶圓辯道琛（1086-1153）的信徒所發問的。道琛於南宋建炎時期，在永嘉建「繫念會」勸化道俗，大力推廣彌陀淨土信仰。他臨終時命僧諷誦《無量壽經》求見聖相。七日之後，自謂證相，將往生淨土，而僧眾也都聞到異香，並目睹彌陀。於是沐浴更衣，書頌曰：「唯心淨土，本無迷悟；一念不生，

---

❼ 同上。
❼ 《樂邦文類》，〈唯心淨土說〉，頁265b。

即入初住。」不久即逝。由於他信仰彌陀淨土如此虔誠，又顯然主張「唯心淨土」之說，那些「學頓者」及「不通理性者」，就找他質疑。道琛以天臺三千之法及遵式所引的《華嚴經》說來回答此問，先肯定「唯心淨土」之疑義實是心、佛、眾生三者無差別之故，而既然一心具三千法，能周遍彼三千世界，則「彼彼三千互遍。」一心清淨，則周遍彼三千世界之心皆清淨，而彼彼三千互相周遍之心亦清淨。比他稍前的北宋名學者陳瓘（1057-1122），在致書四明延慶明智中立法師（1046-1114）論天臺三千法時，談到「唯心淨土」時也有類似的辯說：

> 一念心起，三千性相一時起；一念心滅，三千性相一時滅。念外無一毫法可得，法外無一毫念可得。此乃本性不遷之法，中理圓明之體。此體以如理為命，其壽無量，非報得命根，亦無連持。本無名字，而不拒諸名，名其土曰極樂國，名其身曰阿彌陀佛，身土交參，融乎一妙，故能說法之音不離彼土，而廣長舌相具足周遍。其具足如是，是體具乎？是佛具乎？是眾生具乎？若有能知彼具之樂者，其有不願往生者乎？❼

為了使他的質疑者確實了解其義，道琛更藉「一珠遍照千珠」之喻，來進一步說明他的看法：

---

❼　《樂邦遺稿》，〈陳了翁談唯心淨土〉，頁 292c。

如彼帝釋殿上，千珠寶網，眾珠之影，映在一珠。一珠具足
眾珠，彼彼千珠，互映亦爾。現前一心，即是千珠中一，彼
彌陀佛土，亦是千珠中一。所有十界眾生趣，舉一界皆是千
珠中一。既我一珠能映眾珠，我心之內，無復眾珠，則離我
心外，別無淨土？何故爾耶？以釋迦亦是一珠，彌陀亦是一
珠。既舉一全收，豈心外有法？故曰，唯心淨土，本性彌陀
也。❼❻

此一譬喻應可回答「過十萬億佛土」之問，但道琛卻稱經上說「過
十萬億佛土」是「以理揀情」之說法。「唯心乃一念理是」，而
「情生則十萬迢遙」。「唯心」跟「淨土」似乎分開，但又勢必縮
合，實是因為有個阿彌陀佛，知道人們忻厭心生，有欲順佛之勸，
往生淨土。所以既說唯心，又稱淨土。❼❼這種看法，類似楊傑「事
理相奪」論。南宋的佛教外護王伯庠（1106-1173）曾為道琛作
「行業記」，其文最能總括上述道琛的「唯心淨土」觀：

> 唯心淨土，一而已矣。良由彌陀，悟我心之寶剎。我心具彌
> 陀之樂邦，雖遠而近，不離一念，雖近而遠，過十萬億剎。
> 譬如青天皓月，影臨眾水，水不上升，月不下降，水月一
> 際，自然照映。❼❽

---

❼❻　《樂邦文類》，〈唯心淨土說〉，頁 265b。此說所用「因陀羅網」之喻，見
　　本書頁 12-13。

❼❼　同前書，頁 265c。

❼❽　《釋門正統》，卷 7，頁 435d。

六、結語

　　以上討論，顯示彌陀淨土信仰之所以引起許多疑問，主要是在大乘的終極目標──涅槃──的理想中，出現了阿彌陀佛與西方淨土之說。而彌陀與其淨土之被強調，亦引起為何獨尊彌陀與其淨土之類的問題。「唯心淨土」之說與其分歧的詮釋，也造成不少紛擾。雖然佛教各宗派及其信徒，都有願意接受、相信彌陀淨土者，但也同時有懷疑而不願接受此信仰者。這兩種不同的態度，造成世世代代不斷的詰難與決疑。南宋四明王闐（生卒年不詳），見此現象，就曾表示不解：

> 余觀如來東流之教，若直指人心、令人究理之說，有識者既已信之矣，而庸鄙之徒亦無敢議者。及乎示淨土、論往生，則人莫不懷疑焉。❼❾

王闐是《淨土自信錄》的作者，如同過去的許多淨土論者，他的書也是彌陀淨土的「決疑」之作。其書中有十問、十答，類似《十疑論》。事實上，他也是用智顗的「四淨土說」──凡聖同居、方便有餘、實報無礙、常寂光──來解釋淨土，說明具縛凡夫可生於「凡聖同居土」，而「斷惑聖人」始能獲證入其他三土。他又將往生之門分成二淨業：㈠正觀默照本心，㈡助行備修萬善。❽⓿他倡言

---

❼❾　《樂邦文類》，〈淨土自信錄記〉，頁267c。
❽⓿　原文說「助行備修萬行善」，疑第二個「行」是衍文。

正觀與助行並進，就可達四淨土，而只要能發願、行善者，則可近生凡聖同居，而遠可作生其餘三土之因。王闐因此認爲淨土之說正可以「究理菩薩所登境界，而兼容悠悠眾生迴向漸修。」❸根據王闐之分析，許多人相信如來直指人心、令人究理之說，卻懷疑如來示淨土、論往生，是因爲他們不知道「眾生本心，體無一法有形，用無一相不備，」而認爲一切皆空如太虛，無莊嚴清淨之土可依。王闐認爲他們也不知道「正觀」與「助行」二者相輔相成，「相待而立，似反而符，」而以爲既然「究理忘緣」，那麼何須「加願往生」？而「加願往生」必於究理忘緣有所妨礙。他們不知如來所說的「淨土自他凡聖，因果即眾生之自心，」而認爲既有四種淨土，則「上至[自?]究理菩薩，下及漸修眾生，則何類不收，何機不攝？」豈不是人人都能生淨土？王闐認爲如來所說的往生淨土雖易，但其條件是需要「自信自心」。而眾生以「自信自心」爲難，故十方諸佛雖舒舌勸信，如來又以各種方式譬喻之，而眾生仍不信受。王闐的說法，體現了純粹訴諸信仰而不能接受理性究詰的「信仰至上論」，與上述延壽、義懷、元照、知禮、遵式、王古、楊傑、陳瓘、王以寧、思梵、守訥、道琛等人的態度一致，與懷疑論者的理性思辯是難以妥協的。

如同其他十方淨土，彌陀淨土本具有濃厚的神話色彩，而彌陀信仰可以說是一種不可思議的解脫法門。唯其不可思議，彌陀淨土的存在對懷疑者或不信者是難以想像的。歷來淨土論者爲了斷疑，一方面把它解釋成一種譬喻性的理念或象徵，而另一方面又強調其

---

❸　按：王闐所謂的究理菩薩應指修各種菩薩戒行之人。

爲確切存在的實體實境。他們取淨土經典中極盡想像能事之描繪與說法，及幻想性的新舊往生故事來支持其看法，似乎在作理性的解說，而實際上仍受其內在的非理性所限，而仍以強調信仰來作辯疑的工夫。對於各種彌陀淨土的詰問，宋人在其「淨土決疑」的努力中仍一貫的表現其「信仰至上論」。他們的努力固然促成了彌陀淨土信仰在民間不斷盛行之因，但也時而觸發了不同時代各種類似的詰問。從宋人的經驗來觀察，我們不難預估新「淨土決疑論」在日後持續出現的必然性。

第五章　淨土詮釋傳統中的宗門意識

——論宋天臺義學者對元照《觀無量壽經義疏》之批判及其所造成之反響

本文所討論的主題——宋天臺義學者在詮釋《觀無量壽經》時所表現的「宗門意識」（sectarianism）——代表淨土詮釋傳統裏一個很值得注意的現象。這現象之出現，可追溯到靈芝元照對《觀無量壽經》所做之新詮釋。由於元照之觀經疏有擇取諸家舊疏之長，而被視爲有尊善導疏而抑智顗疏之傾向，遂受到宋天臺義學僧草菴道因之批判。本文詳析道因對元照義疏所做的各項指控，及天臺學者自吳克己至志磐等一脈相承的宗門意識。

由於道因對元照義疏之批判以《輔正解》一書之面貌出現，而其原書今已不存，只見於拙菴戒度《觀經扶新論》之引文中，本文亦根據戒度所錄之文，評估其書內容，說明它對元照義疏批判之強烈宗門意識。拙菴戒度爲聲援元照義疏而著《觀經扶新論》，反駁《輔正解》對元照義疏之指控，切中

道因議論之弊。他指出道因爲「建立門庭」而作《輔正解》，故意扭曲元照《新疏》之看法，強行批判，故其說理不勝辭，破綻隨處可見。道因爲強烈之宗門意識所驅使，致使其在《輔正解》之議論充滿偏見，而吳克己、宗鑑、志磐等人卻附和其說，可見道因宗門意識對天臺山家派義學影響之深。

一、引言

自從淨土三經先後在中國出現，❶有關三經的經論、註疏也就陸續跟著產生。這些經論及註疏，往往因論註者宗派立場之異，表

---

❶ 一般所謂的淨土三經指的是《阿彌陀經》、《無量壽經》及《觀無量壽經》。三經存在的先後順序應是《阿彌陀經》最早、《無量壽經》次之，《觀無量壽經》最後。但三者在中國出現的時間，應是《無量壽經》之譯本先於《阿彌陀經》之譯本。《無量壽經》有同本異譯五種，五者出現順序之先後，尚無定論，但學者大致同意以吳支謙（220-257）的《大彌陀經》爲最早出現，但以曹魏嘉平中（ca. 252 年）出現之康僧鎧譯本《無量壽經》爲最受注意。《阿彌陀經》則以姚秦鳩摩羅什於弘始四年（402）完成之譯本最早出現。《觀無量壽經》過去學者依慧皎《高僧傳》之說，認爲係劉宋之畺良耶舍（Kālayaśas）於元嘉年中（424-442）所譯，近人認爲係當時人僞託畺良耶舍所作。以上見望月信亨著，釋印海譯，《淨土概論》，（臺北：華宇出版社，1988），頁 53-56，75-76；望月信亨著，釋印海譯，《中國淨土教理史》（臺北：華宇出版社，1987），頁 27-31；Meiji Yamada., *The Sutra of Contemplation on the Buddha of Immeasurable Life* (Kyoto: Ryukoku University, 1984), "Introduction."; Luis Gómez., *Land of Bliss: The Paradise of the Buddha of Measureless Light* (Honolulu: University of Hawai'i Press, 1996)，頁 125-131。

現不同之見解與詮釋。往往同一宗派之註疏者，所提出之見解與詮釋，多半類似，但也未嘗無後人對前人之解做糾謬發覆的可能。而非屬同一派之註疏家，就往往有後人牴牾前人之處，表現了認知上的差異與宗派的情結。這一方面固然是因三經經文本身有意義隱晦不明處，而註疏家在因應學者不斷質問時，需對舊的論疏不斷地澄清，提出糾謬發覆的新見解、新發明之故。另一方面則是對異宗義學者之批判或質疑，有意從門戶立場，發抒註疏家個人意見，以捍衛己宗。不管如何，淨土論註之作，大致不出以上原因。以《觀無量壽佛經》的註疏來說，據稱是天臺智顗（538-597）所作的義疏（以下稱《天臺觀經疏》或《天臺疏》），就採用不少淨影慧遠（523-592）義疏之見解，有慧遠疏的成分在內，但不失仍爲一嶄新之作，故天臺學者仍然尊之而不疑。❷而唐法聰的《釋觀無量壽佛經記》及北宋四明知禮（960-1028）所著的《觀無量壽佛經疏妙宗鈔》，則爲釋智顗疏之作，而後者之用意，更在羽翼《天臺觀經疏》，詳其所略，闡發其文義了。❸至於宗派不同的註疏家，對三經之詮釋，就可能會大有歧異，甚至南轅北轍。唐代善導（613-681）的觀經疏，對淨

---

❷　按：慧遠義疏之全名爲《觀無量壽經義疏》，智顗疏全名爲《佛說觀無量壽佛經疏》，通常稱爲《天臺觀經疏》或如下文逕稱《天臺疏》，歷來學者皆懷疑非智顗所作，望月信亨亦於其《淨土教之研究》指出非智顗所作，見前引《中國淨土教理史》，頁 76。雖然如此，傳統的天臺學者則深信智顗爲其作者。此疏中所倡之「四土」說，疑受慧遠「三淨土說」之影響。

❸　按：知禮自謂其撰寫《觀無量壽佛經疏妙宗鈔》的動機，是爲糾正山外派孤山智圓（977-1022）在其《觀經疏刊正記》別於《天臺觀經疏》所主張的念佛之法。參見日人安藤俊雄著，蘇榮焜譯《天臺學：根本思想及其開展》（臺北：慧炬出版社，1998），頁 452。以下此書頁數皆爲譯本頁數。

土法門之詮釋，❹別闢蹊徑，與《天臺觀經疏》相抗，不但爲不少宋代天臺學者公開認可，而且爲其他淨土的詮釋者所接受。❺北宋靈芝[湛然]元照（1048-1116）疏註《觀經》，即多加採納其說。元照之觀經義疏在宋代被稱爲《觀經新疏》（以下或稱《新疏》），❻雖是會通諸疏，攝取眾家之長而成，但它用善導疏之說多，而用《天臺觀經疏》之義少，故雖有不盡同意善導義疏之處，仍被天臺山家派義學者視爲叛離智顗正統之作，而成了他們聲討的對象。

　　北宋以來，天臺義學者因爲《金光明玄義》廣略二本眞僞問題之觀點不同，著論相攻，相持不下，形成山家及山外兩大壁壘。又因對「智顗疏」及「善導疏」之好惡各異，於《觀經》中若干觀念之詮釋，意見紛歧，迭有詰難之詞，彼此你來我往，互不相讓，形成親智顗—知禮義解及擁善導義解之兩派淨土觀法陣營。使天臺宗的山家與山外二派，因西方淨土觀之差異，而再行分裂。❼部份山

---

❹　按：善導疏全名爲《觀無量壽經義疏》，或稱《觀經四帖疏》，分玄義、序分、定散、散善四部份而成四卷。《輔正解》屢謂〈玄義〉云云，實指全疏而言。

❺　譬如知禮的同門慈雲遵式（993-1032），即孺慕善導遺風，而於觀想之外，同時鼓吹善導持名念佛的修西方法。安藤俊雄因此說其根本作風，與知禮略有差異，見前引蘇譯，頁450-451及頁455。

❻　此疏以下或稱簡元照《新疏》、《觀經新疏》，或《新疏》。

❼　此可見於知禮弟子晉川仁岳（992-1064）的叛離知禮山家陣營。仁岳本爲山家派與山外辯論之主要健將，曾爲山家之「理毒性惡說」及「寂光有相說」著《止疑書》及《抉膜書》協助知禮對抗山外派咸潤所著之《籤疑》及《指瑕》。仁岳後來因觀佛之方法與其師意見相左，遂辭知禮門下而去，而加入反對知禮學說之陣營。又如知禮第四代法孫慧覺齊玉（?-1127），對知禮的淨土觀法也未能苟同，而採批判立場。其弟子如湛（?-1140）也曾作《觀經

家學者，還堅守門戶，對宗外義學者，口誅筆伐，宛如《觀經》之義解，非天臺者山家之言，不能爲正。他們對元照之批判，就是這個心態的表現。

　　元照雖受教於天臺法師，爲神悟處謙（1011-1075）之弟子，也是屬於山家系的。但山家的天臺門人，視他爲律教講師，不滿他《新疏》所詮釋的淨土觀門，對他不斷地質疑問難。❽洎至南宋，山家派的草菴道因（1090-1167），批判元照《新疏》，不遺餘力，著有《觀經輔正解》，嚴詞撻伐，對元照之義疏，表現了相當濃厚的「宗門意識」（sectarianism）。其熱心衛護知禮之教，爲後來的天臺學者所津津樂道。本文擬以道因爲例，說明道因對淨土法門之認識與理解，係完全以《天臺觀經疏》及知禮的《觀無量壽佛經疏妙宗鈔》爲依據。因此他對元照的《觀經新疏》，認爲多棄天臺義解，專以善導之釋立說，非屬正宗。道因忽略元照擇取眾家之長的態度與用心，高倡《天臺觀經疏》之超勝，而以攻伐異己之心態貶抑元照《新疏》之價值，其所表現的「宗門意識」，反映了部份天臺義學者對淨土法門始終獨尊一家之執著。

二、元照《觀經新疏》之製作與反響

　　在元照之前，已先有慧遠、吉藏（549-623）、智顗、善導、法

疏淨業記》批判知禮的《觀經疏妙宗鈔》。二人大致都是因支持善導的淨土觀門而反對知禮的。

❽　此可從元照的著作看出來，譬如他的師叔輩的檴菴有嚴（1020-1101），對他就有意見，詳見下文。

聰、知禮等人為《觀經》作義疏，元照何所憑藉，竟欲於諸疏流傳五百餘年之後，再作《新疏》？如非對舊疏有意見，即是自認為能見前人所未能見，言前人所未能言。換句話說，元照作《新疏》所具備之條件及他撰寫《新疏》之動機，都是值得探討的問題，❾以下就從他在北宋佛教界的地位談起。

就我們所能見的史料來看，元照在北宋不少學者眼中，是神、哲宗二朝，繼天臺高僧辯才元淨（1011-1091）之後，在杭州最享盛名的僧侶之一。大文豪蘇軾對他非常讚佩，曾說「杭州元照律師，志行苦卓，教法通洽，晝夜行道，二十餘年，無一念頃有作相，自辯才去後，道俗皆宗之。」❿讚佩他是辯才以後最受宗仰的佛門人物。

元照所以享有盛名，遍受敬仰，部份是因他為南山律宗大德，為無數人授戒、薦福，另一方面也是因為他鼓吹淨業，「普勸道俗，歸命西方極樂世界」之故。⓫由於他的專修淨業、歸向淨土是歷經一番「改信」（conversion）的過程，由對淨土的全然懷疑、憎惡、與批評，變為「盡棄平生所學，專尋淨土教門」的淨土闡揚者，所以對道俗就特別有深厚的吸引力。⓬

---

❾　關於元照生平事迹，筆者在其他文章中已有詳述，此處不擬多贅。參見筆者 "Pure Land Hermaneutics: the Case of Zhanran Yuanzhao (1048-1116)," 《中華佛學研究》，第 13 期（2000），頁 385-429，及本書第四章。

❿　《咸淳臨安志》（臺北：國泰文化事業出版公司影印本），卷 79，頁 1-2。

⓫　同前書。

⓬　《樂邦文類》，《大正藏》冊 47（臺北：新文豐出版社影印本），〈淨業禮懺儀序〉，頁 170a。在未改信淨土前，元照的想法可由下文約略見出：「竊自思曰：初心晚學，寧無夙善？但不遇良導，作惡無恥，虛喪一生，受苦長

　　元照自己所謂的「專尋淨土教門」，包含閱讀《天臺十疑論》，從而作「研詳理教，披括古今」的努力。這種鑽研與博覽，使他對阿彌陀佛及其淨土，「頓釋群疑，愈加深信。」❸而他長期探討淨土經論的結果，也促使他發現前代註疏的問題，而觸發另作《新疏》的意願，於是寫成了《阿彌陀經義疏》及《觀經新疏》。這兩本著作，是他於律教之外，在彌陀淨土之學深造自得的結果，也是他獻身於彌陀信仰、求歸安養的的具體表現。吾人觀察元照的宗教生涯，可見他十足體現了「生弘毗尼，死歸安養」的素願。事實上，他何止生弘毗尼而已？他對淨業的宣揚，才真是死歸安養所盡的能事啊！❹

　　因為元照之註《觀經》和《阿彌陀經》，是經過長期的研讀與慎思所作的決定，不是雜採諸家義解，任情議論之作。他自謂註《觀經》的心情及過程如下：

　　　歷觀前古，受誦尤多，逮至今方，樂聞益眾。忝從早歲，專玩斯文，翻嗟億劫之無歸，深慶餘生之有賴。然則，諸師著

劫。於是發大誓願，常生娑婆五濁惡世，通達佛裡，作大導師，提誘群生，令入佛道。復見《高僧傳》惠布法師云：『方土雖淨，非吾所願，若使十二劫蓮花中受樂，何如三塗極苦處救眾生也。』由是堅持所見，歷涉歲年，於淨土門略無歸向，見修淨業復生輕謗。」

❸　同前書，頁 170ab。元照閱讀《天臺十疑論》時正患病之後，見註 5。

❹　元照平日常說「生弘毗尼，死歸安養。」其徒孫拙菴戒度之追述，可以為證。見戒度〈《觀無量壽經扶新論》并序〉，在《卍續藏經》冊 33（臺北：新文豐出版社），頁 1a。戒度之《觀無量壽經扶新論》以下簡稱《扶新論》。

撰，各尚所宗，後進披尋，莫知攸往。由是參詳名理，讎挍
古今，撮取優長，芟除繁瑣，述而不作。⓯

可見，他是經過一番博覽約取、認真校讀與綜合的工夫而完成《新
疏》的。所以，他雖然表示他尊重古人，「何敢侮於前修？」而且
只是「述而不作」而已，但畢竟也做了一番刪削、潤飾、與創發的
工作。註《觀經》的態度如此，那麼註《阿彌陀經》呢？根據他自
己的說法，是這樣的：

〔《阿彌陀經》〕著述雖多，鮮窮於要旨，盡毫端而申釋，
敢效前修，舒舌相以讚揚，誓同諸佛。⓰

這話明顯地表示，他對前人之《阿彌陀經》註疏不甚滿意，而有另
創新註，超邁前人之意。可見註此經的心情與態度，至少表面上與
註《觀經》略有不同，已不再是「撮取優長」、「述而不作」，而
是有意擺脫前人窠臼，而獨倡一家之言了。不過，他於當時針對彌
陀淨土信仰的各種批評，深不以為然，認為評者「識昏障厚，信寡
疑多，貶淨業為權乘，嗤誦持為齷行。」⓱故在《阿彌陀經義疏》
及《觀無量壽經義疏》中屢屢表達他的不滿，其藉註經而護教的念

⓯　見《觀無量壽佛經義疏》序，在《大正藏》冊 37（臺北：新文豐出版社），
　　頁 279a。
⓰　見《佛說阿彌陀經義疏》序，在《大正藏》冊 37（臺北：新文豐出版社），
　　頁 356b。
⓱　同上。

頭，是前後一致的。⓲

　　值得令人玩味的是，當時或稍後的天臺義學者，對這本旨在創立新解的《阿彌陀經義疏》似乎沒甚麼異議，反而對原意在彙集眾說、「述而不作」的《觀經新疏》嘖有怨言。這或許是因為《觀經》牽涉的問題較為複雜，而義學者也看得出《新疏》在取材上有所偏袒，在義解上所表現的亦述亦作的傾向，與元照的謙辭大相逕庭之故。

　　不過，天臺義學者深所詬病的應是《新疏》作者元照的身份與立場。譬如，南宋嘉熙初（1237），宋僧宗鑑在《釋門正統》中推崇道因，就以鄙夷的口吻說元照：

　　〔草菴〕宣和中著《輔正解》，闢律宗妄自解經，誤斥天臺，往復難書，達於府治，論辯超勝。著《關政（按：應作「正」）論》，明神（按：應作「禪」）宗槌提經論之弊。⓳

這裏所謂的「律宗妄自解經」自然指代表律宗的元照律師了。宗鑑之語除了控訴元照「妄自解經」之外，還說他「誤斥天臺」，視他為外道；同時又誇獎道因斥元照之勤，讚揚他批評元照之辭「論辯超勝」。宗鑑這種批評，是因襲他人成說，抑個人之認知，令人懷疑。因為宗鑑自己曾說，他作《釋門正統》時，頗取材於吳克己

⓲　按：元照先作《觀經新疏》，後作《阿彌陀精義疏》。

⓳　見今本《釋門正統》，在《卍續藏經》冊 130（臺北：新文豐出版社），頁853a。

（1140-1214）之《釋門正統》原書。在描述吳克己之著作時，他也
說「今茲所集，資彼爲多。宗鑑不沒其實，於其高議，必標『鎧菴
曰』字以冠之。」。❷所以他對元照之貶斥，很可能也受到吳克己
原作議論的影響。因爲吳克己曾說：

> 〔元照〕律師以英才偉器受神悟弘四分之記，斯可矣！而乃
> 別爲《觀經》述《新疏》。抗分事理，專接鈍機，廢棄格言，
> 唯任臆說，此草菴《輔正〔解〕》不得已而條攻之也。❷

吳克己這種控訴元照「別爲《觀經》述《新疏》」而「廢棄格言，
唯任臆說」的看法，當爲宗鑑「律宗妄自解經」之張本。而這種
「認知」，也就爲南宋天臺山家系的後輩所共有。無怪時間稍晚於
宗鑑的天臺史家志磐（fl. 1269），就在《佛祖統紀》描述草菴道因
之時，藉機貶斥元照如下：

> 〔鎧菴曰：道因〕師道貌嚴毅，辭辯如瀉，有嬰其鋒者謂登
> 龍門。嘗著《關正論》以正禪人之弊。……居湖南日，述
> 《輔正解》以斥律人妄解《觀經》之失。❷

志磐所說的「律人」，自然是元照。他這段話藉揄揚道因之機會，

---

❷　同前書，頁 893a。參見陳垣，《中國佛教史籍概論》（臺北：新文豐出版
　　社，1984 再版），頁 123。

❷　見《佛祖統紀》，在《大正藏》冊 49（臺北：新文豐出版社），頁 297c。

❷　見《佛祖統紀》，頁 243b。

很主觀的裁定律教之徒不應越俎代庖，「妄解」《觀經》，與吳克己、宗鑑等聲氣相應，至為明顯。事實上，志磐在描述元照時，特別徵引鎧菴吳克己之評論，為其說張目，見於上引「鎧菴曰」之語。他既引用吳克己肯定草菴著《輔正解》「條攻」《觀經《新疏》》一事，來表達他對元照之不滿，顯然是同意吳克己對元照之批評，認為元照作《觀經新疏》確實是「抗分事理，專接鈍機，廢棄格言，唯任臆說。」而草菴道因著書撻伐之，實為勢所必然之事。這種看法，與宗鑑聲援道因之理由如出一轍。

吳克己、宗鑑、志磐等人同屬天臺「山家」門下，而在《觀經》的理解與詮釋上，大致上都恪遵天臺智顗、四明知禮之教，都異口同聲支持道因的《輔正解》，而表現出貶斥元照《觀經新疏》的「共識」。這種共識促成他們認為律人不應「妄解」《觀經》之濃厚門戶主義，也為他們招來了反對的聲浪。

天臺義學這種「不許他人點燈」的言論，引發公開爭議是可以預期的。不過反對之聲浪，當以來自元照的門下為最多。❷❸譬如元照的弟子戒度，就在他的《扶新論》中大作不平之鳴，而對天臺有如下之反彈：

問：自古弘演，各有司存，靈芝專攻律部，那得撰疏通經？豈非尸祝越樽俎而代庖人耶？答：觀子之問，無乃蓬心曲見

---

❷❸　望月信亨在其《中國淨土教理史》也說戒度以後之宗宴著《瓊林記》、道心著《正擇記》都是闡釋元照《新疏》之作，而二人應都是元照之徒孫。見前引印海譯（1987），頁262。

乎！且三藏聖教天下共之，何分彼此？所以西來梵僧此土高
德或稱三藏，或號三學，豈是單輪翼者哉？天臺專弘經，經
論非不談戒律，如《止觀具緣持戒清淨梵網戒疏》是也。南
山獨權戒律，非不通經論，奉詔翻譯、作三經序、講《楞嚴
經》，撰《法華事苑》是也。雖傳持各有所主，而學解不可
專門。至如古之劉虬、李長者，今之荊公、張天覺，彼乃儒
士尚解佛書，安有釋子不可通經？❷

戒度的觀點是很明顯的，他用《理惑論》以來以教義問答方式
（catechism）為信仰辯護的傳統，明白指出天臺學者「弘經不談戒
律，持律不應解經」一觀念的狹隘，而反對經疏之作應由天臺義學
所獨專之看法。他似乎認為：天臺義學者一旦持有「律人不應撰
疏」的偏見，就認定元照的淨土釋義違背天臺宗的傳統觀點，而他
的《觀經新疏》就根本不能與《天臺觀經疏》相提並論；道因等人
對元照的批評就是這種認知的體現。戒度委曲反辯，以「蓬心曲
見」來形容道因一派義學者的狹隘心態及門戶主義之見解，可說是
表達了當時支持元照《新疏》一派淨土學者之心聲。

三、草菴道因與《輔正解》

欲進一步了解草菴道因以來的門戶之見，自然應查考道因之生
平及其《輔正解》對《新疏》的批判。不過有關道因之記載甚缺，

---

❷　見《扶新論》頁 23ab。

我們只能依靠有限的資料，試圖將他生平繪出一個大約的輪廓。依
《釋門正統》的說法，道因是天臺明智中立（1046-1114）的弟子，
算是四明知禮之再傳法孫。他在明智中立門下，除了隨中立修習
「天臺心觀」之外，還「遍歷教庠，讀《指要鈔》，深有悟入。」
❷所謂《指要鈔》，即是明智之師祖四明知禮的《十不二門指要
鈔》。知禮之作此書，意在捍衛天臺一家宗義，以「別理隨緣」之
論，鼓吹「性具」之說，以貶低華嚴「性起」一說之價值。❷由於
對「別理隨緣」的解釋與應用及「妄心觀」之闡發，招致他系天臺
徒眾的質疑，導致山家與山外二派來往論爭，是天臺教史上的一件
大事。❷道因既於《指要鈔》深有悟入，顯然是知禮「別理隨緣」
說及「妄心觀」的信徒。《釋門正統》還說他「遍窺禪室」，對禪
學有相當的修養。有號「鄰三學」之某禪師，❷曾說他：「道行已
成，玄旨高妙，參徹宗匠，深明禪學，達其利病，名播一時。」❷
這種對禪學的深悟，當是他抨擊禪宗「槌提經論之弊」而著《闢正
論》之資了。

　　道因除了上述著作外，還著有《草菴錄》十卷行世，惜現已不

---

❷　同前書，頁 852b。

❷　見《中國佛教》（上海：知識出版社，1982），〈知禮〉一章，頁 240-242。

❷　此處所指之他系爲慈光悟恩（太宗雍熙時人）一系，即慈光悟恩——奉先源清
　　——梵天慶昭、孤山智圓等三代師徒。此派天臺義學者對淨土觀境眞妄之看法
　　與知禮意見相左，而發生筆戰，被視爲「山外」派。關於知禮之強調「妄心
　　觀」，見釋慧嶽《知禮》（臺北：東大圖書公司，1995），頁 61-71。

❷　按：「鄰三學」似非本名，究係哪位禪師之號，筆者尚未查考出。

❷　《釋門正統》，在《卍續藏經》冊 130（臺北：新文豐出版社），頁 852b-
　　853a。

存。留傳下來的一些零星雜著，可見於宗曉編的《樂邦文類》一書，計有〈淨土餘說〉、〈慶懺禮佛會疏〉、〈念佛心要頌〉等。❸此外宗曉在《四名尊者教行錄》收了〈草庵錄記日本國師問事〉、〈草庵錄記天童四明往復書〉、〈草庵教苑遺事紀往復書中事〉、〈草庵教苑遺事紀法智講貫〉、〈草庵紀通法師舍利事〉等，都是道因之作。❸他在〈淨土餘說〉一文中，指出諸經論所描繪的法界與往生，有若干殊異而讓人覺得相牴牾之處，可用「三身四土」的道理來說明。而諸經未明言「三身四土」，是爲了讓欲行淨業者「專注一境」之故。他認爲四明知禮對這些問題的解釋最詳，並舉了一個例子說明知禮在此問題上的貢獻：❸

　　〔知禮〕嘗解「五濁輕重同居淨穢」曰：「此淨甚〔是〕
　　通，須知別意。如四教初心及戒善者，皆能五濁輕薄，感同
　　居淨。今圓觀輕濁，依正最淨。比於餘經，修眾善行，其相
　　天〔大〕殊。」❸

按知禮於眞宗朝講天臺教法，與當時不少天臺法師辯論天臺觀心之旨，名盛一時。他從大中祥符二年（1009）開始，建念佛戒會，大

---

❸　諸文見《樂邦文類》，頁 209b，213c，220bc。按：「庵」與「菴」同，宗曉所說之草庵，依其文而看，應爲草菴道因無疑。

❸　諸文見《四名尊者教行錄》，《大正藏》冊 46，頁 889c-890a，897a，903b，916c，930c。

❸　按：《樂邦文類》原文所說「唯四明深達之」之四明，指的即是四明知禮。

❸　《樂邦文類》，頁 209b。

事提倡淨土。並於大中祥符七年（1014）作《觀經融心解》，「明一心三觀顯四淨土之旨。」❸❹又著有《觀無量壽佛經疏妙宗鈔》，發揮智顗《天臺觀經疏》的「修心妙觀」之說，及以「心觀爲宗」的淨土法門。❸❺道因所舉之例，是針對知禮在解釋《天臺觀經疏》的「今此經宗以心觀淨則佛土淨，爲經宗致」一句而發。❸❻因知禮在解釋此句時，先說：

> 大乘之法，其要在心，心具易知，色具難解。故《止觀》云：「因通易識，果隔難知。故觀自觀他，皆修心觀。今觀淨土，須求於心，心能具故，心能造故，心垢土垢，心淨土淨。」❸❼

這是用智顗的《摩訶止觀》所說的觀心法來解釋他在《天臺觀經疏》的心觀說。不過他說《摩訶止觀》的說法只是一種「通示」，更具體地說，智顗所謂「心觀淨」應是「一心頓修三觀，」而依此

---

❸❹　見《佛祖統紀》，頁 193a。按原文謂「七年，撰《融心解》」。據四明知禮〈付門人矩法師疏〉的「答《觀經融心解》第九問」（《大正藏》冊 46），可知係《觀經融心解》。現收於《四明尊者教行錄》，及《續藏經》冊 32。前引釋慧嶽《知禮》一書說《觀經融心解》之內容是「闡述十六觀法，攝一心而皈向淨土的實踐法，顯揚妙觀就是經典的根本義，亦是上根者的正行，能依經典的妙助而得實踐行爲旨趣。」

❸❺　按日人福島光哉在《宋代天臺淨土教の研究》（京都：文榮堂書店，1995），特別強調知禮用天臺止觀的看法來談《觀經》之十六觀。

❸❻　見《觀無量壽經疏》，《大正藏》冊 37，頁 188b。

❸❼　見《觀無量壽佛經疏妙宗鈔》，《大正藏》冊 37，頁 210b。

觀法「觀於安養依正，畢竟清淨，」才能令「四佛土淨。」❸❽知禮
接著說明《天臺觀經疏》下文所說的「四種淨土」及「五濁輕重」
的關係如下：

> 「四種」下，約土廣明三：初列四土，二「各有」下，立淨
> 穢，隨文釋義，教觀具沈，用義解文，解行可發。……今消
> 此文四土淨穢，須準此觀為四淨因，若依諸文，逐其四土，
> 各論土因，何能通貫前後之文？焉令聞者證無生忍？初「五
> 濁輕為[重]同居淨」者，此淨甚[是]通，須知別意。如戒善
> 者，四教凡位，皆悉能令五濁輕薄，感同居淨。而圓觀輕
> 濁，感同居淨，依正最淨。如此經說地觀，已去一一相狀，
> 比於餘經修眾善行，感安養土，其相天[大]殊。❸❾

他為了使前後之文貫通，未詳述智顗所講的四土及各土之淨穢情
況，而直接跳至「五濁輕重同居淨穢」一句，而且僅發揮「同居
淨」之義，而不言穢，故說「今消此文四土淨穢，須準此觀為四淨
因」。吾人若未讀《天臺觀經疏》原文，對知禮此處所說，及道因
前文之所讚，實難知其究竟。今考《天臺觀經疏》，知「四種」以
下原文如此：

> 四種淨土謂：凡聖同居土、方便有餘土、實報無障礙土、常

---

❸❽　同上。
❸❾　同上。

寂光土。各有淨穢。五濁輕重同居淨穢，體析拙巧有餘淨穢，次第頓入實報淨穢，分證究竟寂光淨穢……。❹

可見《天臺觀經疏》明說四種淨土，各有淨穢，而知禮確是依《觀經》只言淨而不言穢的精神，解說「五濁輕重同居淨」之義，強調此「同居淨」有通、別二義，而無論「五濁輕薄」或「圓觀輕濁」之人，皆能感同居淨土。知禮這種見解，道因似認為是本於天臺心觀而成，而以觀心來解釋《觀經》的十六觀，如下文所論，基本上是與元照的見解相對立的。

　道因自己對《觀經》的解釋，自然是沿襲知禮的。他的詮釋《觀經》之作，最重要的是《輔正解》。此書之原名應是《觀經輔正解》，是他在北宋徽宗宣和中（1119-1124）針對元照《新疏》所作，❹刊印之後，曾在四明流傳了一段時間。南宋孝宗淳熙（1174-1189）初，雲菴法義（生卒年不可考）游學四明時曾見其書。❹大約同時，拙菴（或足菴）戒度亦見其書。戒度在四明龍山修淨業，是靈芝元照的弟子。他對《輔正解》著作之緣由及內容都有反感，尤其不能接受它對元照《觀經新疏》質疑知禮「約心觀佛說」之全然否定，遂於淳熙五年（1178）作《觀經扶新論》以駁斥其說。❹不過戒度也說，其書在淳熙時，傳本已不多，而且「瀕臨湮沒」。他自

---

❹　《觀無量壽經疏》，頁188b。

❹　按時間推算，此時道因約30歲至35歲。

❹　見《扶新論》書後之雲菴題詞，是雲菴於淳熙六年（1179），重刻戒度之書時所撰。

❹　見《扶新論》作者序，序文所作時間在淳熙五年（1178）年春。

己也是因「故人見訪，偶得其文。」❹戒度之說，是否可信，已不可考。事實上，戒度曾於紹興中在杭州西湖與道因會晤，並曾向他請益，詢問他有關《輔正解》「對破」元照《新疏》並質疑《新疏》不甚恰當之處。❹可見戒度早於紹興年間即已讀過《輔正解》。也幸而是因爲他在《扶新論》中條舉《輔正解》攻《新疏》之文，而保留了《輔正解》原書之若干篇幅。❹故原書之全文，今雖已不傳，❹我們仍得窺其大概。雖然這些遺文佔原文比例之多少無從得知，但觀其批判元照的《新疏》之詞，確實表現吳克己所說的批判態度，而其文辭之嚴苛，也充分表達其嚴守天臺門戶之立場與旨趣。進一步就《扶新論》的引文，及吳克己所謂草菴作《輔正解》條攻元照義疏一語來看，《輔正解》的體例與四明知禮的《觀心二百問》應爲類似，都是先摘錄原文之可疑段落，然後依次逐段批評，是一種「先標疑目，後佈難詞」的辯論寫法。事實上，《輔正解》之作既是爲了打擊元照的《觀經新疏》，就自然會批判它違背《天臺觀經疏》及《觀無量壽佛經疏妙宗鈔》所建立的《觀經》詮釋傳統，重申智顗、知禮一系天臺淨土觀之超越性。他的「難詞」務求尖銳，是不難想見的。

---

❹　同上。戒度說其書「彌歷年所，殆至湮沒，」而「適以故人見訪，偶得其文。」

❹　《扶新論》，頁 17b。按：戒度用「對破」一詞指《輔正解》對元照疏之批評。關於戒度遇道因之詳情，容下文詳述。

❹　按原書有一卷，戒度既要條攻其書，當引用全書之大部分。

❹　見《佛書解說大辭典》，〈觀無量壽經輔正解〉條，頁197。

四、《輔正解》之「疑目」與
元照《新疏》之原文

　　根據戒度的《扶新論》，《輔正解》條攻元照疏，有「疑目」
共二十三條，每條「疑目」之後，即是道因質疑反駁之論，也就是
上文所說的「難詞」。在《扶新論》裡，所錄元照疏文而成之「疑
目」都以「《新疏》云」三字起首，而道因所作之「難詞」，則冠
以「輔正曰」三字，故條目分明，不僅道因引述元照疏文之出處，
一目了然，戒度辯解之文也明白可辨。經查對原文，發現「《新
疏》云」各條，大多就原文各段，約其文義而述其大意，部份則直
接摘錄原文。而「輔正曰」各條，則有直接抄錄道因原文之處，亦
有選擇性摘錄原文之處，可以從文中常用之「云云」看出。另外，
《扶新論》序文後之第一條「輔正曰」，無「疑目」在其前，而依
其內容看，應是出自《輔正解》之序文。或是原文直錄，或是略述
大意，都有可能。最重要的是，它指出《輔正解》所作之由如下：

　　　《輔正》曰：「以由《新疏》不受時教，爲弊至甚，故先解
　　　之。」❽

所謂「《新疏》不受時教」云云，就是《新疏》未能依主流的天臺
教法去解釋淨土觀門之義，是唯天臺獨尊的一種思維表現，其出於
「宗門意識」的著書心態不待言而明。戒度對道因這種門戶主義充

---

❽　《扶新論》，《卍續藏經》冊33，頁1b。

滿反感，也就毫不容情地著書辯駁。爲便於探討他的辯駁之詞，容在本節將「疑目」之文按其順序列出，與原文並列，依次標號，以見道因呈現元照《新疏》之方式和他批判《新疏》之角度與立場。凡「疑目」中未依原文照錄之處，或將原文省略及刪改處，及其他與原文有異處，皆以粗體字及底線表示之。

《輔正解》所錄元照《觀經新疏》之「疑目」 (附元照《新疏》原文)

順序	「疑目」之文 (以《新疏》云 起首)	元照原文
1	諸師各尚宗風，後學莫知攸往，今摭取優長，芟除繁瑣。隋朝遠法師、天臺智者皆有章疏，善導亦有〈玄義〉，故今所釋，擇善從之。❹	諸師**著撰**各尚**所宗**，後**進披尋**，莫知攸往。**由是參詳名理**，酬挍古今，摭取優長，芟除繁瑣。❺……隋朝**慧遠**法師，天臺智者大師皆有章疏，**唐善導和尚**亦立〈玄義〉，**並行於世，而各尚宗風，互行廢立**。故今所釋，擇善從之。❺
2	極樂淨土純一大乘，眾生生者莫不皆發無上道心，到彼皆得不退，是知二土立教，純雜不同，則淨土諸經，不勞揀判。《天臺》云：「此是大乘方等教攝，二藏明義菩薩收收漸、頓悟入，此即頓教」云云。❺	極樂淨土純一大乘**清淨良伴**，眾生生**者雖分九品**，莫不皆發無上道心，到彼**進功**皆得不退**菩提果**。**故《往生論》云：「二乘種不生，雖有聲聞弟子，皆是先發大心，暫履權乘，不住小果。」是知二土立教，純雜不同，則淨土諸經，不勞簡判。《天臺疏》判教相中祇云：「此是大乘方等教**

---

❹　同前書，頁 2a。

❺　《觀無量壽經疏》，頁 279a。

❺　《觀無量壽經疏》，頁 285c。按此數句爲卷上「義門」部份之結語。

❺　《扶新論》，頁 2b。

		攝。」二藏明義菩薩**藏**收漸、頓悟入，此即頓教。⓹⓷
3	了彼淨土即我自心，非他法也。達彼彌陀即我自性，非他物也。乃至云淨穢身土眾悉是眾生自心，只由心體虛融，故使往來無礙，只由心體包遍，故令取捨無妨。⓹⓸	言了義者，了彼淨土即我自心，非他方也。達彼彌陀即我自性，非他佛也。……淨穢身土悉是眾生自心，只由心體虛融，故使往來無礙，只由心體包遍，遂令取捨無妨。⓹⓹
4	《天臺疏》云：「此經以心觀爲宗」，此則就能觀爲言。遠師、善導等並以觀佛三昧爲宗，此則通就能、所而立。⓹⓺	《天臺疏》云：「此經以心觀爲宗」，此則單就能觀爲言也。遠師、善導並云諸經所辨宗趣各異，此經以觀佛三昧爲宗，此則通就能、所而立也。⓹⓻
5	**以觀佛三昧爲宗，及引經論成證，又明事理**云：「理是虛寂之強名，事乃施爲之**別**目，利根達理一切唯心，鈍根不達，專依事行」。⓹⓼	二、明理事。理是虛寂之強名，事乃施爲之總目。……又準南山理事二懺須分兩根，利根達理，則一切唯心；鈍根未達，則專依事行。⓹⓽
6	準知觀佛功德難量，**乃是**卻惡之前陣，入道之初門。⓺⓪	準知觀佛功德難思，**良由攝虛妄心冥眞實境，假彼福慧，濟我貧窮，藉彼慈悲，拯我沈溺**，是卻惡之前陳[陣]，**爲**入道之初門。⓺⓵
7	嘗考經文，但出所觀之境，不分事理	嘗考經文，但出所觀之境，不分**理事**

⓹⓷　《觀無量壽經疏》，頁 280a。

⓹⓸　《扶新論》，頁 4a。

⓹⓹　《觀無量壽經疏》，頁 280ab。

⓹⓺　《扶新論》，頁 4b。

⓹⓻　《觀無量壽經疏》，頁 280b。

⓹⓼　《扶新論》，頁 5a。

⓹⓽　《觀無量壽經疏》，頁 280c。

⓺⓪　《扶新論》，頁 6a。

⓺⓵　《觀無量壽經疏》，頁 280c。按此段文字在上一段之前。

	之殊，得非能觀之人根有利鈍而趣入乎？❻❷	之殊，得非能觀之人根有利鈍，<u>見有通塞，任其分量，皆可趣入乎</u>？❻❸
8	是知世出世法莫非妙理。如《法華》云：「觀一切法空如實相」又云：「一切諸法皆無所有」；《金剛般若》云：「一切有爲法，如夢幻泡影」；《普賢觀》云：「一切諸法即是佛法」；《淨名》云：「一切諸法即菩提相」；《華嚴》云：「一切法無生無滅」又云：「了知一切法自性無所有」等，若離諸法而談妙理，即墮偏邪。❻❹	是知世出世間<u>所有</u>法，<u>出處語默</u>莫非妙理。<u>非唯此觀，一代大乘所立觀法，莫不皆爾</u>。《法華》云：「觀一切法空如實相，<u>不顛倒</u>」等；又云：「一切諸法皆無所有，<u>嘗住亦無起滅</u>」；《普賢觀》云：「一切諸法即是佛法」；《淨名》云：「一切諸法即菩提相」；《華嚴》云：「一切法無生，<u>一切法無滅</u>」又云：「了知一切法自性無所有，<u>如是解法性，即見盧舍那</u>」；《金剛般若》云：「一切有爲法，如夢幻泡影」等，<u>如是等文遍在大藏，不復盡舉</u>。若離諸法而談妙理，即墮偏邪，<u>去道甚全遠</u>。❻❺
9	一代時教所明觀法略爲五例：一、總觀諸法，如經云：「觀一切法空」；二、別觀自心，如止觀、還源等；三者，或但觀色，如經云：「觀身實相，觀佛亦然」等；四、兼觀色心，如照見五蘊皆空等；五、觀勝境，即如諸經觀佛、菩薩等。❻❻	一代時教所明觀法略爲五例：一、總觀諸法，如經「觀一切法空」等；二、別觀自心，如止觀、還源<u>觀、法界觀、淨心觀</u>等；三、或但觀色，經云：「觀身實相，觀佛亦然<u>及不淨白骨</u>」等；四、兼觀色心，經云：「照見五蘊空，<u>十二入、十八界數息</u>等」；五、<u>對</u>觀勝境，即如諸經觀佛、菩薩等。❻❼

❻❷　《扶新論》，頁 6b。

❻❸　《觀無量壽經疏》，頁 281a。

❻❹　《扶新論》，頁 7a。

❻❺　《觀無量壽經疏》，頁 281ab。按：原文引《金剛經》於他經之後。

❻❻　《扶新論》，頁 7b。

❻❼　《觀無量壽經疏》，頁 281b。

10	問：今十六觀可名觀心否？答：若乃達境唯心，則彌陀身土孰非心乎？但恐反求本陰，局認點靈，則盡屬他經，非今正觀也。❻	問：今十六觀可名觀心否？答：若乃達境唯心，則<u>彼</u>彌陀身土孰非心乎？但恐反求本陰，局認點靈，則盡屬他經，非今正觀<u>矣</u>。❻
11	一者，自心三昧佛，二者，西方從因感果佛。諸經觀心則觀自心所見佛，今經正觀西方從因感果佛等云云。❼	<u>古德有言觀佛有二</u>：一者，自心三昧所見佛，二者，西方從因感果佛。諸經觀心則觀自心所見佛也，今十六觀正觀西方從因感果佛等。❼
12	一者，法性土，二者，應化土。於應化中分三，<u>謂實報土、方便土、同居土</u>。又云：<u>空生大覺中即法性土，有漏微塵國即應化土</u>。❼	一者，法性土，……二、應化土。……<u>應諸菩薩則有實報土</u>，……<u>應諸二乘則有方便土</u>，……<u>應諸凡聖則有同居土</u>。……<u>《首楞嚴》</u>云：「空生大覺中，<u>如海一漚發，有漏微塵國，皆因空所生</u>。」大覺即法性土也，微塵國即應化土也。❼
13	韋提請云：「教我思惟，教我正受。」古疏以三福答思惟，十六觀答正受。善導云：「諸師將三福合思惟，十六觀合正受。」今謂不然。《華嚴》云說：「思惟正受是三昧異名，」即知思惟正受只是請觀。❼	韋提請云：「<u>唯願世尊</u>教我思惟，教我正受。」古疏以三福答思惟，十六觀答正受。善導<u>《玄義》</u>云：「諸師將三福合思惟，十六觀合正受。」今謂不然。《華嚴》說：「思惟正受<u>但</u>是三昧異名，」<u>韋提前請但云教我觀於清淨業處</u>，即知思惟正受只是請觀。❼

---

❻　《扶新論》，頁 8a。
❻　《觀無量壽經疏》，頁 281c。
❼　《扶新論》，頁 8b。
❼　《觀無量壽經疏》，頁 281c。
❼　《扶新論》，頁 9a。
❼　《觀無量壽經疏》，頁 282bc。
❼　《扶新論》，頁 10a。
❼　《觀無量壽經疏》，頁 283a。

14	淨土之行無魔能惱，具列諸師無之說。此土入道則有則有於魔，淨土諸經並不言魔，即知此法無魔明矣！ ⓐ	凡夫修道內心不正，必遭魔擾，若心眞實，魔無能爲。……今觀彌陀果眞實境界，故無魔事。……淨土諸經並不言魔，即知此法無魔明矣！ ⓑ
15	有人云：「心若清淨即是自性西方，何必求生他方淨土？」今謂非無此理，斯乃教中法性理土，而非今經所明淨土。然具縛凡夫未登忍地，假令頓悟自心，孰能恒守清淨？法雖高妙，不攝群機，但有虛言，何由造入？ ⓒ	有人云：「心若清淨即是自性西方，何必求生他方淨土？」今謂非無此理，斯乃教中法性理土，而非今經所明淨土。然具縛凡夫未登忍地，假令頓悟自心，孰能恒守清淨？法雖高妙，不攝群機，但有虛言，何由造入？ ⓓ
16	陳徐陵云：「願即還人中不高下處托生」等。彼乃儒流，不在言責。禪講宗師率多此見，皆言後世不失男子，出家學道。嘗試語曰：「汝今已得男子，出家只合更求出離，何乃復求男	[此猶]陳徐陵願云：「願即還人中不高下處託生」等。彼乃儒流，不在言責。禪講宗師率多此見，皆言後世不失男子，出家學道。嘗試語曰：「汝今已得男子，出家只合便[更]求出

ⓐ 《扶新論》，頁 11a。

ⓑ 《觀無量壽經疏》，頁 283c。

ⓒ 《扶新論》，頁 12a。

ⓓ 《觀無量壽經疏》，頁 284b。按「疑目」之文與此全同，屬原文直錄。

ⓔ 《扶新論》，頁 13a。按：徐陵曾任陳左僕射，《陳書》（北京：中華書局點校本），頁 325 謂：「少而信奉釋教，經論多所精解。後主在東宮，令陵講大品經，義學名僧，自遠雲集，每講筵商較，四座莫能與抗。」《佛祖統紀》說他曾爲智顗創寺請於朝，見頁 253a。其事與所謂之「徐陵五願」見於《國清百錄》，（《大正藏》冊 46），頁 801ab。其五願爲：一、臨終正念成就；二、願不更地獄三途；三、願即還人中不高不下處託生；四、願童眞出家如法奉戒；五、願不墮流俗之僧。按：徐陵書此五願上智者，成了一代佳話。但既云願臨終正念成就，即是往西方極樂安養之國，又說還人中不高不下處託生，豈不矛盾？

		進乎？」⑧
17	《天臺疏》云：「舉正報以收依報，述化主以包徒眾，觀雖十六，言佛便周。」此約以要包攝前後釋也。遠師疏云：「此經以觀佛爲主，故偏言之。」此據經宗諸觀相從釋也。今詳兩釋，後義尤長。⑧	《天臺疏》云：「舉正報以收依報，述化主以包徒眾，觀雖十六，言佛便周。」此約**舉**要包攝前後釋也。遠師疏云：「此經以觀佛爲主，故偏言之。」此據經宗諸觀相從釋也。今詳兩釋，後義最長。⑧
18	無量壽亦云無量光，即同居淨土。攝生教主。觀音補處，實有壽限，且據凡小莫數，故言無量。⑧	**梵云阿彌陀，此翻**無量壽，亦云無量光……即同居淨土。攝生教主。觀音補處，實有壽限，且據凡小莫數，故言無量。⑧
19	因修獲證得無生忍，位當初住。⑧	因修獲證，**見彼國土極妙樂事，心歡喜故，應時即**得無生忍，位當初住。⑧
20	乖前境量名爲他觀，不正曰邪。雖是佛教大小觀法，若非往生淨土之觀，並是偏邪。⑧	乖前境量名爲他觀，不正曰邪。雖是佛教大小觀法，若非往生淨土之觀，並是偏邪，**非同外道邪見之邪**。⑧
21	爲令識位有上、中、下，即是大本三品也。今謂大本三品皆曾發心，可對今經上三品耳。中、下二品，則非所	**又云**爲令識位有上、中、下，即是大本三品也。今謂大本三品皆**標發菩提**心，可對今經上三品耳。中、下二

---

⑧ 《觀無量壽經疏》，頁 285a。按：道因「疑目」之文與此全同，顯係直錄原文。

⑧ 《扶新論》，頁 13b。

⑧ 《觀無量壽經疏》，頁 285c-286a。此段亦爲道因直錄成疑目。

⑧ 《扶新論》，頁 14a。

⑧ 《觀無量壽經疏》，頁 286a。

⑧ 《扶新論》，頁 14b。

⑧ 《觀無量壽經疏》，頁 291a。

⑧ 《扶新論》，頁 15a。

⑧ 《觀無量壽經疏》，頁 292c。

	對，況復行因與今全別，尋經方知。**⑩**	品，則非所對，況復行因與今全別，尋經**校之**方知**不爾**。**⑪**
22	問：「彼純一大乘，何有小乘、聲聞？」答：「此土聲聞則有二種，一者定性，謂沈空滯寂取滅度者。《往生論》云『二乘種不生』即此類也。二者不定性，謂中間回心以至開顯知常獲記，雖是聲聞，不住小果。淨土聲聞即是此類。」**⑫**	問：「彼**國**純一大乘，**清淨良伴**，何有小乘、聲聞**耶**？」答：「此土聲聞則有二種，一者定性，謂沈空滯寂取滅度者。《往生論》云『二乘種不生』即此類也。二不定性，謂中間迴向[心]，已經開顯知常獲記，雖是聲聞，不住小果。**法華真阿羅漢涅槃出家菩薩淨土聲聞即同此類**。」**⑬**
23	大本唯除五逆誹謗正法，今經逆得生者，今解若據彌陀願力，豈遮造惡之徒？方便赴機，言乖趣合，彼則顯樂邦殊妙，欲進善人；此明淨業功深，不遺極惡。**⑭**	問：「大本**云下至十念不生我國、不取正覺**唯除五逆誹謗正法，今經**五逆亦得**生者，今解若據彌陀願力，豈遮造**逆**之徒？方便赴機，言乖趣合，彼則顯樂邦殊妙，欲進善人；此明淨業功深，不遺**於**極惡。**⑮**

從上表可知，道因雖未必直錄《新疏》原文，但其引述《新疏》而製成的「疑目」，大致上還忠於原文。即使引述原文時稍有增減，亦多能保留原義，並未加以曲解。唯一的缺憾是，他摘錄原文之時，多斷章截句，雖文省而義存，但不免有掛漏之處，使文本之脈絡，因而模糊，易令人懷疑其用心。幸有「疑目」後之「難詞」可

---

⑩　《扶新論》，頁 15b。

⑪　《觀無量壽經疏》，頁 299bc。

⑫　《扶新論》，頁 16ab。

⑬　《觀無量壽經疏》，頁 301bc。

⑭　《扶新論》，頁 17b。

⑮　《觀無量壽經疏》，頁 304a。

覆按，又有《新疏》原文可檢索，問題就不是那麼嚴重。至於各條
「疑目」之出處，多來自元照《新疏》上卷之「義門」部份，也就
是論《觀經》「總意」的部份，少數來自標爲「經文別釋」的中、
下卷。⑯故基本上，道因對元照《新疏》的義理有意見，對經文之
訓釋，也就因義理之不同而持異議。事實上，這種異議的根本緣
由，即是道因認爲元照《觀經新疏》對淨土的詮釋，不但違背了智
顗《天臺疏》的精神，而且有奉善導以自重，尊善導疏爲淨土觀門
之正宗，以打擊《天臺疏》之意味。因此，他在「難詞」中嚴厲批
評《新疏》，對元照作各式各樣的指控。

五、《輔正解》之「難詞」對
元照《新疏》之批判

　　《輔正解》的最主要部份自然是道因批判元照《新疏》之處，
也即是它的「難詞」部份。由於「難詞」係針對「疑目」而發，而
「疑目」又是多本於元照《新疏》之「義門」及「經文別釋」部份
而成，故道因之批判有從「義門」著眼，也有從「經文別釋」上著
眼，前者影響後者，具體顯現道因的宗門意識。以下根據各條「難
詞」來剖析《輔正解》對《新疏》之批評。

　　一般來說，「疑目」的一至十六條，代表元照《新疏》的「義
門」部份，第十七至二十三條，代表《新疏》的經釋部份。道因

---

⑯　按：此表中之 1 至 16 條出自「義門」部份，而 17 至 23 條出自「經文別釋」
　　部份。

《輔正解》之批評雖以「義門」部份爲重，但兩部份息息相關，自須等量齊觀。依其思惟及論點來觀察，道因是從天臺教立場去質疑元照義疏所呈現的問題，這些問題大致可將歸納爲下列十三項。爲討論方便，下文以「難詞」來稱道因之批判，以「疑目」來指《新疏》之釋文。「難詞」與「疑目」條條相應，故「難詞」之第一條，即是針對「疑目」之第一條而發，其餘類推。

一、《新疏》缺乏對時教的認識與了解──「難詞」第一條首先指出本土大乘學者，因爲「不明時教」，而至「邪正無別」而「與婆毗迦羅成其伴侶。」「婆毗迦羅」似爲 Pāpakārin 之譯名，是作惡者（evildoers）代表。❾❼道因之意，似乎是說大乘義學者由於不明天臺時教，佛學修養不足，道德亦跟著沈淪，而與「婆毗迦羅」同屬一類了。這種指控是相當嚴重的，等於把元照完全視爲外道了。難怪他接著說《新疏》「欲滅裂吾教，值欲申經，以微言奧義謂之繁瑣」❾❽其怨怒之情，溢於言表。

道因當然知道元照曾是天臺門徒，但因元照對淨土的解釋與天臺宗師有異，道因對他的佛學就只有貶而無褒了。故「難詞」第四條說元照把《天臺疏》所講的「此經以心觀爲宗」❾❾一句說成係「單就能觀爲言」（見上表），是他「讀文不周」的結果。換句話說，道因認爲元照根本就誤解智顗之意：

---

❾❼　按：「婆毗迦羅」一詞，不見於重要佛學辭典，不詳爲據何梵名而譯，較接近之譯名「婆婆伽梨」（Pāpakārin），係太子名。見於《賢愚經》，譯爲作惡事者，似與道因之意合。

❾❽　以上引文皆見《扶新論》，頁 2a。

❾❾　按「此經以心觀爲宗」一句，見《天臺疏》，頁 186a。

下文既以修心觀妙爲宗，豈是單就能觀耶？蓋修心觀妙之
義，乃約是心作佛，佛於心顯，故曰修心。妙觀之言，豈非
三昧？故知修心妙觀與觀佛三昧安可以能、所、單、複揀
之？⑩

道因之意是：《天臺疏》言「此經以心觀爲宗」，語涉「能觀境」
及「所觀境」，元照云單就「能觀」爲言，自然是不解其深義。⑩
　　二、《新疏》多辭義籠統、缺乏明確性（precision）之處——道
因認爲《新疏》對《觀經》裡的若干重要觀念，未能明確地界定其
義，譬如「難詞」第五條即說《新疏》對「佛」及「觀」二字，定
義就不明確，使人不知其何所屬：

且如題中佛之一字，有法、報、應佛，生、法佛，勝、劣
佛。今經爲屬何佛？又觀之一字，有從假入空觀、從空入假
觀、中道第一觀，乃至占察、眞如、唯識等觀。題中觀字爲
屬何收[觀?]？⑩

而「難詞」第六條批評「以觀佛三昧爲宗」一語，認爲《觀經》既

___

⑩　《扶新論》，頁 4b-5a。
⑩　按知禮的《觀無量壽經妙宗鈔》在釋題時，即謂「觀者總舉能觀，即十六觀
　　也；無量壽佛者，舉所觀要，攝十五境也。」見《觀無量壽經妙宗鈔》
　　（《大正藏》冊 37），頁 195a。關於《天臺疏》在「能觀」與「所觀」的解
　　釋問題，見下文詳論。
⑩　《扶新論》，頁 2a。

說佛有三品,所謂「八尺、丈六、八萬相好也。」⑬那麼於三品佛之中「觀佛」應觀何品佛?同樣地,「三昧」一詞之所指也有不同,有「師子奮迅三昧,超越三昧,乃至地持九種三昧。」元照《新疏》只說「觀佛三昧」,究竟是「以何三昧,觀何佛身?」⑭

此外,「難詞」第二條也質問《新疏》的天臺菩薩藏攝、菩薩與頓教等詞,究竟何所指?

> 次引天臺菩薩攝,未知如何領會?且「頓」之義乃有多途云云,況菩薩之義亦有多種云云。備引俱舍婆沙論文云云,乃至云將何等心,用何等觀,破何等惑,入何等位云云。⑮

---

⑬　按《觀經》第十三觀有云:「若欲至心生西方者,先當觀於一丈六相在水池上。」此為「丈六」一說所本。又云:「阿彌陀佛神通如意,於十方國變現自在,或現大身滿盧空中,或現小身丈六、八尺。」此為「八尺」之所本。又第九觀有云:「無量壽佛有八萬四千相,一一相中,各有八萬四千好。」此是「八萬相好」一詞之所本。見《佛說觀無量壽佛經》(《大正藏》冊12),頁344bc、343b。

⑭　《扶新論》,頁 5b。按:「師子奮迅三昧」(*Simhavikridita-samādhi*) 語出《大智度論》。丁福保《佛學大辭典》謂「師子奮迅時,開張諸根,身毛皆豎,現威怒哮吼之相。佛入此三昧。則奮大悲法界之身,開大悲之根門,現應機之威,使外道二乘之小獸懾伏,故名為師子奮迅三昧。」「超越三昧」亦出《大智度論》,「凡禪定淺深次第為四禪四無色及滅盡定,出入皆以順此次第為法。例如散心之人,不能直入四無色定,必先入初禪定,順次而入第四禪,後入四無色之初定也。又出定不得直出,必逆次依此次第。是乃聲聞人之法也。然佛及深位之菩薩不必用此次第,得由散心直入滅盡定,得由滅盡定直出散心,謂之超越三昧。」「地持九種三昧」則不知何所指。

⑮　《扶新論》,頁 3a。按此處引文從「備引具舍」開始,似為私自所加於《新疏》者,《新疏》原文並無此語,故戒度辯駁時,指道因欺罔。詳見下文。

這是明說元照有關天臺菩薩及頓教之說，全無意義。

　　再如「疑目」第九條列有元照所謂一代時教所明觀法之五例，其中第一例爲「總觀諸法」。「難詞」乃質問「總觀諸法」之義爲何？到底是「觀一法」，或「觀諸法」，或「一、諸並觀」、或「觀諸爲一」？如是「觀一法」，那麼是觀色還是觀心？如是觀心，就與五例中之第二例「別觀自心」同義；如是觀色，就與第三例「或但觀色」同義。道因還說若「總觀諸法」之義確是諸法同觀，則由於「諸法無量，樊然淆亂。」觀者如何用心？是以他認爲這「總觀諸法」之說，全無指歸。❻

　　「難詞」第二十二條也指出「疑目」之文籠統之處，所謂「中間回心」及「開顯知常」之語，到底「中間」指何處，而「開顯」屬何經？若「開顯」指的是《法華經》，但《法華經》並未嘗有言生極樂土之事。《法華經》之〈藥王品〉縱有此言，也是針對「滅後聞法之人」而言，不是爲「開顯當機」之衆而說。❼

　　三、《新疏》多自我矛盾牴牾之處──道因對「疑目」第二條的「極樂淨土純是大乘，不勞揀（簡）判」一觀念認爲自相矛盾。因爲既云極樂淨土「純是大乘」已經是教判的結果，而說「不勞」，豈非矛盾？❽又如，「難詞」第八條說元照引諸經文欲說明「離諸法而談妙理及墮偏邪」，但道因認爲除了所引《普賢觀

❻　《扶新論》，頁8a。

❼　《扶新論》，頁16ab。按：《法華經》〈藥王菩薩本事品〉有云：「若有女人聞是經典，如說修行，於此命終，即往安樂世界，阿彌陀佛、大菩薩衆，圍繞住處，生蓮花中。」

❽　《扶新論》，頁2b-3a。

經》、《華嚴經》、《淨名經》等三經之經文,確實可支持其說外,其餘《法華》、《金剛》之經文,如「觀一切法空」、「一切諸法皆無所有」等,都是談「空」之觀念,如果說「一切諸法空無所有」方是妙理,與「不離諸法而談妙理」的觀念自相矛盾。⑩再如,「疑目」十八條說無量壽即是無量光,其土即是同居淨土,也是「攝生教主觀音補處,實有壽限。」道因懷疑此種淨土當爲「生死淨土」,而生於此土者仍須經歷生死輪迴,如觀音之爲「生死身」。既然如此,爲何元照又依《觀經》裡「韋提一聞證無生忍」之說,認定《觀經》是「圓頓上乘成佛之法」?道因譏此看法之矛盾,而以反諷之口吻說「豈有圓頓之機所生之土屬生死耶?」⑩

　　四、《新疏》解說淨土與外道、小乘同──「難詞」第三條說元照以「心體虛融」及「心體包遍」爲去來淨土之根本,與外道的「一切眾生於我心中自生自死」相去無幾,又與小乘所談「幻化之心遍於法界」難於分辨。道因認爲《觀經》固爲大乘了義,有「觀佛三昧,攝受往生」之說,但凡夫淺識,三昧未成,不能理會「心體虛融」及「心體包遍」之解,而容易墮入外道,將何以用其心以別邪正?⑪

　　五、元照的「理事觀」與「鈍根」、「利根」之說,觀念混淆──「難詞」第五條說元照的理事說及其與鈍根、利根之關聯,係源於《占察經》,但《占察經》之經文云:「利根應習真如實觀,

---

⑩　《扶新論》,頁 7a-8b。

⑩　《扶新論》,頁 15ab。

⑪　同上。

其鈍根者應當先習唯心識觀。」如依元照之說，眞如實觀應爲「理觀」，而唯心識觀當作「事觀」。但元照疏卻說利根達理，一切唯心，屬於「理觀」，似自相矛盾。換句話說，「疑目」第五條之「利根達理則一切唯心」之句，依道因之見，元照應將它歸於「事觀」，而不應歸於「理觀」。這種混淆，依道因之意，實是因元照「理事觀」之解，太過勉強之故。道因質問不迭，又於「難詞」第七條說元照的「理事觀」拿來解釋《觀經》「是心作佛，是心是佛」一句時，問題重重，根本就「自語相違」。⑫因爲元照說：

> 是心者即指行者觀佛之心，由觀佛相，相現心中。此心即具佛之相好。此據小身丈六爲言。其功若此。若觀八萬四千相好心具亦爾。教令觀佛其功若此。眾生依教修因感果，始於此心，故云是心作佛。恐謂修成佛從外得。只由此心當體是佛，故使建修無不果滿，故云是心是佛。⑬

道因此意是說，元照對「是心作佛，是心是佛」的解釋，就他的理事觀來看，到底是理觀，還是事觀？或二者皆非？如屬理觀或事觀，則與他自己所謂的「不分事理」的原意相矛盾。⑭若二者皆非，則「此心當體是佛」一語，似代表他所講的理觀，而「繫心事

---

⑫　按《觀經》此句，見於《佛說觀無量壽佛經》，頁 343a。

⑬　見《觀無量壽經疏》，頁 295c。

⑭　《扶新論》，頁 6b，引道因所謂之「不分事理，何觀所收」之句。此句所指即是「疑目」第七條「但出所觀之境，不分事理之殊。」

境」則似他所謂的「事觀」，都與他的理事觀不盡相符。⑪此外，道因追問《觀經》既有「是心作佛，是心是佛」之說，怎麼元照又有「今經正觀西方從因感果佛」一語？元照所說的「從因感果佛」與「是心作佛，是心是佛」之義，似相牴牾，豈不是違背佛語？元照簡直是「閉眼釋義」。⑯

六、元照《新疏》多譬喻失當——「難詞」第六條認為元照將觀佛的功德說成「卻惡之前陣，入道之初門」，頗不得體。如果元照本於《觀經》裡「韋提一聞即破無明得無生忍」的描述，⑰而將彌陀淨土說成「大乘了義中了義法」，又把它比喻成「卻惡之前陣，入道之初門」，那麼什麼才能算是「究竟法」呢？⑱

七、元照不應尊《觀經》而抑其他大乘經典，尊慧遠《觀經》疏而抑《天臺疏》——「難詞」第十條對元照所謂「反求本陰，局認點靈，則盡屬他經，非今正觀」認為有排他性，頗有問題。他舉《華嚴》、《楞嚴》之經句來駁斥元照說：

---

⑪　同上。

⑯　《扶新論》，頁 8b。

⑰　按：《觀經》有謂：「如來今者，教韋提希及未來一切眾生，觀於西方極樂世界，以佛力故，當得見彼清淨國土，如執明鏡，自見面像，見彼國土極樂妙事，心歡喜故，應時即得無生法忍。」其末又說「爾時世尊說是語時，韋提希與五百侍女聞佛所說，應時即見極樂世界廣長之相，得見佛身及二菩薩，心生歡喜，歎未曾有。豁然大悟，得無生忍。」見《佛說觀無量壽佛經》頁 341c，346ab。又「大乘了義中了義法」一句，見《觀無量壽經疏》頁 280a。

⑱　《扶新論》，頁 6a。

《華嚴》云：「游心法界如虛空。」又云：「一切世間莫不由心。」《楞嚴》云：「心遍十方。」又云：「妙明元心，心精遍圓，含裹十方。」此等經文豈是局認點靈耶？此經[按：《觀經》也]亦云：「是心作佛，是心[是]佛。」正與他經談心體遍，無二無別。何以優《觀經》而劣大藏？⑲

道因藉所舉的例子，證明其他經所談之心，與《新疏》所言相同，而其「觀心」自亦無別，當屬正觀，元照不應厚彼薄此，將它排除於正觀之外。他又認爲，《天臺疏》與「慧遠疏」相比，天臺疏較優，因爲它說的「舉正報以收依報，述化主以包徒眾，觀雖十六，言佛必周。」⑳在論理上，「顯立相從之義。」有勝於「慧遠疏」所云「此經以觀佛爲主，故偏言之。」不過，道因亦覺得二疏並觀，則「言偏意周，彼此具美。」若真要分其優劣，當然是《天臺疏》優於「慧遠疏」，元照不辨優劣，取捨可議。㉑

「難詞」第二十一條也批評元照未了解《天臺疏》所謂「爲令

---

⑲　《扶新論》，頁 7a。按：《續藏經》原文「是心作佛」以下之「是心佛」一語，似有缺字，此處以[是]補入。

⑳　《扶新論》，頁 13b。按：《天臺疏》有謂：「此經心觀爲主，實相爲體，所言佛說觀無量壽佛者，佛是所觀勝境，舉正報以收依果，述化主以收徒眾。觀雖十六，言佛必周，故云佛說觀無量壽佛。」見智顗《佛說觀無量壽佛經疏》序，《大正藏》冊 37，頁 186c。

㉑　《扶新論》，頁 13b。按：此處所謂「相從之義」當指「主從關係」而言。

識位有上中下,即是大本三品」之意,而妄加挑剔。⑫他說《天臺疏》以《觀經》之「九品往生」會同大本的「三輩往生」是「約彼此位次高下相同而會」,而不是「約發心行因之相」而會。⑫但《新疏》卻謂大本的三輩或三品,因都能標發菩提心,只可對《觀經》的上三品,而且往生人的「因行」與《觀經》的中、下二品全然不同,不能對其中、下二品。⑫

　　八、元照引用經文不應違背或擅改其文義——「難詞」第十二條對元照所區分的淨土類別,包括法性土、應化土等,視爲違背所引經文原義及改易所引經文。道因說元照解說「方便土」時,引《大智度論》「三界外有淨土,聲聞、辟支出生其中,受法性身,」但又把「方便土」視爲三種應化土之一(另二種爲「實報土」及「同居土」),而稱「微塵佛國」即是應化土。這種觀念,若繪製成簡單的圖表,即可看出應化土、方便土、及有漏微塵間的對等關係:

----

⑫　《扶新論》,頁 15b。按:《天臺疏》,頁 193b 有「爲令識位之上中下,即是大本中三品」之句,元照引述時改「之」爲「有」,而漏「大本中三品」之「中」,道因顯然直抄其《輔正解》中。

⑫　按:「大本」即《大阿彌陀佛經》,又稱《無量壽經》,爲「淨土三經」之一,經中有「三輩往生」之說。見《無量壽經》(《大正藏》冊 12),頁 337ab。《觀經》有「九品往生」之說,見於其十四、十五、十六觀。因上、中、下三品內,又各含上、中、下三品,故有「九品」,詳見《觀經》,頁 344c-346a。

⑫　按:拿大本之三輩或三品與《觀經》之九品之上三品相比較,元照之說似可以成立。

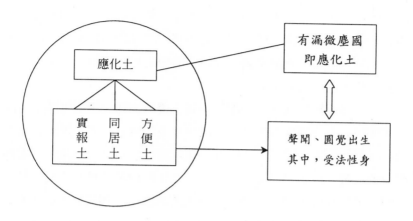

　　道因指出元照對「方便土」的解釋，等於是說受有法性身之人只能居微塵國，違背了他所引《大智度論》的說法。同時元照既明用《天臺疏》所說的四土之名，爲何不直用其義，而「但作法性、應化，二土明之，然後開出四土。」

　　這種做法，道因認爲是改易舊說。⑫

九、《新疏》引用善導之經釋以申其說未必合適──「難詞」第十三條指控元照引善導〈玄義〉來支持他的「思惟正受是韋提[希]請觀」說，而否定古疏以「三福」答「思惟」，十六觀答「正受」之解法。道因認爲佛以「三福」及「十六觀」答韋提「教我思惟，教我正受」之請，正是「關節相當，文無盈縮。」換句話說，按《觀經》之結構看，正是以「三福」對「思惟」，而以「十六觀」對「正受」。《新疏》雖從善導之說，而引《華嚴》所謂「思

⑫　《扶新論》，頁9a。

惟正受是三昧異名」來證明「教我思惟，教我正受」一句是在「請觀」，但《華嚴》之句代表譯者之用意，與《觀經》無關；且善導之釋，是對是錯，也無定論，元照不能據之以貶諸師「古疏」，或《天臺疏》之說。**⑫**

十、**《新疏》顯示元照聞見不足又違背佛語、謗瀆佛典**──關於「疑目」第十四條所謂「淨土諸經並不言魔」一節，道因認爲它顯示元照的「寡乎聞見」，而他的「無魔說」也違背佛語，因爲佛說淨土有魔，譬如《鼓音王經》即云：「阿彌陀佛應遍知父名月上輪聖王，爾時魔王名曰無勝。」與元照之說法大相逕庭。**⑫**又「疑目」第十五條云其他經典所說之淨土不同於《觀經》之西方淨土，又說諸經淨土之說「但有虛言，何由造入？法雖高妙，不攝群機。」道因認爲這是針對《法華經》而說，有謗瀆聖典之嫌。他質疑元照否認《法華經》所說的法性理土爲西方淨土，並指出其〈藥王品〉明明說：「聞是品者，命終即往安樂世界阿彌陀佛所。」而元照偏說西方非法性土。**⑫**他強調《法華》確有「生彌陀淨土」之說，其爲「大乘妙典，身土教行無不包攝」是毋庸置疑的。透過天臺妙觀能感四淨土，所以天臺之爲宗，「妙盡大乘攝」，而修天臺

---

⑫ 按：韋提希請世尊「教我思惟，教我正受」一句，見《佛說觀無量壽佛經》頁 341bc。元照之解見於《觀無量壽佛經義疏》，頁 283a。道因之批評，見《扶新論》，頁 10a。道因之辯，當然尊《天臺疏》爲言，詳見下文戒度之反駁。

⑫ 《扶新論》，頁 11ab。《鼓音王經》之語見《鼓音王經》（《大正藏》冊12），頁 352bc。

⑫ 《扶新論》，頁 12ab。《法華經》之語見註**⑩**。

妙觀，自可得「一切無非西方」之效。⑫

　　十一、元照不宜隨意諷刺禪、講宗師──「難詞」第十六條攻擊「禪講宗師率多此見」一語，以為元照有藉陳朝儒士徐陵（陳後主時人）還願之語，來斥責他宗，表現出藐視禪、講宗師之意。道因認為有些「深禪妙教」的禪、講宗師，是有德有言者，豈可與徐陵之類的儒士同日而語。

　　十二、《新疏》立說無依據、破立欠三思──「難詞」第十九條批判「因修獲證，得無生忍，位當初住」之說，並質疑「位當初住」一說法之來源。道因說經中忍位乃有五名，無生忍位排第四，非「初住位」。⑬此外，各佛經對「初住位」之定義不同，《華嚴經》立四十位，「住」位之前無任何名位，自然也無「初住位」之名，《瓔珞經》在「住」位前立十信位，也無可與「初住」等量之詞，可見《新疏》「當初住」一語並無依據。⑬道因尊天臺心觀，故對「疑目」二十條所說「佛教大小觀法若非往生淨土之觀，並是偏邪」更無法接受，並說元照此見，實缺乏三思。他引述《法華經》所說之「十方佛土中唯有一乘法」及「已今當說法華第一」，都證明《法華經》實為一妙乘，不能因為它不言淨土，而視之為偏邪。他還說《新疏》將有異於它所說的往生淨土觀名為「他觀」，而一律打為偏邪，造成末代無知之徒，毀謗妙典而遭惡報之結果，

---

⑫　同上。

⑬　按：《無量壽經》（《大正藏》冊 12）有所謂「三法忍」，無生忍為其一，見頁 271a，334a。道因所說之經，當為《仁王經》，蓋《仁王經》分菩薩階位為五種：伏忍、信忍、順忍、無生忍、寂滅忍。

⑬　《扶新論》，頁 14ab。

其害不淺。㊴

　　十三、《新疏》判釋大本及《觀經》之差異，過於簡單膚淺
──《無量壽經》與《觀經》之間，最明顯的差異就是前者不令
「五逆十惡」及毀謗正法之人得獲淨土往生，而後者不排除其人往
生之機會。因此，欲會同二經，就有困難。《新疏》根據彌陀願力
作解，認爲《觀經》無意「遮造惡之徒」。其所以讓逆惡之徒得獲
往生，表現出「方便赴機，言乖趣合」的彈性。就二者之旨意而
言，《無量壽經》在「顯樂邦殊妙，欲進善人」，而《觀經》則爲
「明淨業功深，不遺極惡。」功用不同。㊵道因在「難詞」第二十
三條表示此種解讀「麤淺」而不周，無法認同，而認爲《天臺疏》
的「根有上下」及「行有定散」之解釋較爲合理。㊶《天臺疏》的
判釋是這樣的：

　　　　問大本五逆、謗法不得生，此經逆罪得生，釋有兩義：約人
　　　　造罪有上有下，上根者，如世王造逆，必有重悔令罪消薄，
　　　　容使得生。下根人造逆，多無重悔，故不得生。二者約行，
　　　　行有定散，觀佛三昧名「定」，修餘善業說以爲「散」。
　　　　散善力微，不能滅除五逆，不得往生，大本就此故言不
　　　　生，此經明觀故說得生。㊷

㊴　《扶新論》，頁 15a。
㊵　《扶新論》，頁 16b。
㊶　《扶新論》，頁 17a。
㊷　《天臺疏》，頁 193b。

道因似認為《天臺疏》從人之根器高下，及其行為定善或散善之分別，判釋二經之異，顧慮較周，不似《新疏》之思慮不深。因為若依《新疏》之解，就無法去解釋其他未傳入本土之淨土經典的說法。若《觀經》未傳至本土，而只有大本行於世，則依《新疏》之說法，惡人見大本揀惡而「進善人」之文，豈不都「省己絕分」，有自知之明，而自絕於淨土之外？⑱這豈不與《天臺疏》判釋大本之說不謀而合？此外，《新疏》又引《觀佛三昧經》為證，說明「逆罪之人，一日一夜繫念觀佛，罪障消滅。」此與《天臺疏》判釋《觀經》所謂之「此經明觀，逆罪得生」有何差別？⑲反過來說，不觀佛就不得往生，這與《天臺疏》判釋大本「散善不生」之說亦無差別。⑳

　　從以上的分析，我們可以看出道因對元照《觀經新疏》的批評，多半都是外緣的（extrinsic）批評，也就是從它的形式與文本的清晰性著眼，批判其辭義之缺乏明確性、解說之矛盾、譬喻之失當、觀念之混淆、對某些經論之偏袒、引文之不忠實、立說之欠基礎、褒貶之失衡、思考之不周延，與外道之形似、作者佛學之不

⑱　按：《輔正解》及《扶新論》所說的「揀惡」之「揀」，應作「淘汰」解，並非「選擇」之意。

⑲　《扶新論》，頁 17a。按：道因只摘要元照疏文，據元照所引之《觀佛三昧經》，其文如下：「四部弟子謗方等經、作五逆罪、犯四重禁等，如是等人若能至心一日一夜繫念觀佛一相好者，諸惡罪障皆悉消滅。」見《觀經新疏》，頁 304a。

⑳　按：《天臺疏》有云：「散善力微，不能滅除五逆，不得往生。大本就此，故言不生，此經明觀，故說得生。」道因之引文出自於此。不過，他按文義將「故說得生」改為「逆罪得生。」

足、對淨土經之判釋過簡等等。雖偶而亦涉及內部的（intrinsic）批評，但篇幅畢竟不多，見解也嫌片面。最重要的是這些批評，完全基於他對《天臺疏》及《觀無量壽佛經疏妙宗鈔》的認識與信守上，顯示強烈的宗門意識。若說元照確實犯了只尊《觀經》而抑他經的錯誤，相對來說，道因也犯了只尊《天臺疏》而貶他疏的同樣錯誤。所不同者，元照雖與天臺有淵源，但他主張禪、教、律一致，而能超越宗派之苑圍，所以他並無一味地反天臺註疏之意。道因則受本宗前輩論疏之牽制，而表現了唯我獨尊的傾向，這在戒度對他的批評中可以見其大概。

六、《扶新論》vs.《輔正解》

上文提及戒度曾親見道因並向他請益事，兩人之會面及交談若屬事實，很足以進一步說明道因作《輔正解》之固守門戶心態。根據戒度之記載，他在紹興中曾應西湖某僧秀公之請，主持念佛三昧，[139]因而得遇道因，彼此有如下之對話：

> 法師以余爲吾家人，初無疑忌。因乘間請益曰：「法師《輔正解》對破靈芝《新疏》，其間似有不當如是難者，不知尊意如何？」法師頷之良久，笑謂余曰：「公豈不聞俗諺所謂『相罵無好言，相打無好拳。』建立門庭不得不爾。」[140]

---

[139] 按：此西湖秀公不詳爲何人。

[140] 《扶新論》，頁17b。

道因在此情境下所說的「建立門庭」，無非是光大天臺淨土觀之意。更具體地說，也就是建立一個智顗→知禮→道因的天臺《觀經》詮釋傳統。爲了這個目標，他不惜以尖刻之語貶斥元照《新疏》。由於他視戒度爲自家人，對他無戒心，故據實回答戒度之問。不料戒度雖深會其旨，但後來「復宗律部」，再取《新疏》與《輔正解》校讀，更加深悟道因所云「建立門庭」之含義。故戒度在描述他校讀二書之所見時，特別強調「法師之說不我欺也」，⑭其詞雖似喜之，其實乃深有所憾焉！所憾者，自然是道因爲「建立門庭」而對元照《新疏》之刻意打擊也！

　　《輔正解》所表現之宗門意識想必引起北宋末、南宋初不少僧侶的批評。戒度雖作書批判其說，但他並不是首位有意對道因發難之人。據說他在淳熙五年（1178）撰《扶新論》前，有位講《新疏》的華嚴政公，⑭對他表示《輔正解》將惑後學，「累欲執筆評之，誠所未暇。子幸閑居無事，能成我之志乎？」戒度自己也深念《新疏》「屈而不申，晦而不明。」遂欣然從命。⑭可見元照《新疏》並未因《輔正解》之行而廢，而欲爲之辯護而反批《輔正解》的也不乏其人。戒度所說的「屈而不申，晦而不明。」可視爲一種反《輔正解》的辭令（rhetoric），多少有誇張之處。值得注意的是，戒度爲了執筆評論此書，還就道因所透露「建立門庭」之意，深查其用心，經過反覆求索，深深領會其書確有爲門庭而厚誣《新

---

⑭　《扶新論》，頁 17b-18a。
⑭　按：華嚴政公，不詳爲何人。戒度稱他爲「華嚴高座政公」，似長於戒度。
⑭　以上引文皆見《扶新論》，頁 18a。

疏》之處，所以他作《扶新論》反駁道因時，也指出道因之意圖。
⑭這當然都不是道因之後的同門所樂聞的，所以志磐在《佛祖統
紀》中對戒度的生平與事迹，僅以三言兩語輕描淡寫帶過，而未說
及戒度對道因的反駁，未嘗沒有間接爲其前輩的同門「賢者」隱諱
之意。⑮

　　戒度聲援元照，固然因他是元照門人，也因爲他對《輔正解》
所作之緣由，了然於心，深知道因固守門戶之見，無意作持平之
論。他尤其無法接受天臺義學者所持「律學不可通經」之看法，深
恐道因曲解元照《新疏》，貽誤後學，故一旦受託，立即援筆成
書，並將書名題爲《觀經扶新論》，其意即在「扶持《新疏》之
說，不爲時所欺罔也。」⑯後來他在淳熙八年（1181）撰《觀無量
壽經義疏正觀記》時，再度發揮《扶新論》所提出的若干意見，抨
擊《輔正解》之失。觀其議論，雖在析疑辨難、弘揚元照《新疏》
之大義，但博採群書，打破藩籬，與道因之囿於門戶之見，實不可
同日而語。

　　基於道因之論完全建立於「《新疏》不受時教，爲弊至甚」的
前提下，戒度自然要從打破此前提來著手其「扶新」之論。首先，
戒度指出此前提之不合理及無效性。他辯稱：東、西漢以來至齊、

---

⑭　同上。此戒度所謂「以法師向來告余之意，而往求之，無不可者」之意也。
⑮　按：戒度生平事迹多不可考，《佛祖統紀》說他「習律受業棲心，晚住餘姚
　　極樂。病中作遺書別士夫道舊，命諷誦《觀經》，製法身觀，屬聲念佛，加
　　趺而化。」對他的著作及扶持《新疏》之事，無一詞之贊。見《佛祖統
　　紀》，頁 281a。
⑯　《扶新論》，頁 1ab。

梁間，修證悟入者不乏其人，當時未聞天臺時教。天親、龍樹、馬鳴之著作，不受天臺時教影響，道因不當例斥其非。清涼（澄觀）親從荊溪學天臺教，尚別立宗途，競開戶牖，《新疏》不屬天臺宗派，豈可責以天臺時教？佛法如通都大邑，東西南北，隨人往來，若依《輔正解》之見，必使天下之人，同遵一路而行。若使《新疏》全依天臺時教，則無別述之必要。元照鑑於一般人對古今教門不分，兩土教法純雜之異不明，乃著疏而明之，而《輔正解》卻以「不受時教」見斥，實爲「以己妨人」。⑭

　　戒度的《扶新論》在序文及這段否定《輔正解》前提的議論之後，即在所引《輔正解》的各條「疑目」與「難詞」之後，夾敍夾議，說明各「難詞」之非，而以「論曰」冠其首。以下將戒度回應道因之說，依上文十三項「難詞」之順序加以分析說明：

　　一、《新疏》與天臺時教有關問題──《新疏》所謂「芟除繁瑣」，並非專爲天臺時教而設，而且係就諸舊疏之文體而言，綜合前人之作，刪繁從簡，使文省而義存，實爲述作之通規。戒度認爲《新疏》固無獨斥天臺疏之理，但也無獨黨天臺疏之必要，因爲舊疏有多種，除天臺之外，還有慧遠及善導疏，《新疏》何必獨黨天臺？至於不尊天臺，即被視爲不明時教而「與婆毗迦羅成其伴侶」，那麼豈不是「龍樹、馬鳴西竺諸師以至慈恩、賢首例皆陷於邪黨」？⑭

　　關於難詞對元照「讀文不周」的指控，牽涉到「心觀」一詞是

---

⑭　《扶新論》，頁 1b-2a。
⑭　《扶新論》，頁 2ab。

否兼具「能觀」及「所觀」之涵義。道因認爲元照所說的「單就能觀爲言」誤解了天臺疏之看法，因爲《天臺疏》不但說「此經心觀爲宗」，又說「故以修心觀妙能感淨土爲經宗也」，⑭與「觀佛三昧」並無不同。既然元照說慧遠、善導之以「觀佛三昧」爲宗，係就「能所觀」而言淨土，就不能說天臺疏之心觀僅是「單就能觀爲言」。⑮戒度不同意道因之說法，他認爲「修心妙觀」一詞與「心觀」之說並無不同。都是就「能觀」而言淨土：

> 天臺既談性具，現前一念具足三千，依正身土，生佛因果，小如毫末，大若虛空，舉一全收，無非心性，離能觀外，無別所觀。⑮

依戒度之見，其實單就「能觀」言淨土也沒什麼不好，何必一定要硬把「修心妙觀」曲釋爲就「能所觀」而言呢？再說，《新疏》解釋「觀佛爲宗」，未嘗不引《天臺十疑論》之文而謂：

> 凡求生者，希心起想，緣阿彌陀佛，相好光明，又觀彼土七寶莊嚴，備如十六觀經等，今經觀佛，斯爲明據。⑮

---

⑭　見《天臺疏》，頁 186c，188c。
⑮　《扶新論》，頁 4b-5a。
⑮　《扶新論》，頁 5a。
⑮　同上。按：《天臺十疑論》原文云：「二、明欣心顯[願]求者，希心起想，緣[阿]彌陀佛，若法身、若報身等金色光明八萬四千相，一一相中八萬四千

既然元照於引文之末，說「今經觀佛，斯為明據。」可見《新疏》亦無不尊天臺祖訓之意。**[153]**

　　二、《新疏》辭義籠統不明確的問題——戒度對於《輔正解》不分天臺與淨土教門之異，而「將此土修證行相一混而說」，以致不依天臺之解都窒礙難行。他認為所謂五時八教、三身四土、一心三觀，乃至無量法門，都是天臺所建宗旨，不能作為批判《新疏》之準繩，也不可據以質難《新疏》「以何三昧，觀何佛身」，模糊其「觀」、「佛」二字之義。何況《新疏》所立「觀佛三昧」，隨行者智力深淺而定，或觀八尺丈六，或觀八萬，隨其所宜。戒度認為經中特立三品，正為此意，「安可一概定觀何品」？而且既然標明「觀佛三昧」，自有別於其他三昧，何須有「以何三昧」之問？**[154]**

　　戒度強調《新疏》之立義直截了當，它根據《觀經》裡韋提希「不歷小果便證無生」之過程，而名淨土教為頓機，視之為頓教。既視為頓教，就不致反以「俱舍婆沙小乘位次」相比擬。**[155]**事實

　　　好，一一好中八萬四千光明，常照法界攝取念佛眾生。又觀彼土七寶莊嚴妙
　　　樂等，備如無量壽經十六觀等，常行念佛三昧……。」見《天臺十疑論》，
　　　《大正藏》冊 47，頁 81b。觀經《新疏》之文較簡，見《觀無量壽佛經義
　　　疏》，頁 281c。

[153]　戒度認為元照之引文，代表他尊天臺祖訓，自然是以《天臺十疑論》為智顗
　　　之作。事實上《天臺十疑論》，或《淨土十疑論》在對淨土之解釋，與《天
　　　臺疏》大異其趣，近代學者，已公認其為他人假托之作。關於此點，日學者
　　　福島光哉頗有詳論，見前引氏著《宋代天臺淨土教の研究》，頁 10-16。

[154]　《扶新論》，頁 5b。

[155]　按：「婆沙」又作「毘婆沙」（Vibhāṣā），即廣說、勝說、異說之意。「俱
　　　舍波沙」當指「俱舍廣說」，屬小乘教。

上，《新疏》根本未如道因所說，引用俱舍婆沙論文以裝點其說，道因隨意指控，戒度深惡之，故其批評也甚嚴厲：

> 大率《輔正》恃其強辯，旁若無人，不許它宗，唯尊己學，不分《新疏》流行於世，無由滅絕，所以鋪排法相，橫引異端，虛張聲勢，欲令《新疏》兒孫無所措其手足，望崖而退，不敢講談，則使《新疏》自然陸沈。用心若此，爲欺人乎？爲欺天乎？❺❻

戒度認爲道因不辨兩土入道之殊，故捏造《新疏》「將何心、用何觀、破何惑、入何位」之問。事實上，《新疏》的立場很清楚，它所解說的往生淨土之人，多是具縛凡夫之眾。而且都是到彼土之後，進修勝道，然後破惑得位，如果在此土已破惑、已入位，何須藉求生淨土呢？戒度還指出智者也說：「生彼土者，未必悉是得道之人。」道因爲了破斥《新疏》，反而不細查《天臺疏》之含義，而公然違背其祖說。❺❼

再就觀法而言，戒度指出《新疏》所明觀法五例，乃是「通括一代大乘所詮行相」而言，欲將《觀經》明白定位於第五例之「觀勝境」。道因卻以「爲觀一法？爲觀諸法？爲一諸並觀？爲觀諸爲一？」之問來質疑《新疏》，不知法相雖有別，但修行則可通。所

---

❺❻　《扶新論》，頁 3ab。
❺❼　《扶新論》，頁 3b-4a。按：《天臺疏》及《天臺十疑論》似都無此語，戒度所說的「天臺」如非約二書文義而言，即是逕指智者。

謂「一念心空，法法皆空」，安有「一諸」、「諸一」之差別？何況諸法有名與色，不能離色而觀心，亦不能離心而觀色。道因之難詞，在戒度看來，才是全無指歸呢！⓲

　　對難詞第二十二條有關「中間回心」及「開顯知常」的疑問，戒度認為《新疏》立義坦然明白，它所說的「中間」，自然是「始自鹿苑之後，直至法華之前。」無須專指某一特定時間。而「開顯」屬何經，則三尺童子知是《法華》，道因何必明知故問？至於指控《新疏》捏造《法華》有言生極樂淨土，更是無稽。《新疏》雖有比較生於淨土之定性聲聞與不定性聲聞，並無一言直指《法華》曾說當機之眾可生極樂國事。換句話說，道因欲屈抑《新疏》而故意歪曲事實，無中生有。⓳

　　三、《新疏》自我矛盾、自相牴牾的問題——關於「難詞」指控《新疏》所說的「不勞揀（簡）判」，戒度也辯稱《新疏》很明顯地將淨土判為大乘頓教，無非是「一言以蔽之」之法。淨土諸經既為大乘，自不須像其他大、小、偏、圓之教，逐一細揀，故說「不勞揀（簡）判」。戒度似認為若要窮究「不勞」一詞之不當，則純粹是在咬文嚼字，無關宏旨。⓴

　　又「難詞」第八條顯示道因只同意《新疏》引用之《普賢

⓲　《扶新論》，頁 8a，《觀無量壽經義疏正觀記》（《卍續藏經》冊 33），頁 39b-40a。

⓳　《扶新論》，頁 16b。按：「當機之眾」指說法會下四眾之一。正當其法而悟道之機類也。湛然《法華文句記》云：「不起於座，聞即得道。此名當機眾。」參看註㊈。

⓴　《扶新論》，頁 3b。

觀》、《華嚴經》、《淨名經》三文確爲不離諸法而談妙理,對於其餘所引《金剛》、《法華》四文,則認爲皆是言「離」而非「不離」。戒度深以爲惑,反問學天臺教的道因,爲何有這種見解。他認爲《新疏》所引《金剛》、《法華》之文,固然談一切法空,但並非指「大虛空無一物」,它們所說的空是第一義空,所謂「法法宛爾,眞空不空,妙有不有。」實不能隨意定其爲空或有的。戒度以爲,道因之見,「恰似小乘偏空,又似外道斷見。」實不知其意何在。⑯

至於指控《新疏》把彌陀淨土當作「生死土」而非「法性土」,戒度覺得這也是《輔正解》曲意擊揚《新疏》之故技。他認爲若了解「萬法唯心」之意,就知「生死土」即是「法性土」。所謂「豈離伽耶,別求常寂。」即是身（伽耶,kāya）不離土之意,既然「生死土」是「法性土」,「生死身」也可說是「法性身」。即令有「前佛涅槃,後佛補處」之說,但「佛佛道同,未嘗生滅。」可補其說之不足。《新疏》之說前後一致,並無矛盾之處。⑯

四、《新疏》解說淨土與外道相同之問題——「難詞」指控《新疏》「心體虛融」、「心性包遍」之說爲同於外道及小乘。戒度辯稱《輔正解》在「引彼相似之言,混此至當之義。」無成人之美,反有成人之惡的意圖。他指出《新疏》之解,與外道、小乘全然不同,並謂:

---

⑯　《扶新論》,頁 7b。
⑯　《扶新論》,頁 14b。

外道全是生死妄心所起邪計，不出因緣及與自然。小乘乃是生滅幻心體析諸法，取證偏空，尚都不聞他佛身土之名，安能信有唯心本性之說，其理懸遠，如泰山之與秋毫，安可同年而語？⓰

「難詞」所說的「凡夫淺識」一節，戒度也認爲其說乖疏。因爲：

此土修行全運自力，由被觀慧，研窮妄識，故有發起宿業邪解。若修淨業，全假他力，阿彌陀佛，誓願光明，常來攝受，絕無魔事。⓱

依戒度之意，淨業根本與外道、小乘不同，全然不涉魔事，絕不能因爲用「淨土即我自心」、「心體虛融」、「心性包遍」的觀念去解說，就將它等同於外道、小乘。

　　五、「理事觀」與「鈍根」、「利根」的混淆問題──「難詞」認爲《新疏》將「一切唯心」歸於「理觀」，與《占察經》不合，有失旨處，戒度極力反對。他說《占察經》所示之事理，係根據修觀而說：「直達法界者名之爲理，起心推撿者名之爲事。事理雖殊，無非修觀。」《新疏》則是「通論一切事理，不專在觀。」而事理之分，全看觀者的根器。他說：

⓰　《扶新論》，頁 4b。按：此引文之「及與」二字似有一字爲衍文。
⓱　同上。

> 十六觀境，無非彼土依正之相，不偏事理，但隨行者觀之有
> 異。利根了境唯心，則一切皆理，鈍根迷心爲境，則一切皆
> 事。⑯

基本上，戒度認爲理事之名，取決於觀者屬利根或鈍根，利根了
境，鈍根迷心，遂有理事之分。元照當然知道《占察經》之經文，
但其立說精神與《占察經》異，不應以其經文繩之。⑯

同樣地，「難詞」第七條所指控之理事不明處，也可依鈍根、
利根之原則理解。他說古今諸師對十六觀之判釋大致有以下數種：
一、說十六妙境無非理觀；二、說據經始末皆是事相；三、說前後
十五觀爲事觀，而第九佛觀爲理觀。戒度認爲這些判釋都有偏差，
而對一經始末所談觀境不宜如此偏判。理、事觀的判釋依修行者根
器之利鈍爲準較客觀。元照所謂「利根則境境皆理，鈍根則境境皆
事。」實是《新疏》「定境立觀，能、所兩分，隨人趣入，事理無
偏」之客觀判釋。基本上戒度認爲《輔正解》對《新疏》斷章取
義，又不查「能觀之觀」（按：即以觀者根器造成的觀力與觀境）與「所
觀之境」（按：即十六觀之內容如地觀、水觀等），而強分理事二觀，難
以令人同意。⑯

六、《新疏》多譬喻失當的問題──「難詞」第六條說《新
疏》若以觀佛爲「卻惡之前陣、入道之初門。」實屬譬喻失當。戒

---

⑯　《扶新論》，頁 6a。
⑯　《扶新論》，頁 6a。
⑯　《扶新論》，頁 7a。

度認爲道因此種看法似受《天臺戒疏》之影響。❶❻❽因該疏論三學之功用時說「戒但止惡防非，故曰：『運善之初門，卻惡之前陣。』定慧方能破惑顯理，始爲究竟。」準此論說，有一物爲「前陣」與「初門」，必另有一物爲「究竟」。但《新疏》意在彰顯觀佛三昧之超勝功德，尊其爲至上無二，故雖謂「前陣」、「初門」，實含有「究竟法」之意，並非別有究竟之法。戒度並指出，《新疏》連引諸經觀佛之語，正可證其彰顯觀佛三昧功德之意，並無譬喻失當之處。

七、《新疏》獨尊《觀經》與慧遠、善導疏而抑他經與《天臺疏》之問題——針對「難詞」十一條此一指控，戒度辯說《新疏》既立「觀佛爲宗」，故特彰問答，會同「觀心」，並無故意貶低天臺「觀心」之意。何況天臺觀心與他經不同，他經觀心，唯觀自己一念妄心，所以說是「局認點靈」。《新疏》之意在提醒觀心行者「投心發足之處，用觀入理之門」最爲緊要，而「難詞」卻引諸經經文力斥其非。戒度認爲道因所引之經文，若非談「本來平等心體」，即是示「觀成理顯之相」，與《觀經》所立之義無關。

至於「難詞」二十一條謂《天臺疏》以《觀經》九品會同大本三輩，是約彼此位次高下相同而會，而不是約發心行因之相而會，戒度認爲此種說法「大無意味」。他覺得《天臺疏》以《觀經》九品會大本三輩，定別有深意。如果僅是約位次高下而不約發心行因而會同九品與三輩，則空有會同之名，而無會同之旨。何況，如不約發心行因，安得位次有高下？戒度認爲《新疏》以大本三輩只能

---

❶❻❽　按：道因所說的《戒疏》應是《天臺菩薩戒經義疏》之簡稱。

對《觀經》上三品,實是因爲大本有如下說法之故:

> 願生彼國凡有三輩:其上輩者,捨家棄欲而作沙門,發菩提
> 心,一向專念無量壽佛,修諸功德,臨壽終時,無量壽佛與
> 諸大眾現其人前,即隨彼往生其國。其中輩者,當發無上菩
> 提之心,專念彼佛,修眾善根,奉持齋戒,起立塔像,飯食
> 沙門,懸繒然燈,散花燒香,願生彼國,其人臨終,無量壽
> 佛化現其身與諸大眾現其人前,即隨往生。其下輩者,至心
> 欲生彼國,假使不能作諸功德,當發無上菩提之心,一向專
> 意,乃至十念,念無量壽佛,願生其國。此人臨終夢見彼
> 佛,亦得往生。**⑯**

戒度顯然認爲,就行者的發心行因之相而言,大本對三輩的描述與
《觀經》九品之上品三輩,是類似的,都是發菩提心,故《新疏》
只會同二者。其所以不會同中、下二品,自然是因爲二者之發心行
因,有霄壤之別。《輔正解》不察,是以未能盡《天臺疏》之意。**⑰**

---

⑯ 《扶新論》,頁 15b-16a。按:戒度所引此段《大彌陀經》(即《無量壽
經》)經文,當是康僧鎧的譯本。引文雖有簡省,但大致都保留原譯之重要
處。見《佛說無量壽經》(《大正藏》冊 12),頁 272b-272c。

⑰ 《扶新論》,頁 16a。按:戒度所引用的康譯本與宋朝王日休之校輯本
(《大正藏》冊 12),對三輩往生之描述,不盡相同。王本「三輩往生分第
四十三」(頁 337b)所述之上輩,無「發菩提心」一語。而其所述下輩,則
説「不能作諸功德,不發無上菩提之心」,而非「當發無上菩提之心」。由
於《大彌陀經》有不同譯本,道因是否因閱讀王譯,或其他譯本,而致與戒
度的會同觀念互相歧異呢?筆者雖覺不至於如是,但未能作進一步查考前,
暫不遽下斷語。

至於不尊《天臺疏》一節，戒度在《扶新論》並未多加辯解，只略謂《新疏》並無不尊《天臺疏》之處。不過在《觀經義疏正觀記》中，他則多次舉例說明《新疏》亦多有擇用《天臺疏》之時。⑰

八、《新疏》引用經文擅改文義的問題——對於「難詞」指控《新疏》用《天臺戒疏》四身之名而擅改其四土之名，戒度認為根本不是問題。他說《新疏》明用天臺四身，是因《天臺戒疏》四身之文與《觀經》相同，而其不用四土之名，是因其名不見於《天臺戒疏》中。而且《輔正解》所云之《天臺戒疏》明說四土，根本不實。至於元照用法性、應化之土總括諸經淨土，實為舉其要者而設。因為除了法性土以外，一切塵刹無非應化土。戒度強調《新疏》是根據《首楞嚴經》而有這種說法的。《首楞嚴經》有云：「空生大覺中，如海一漚發，有漏微塵國，皆依空所生。」《新疏》釋「大覺」為「法性土」，「微塵」為「應化土」，戒度認為甚為合適。最重要的是，《新疏》也是仿照天臺《淨名疏》而設四土之名。⑫《淨名疏》的「總明佛國」一科，有所謂「垂跡故有應形應土，顯本故有法身眞國。」這「應形應土」及「法身眞國」即是《新疏》所說的應化、法性二土。另外，《淨名疏》的「別明佛

---

⑰　見《觀無量壽經義疏正觀記》，頁 77ab。

⑫　按：《淨名疏》為《維摩詰經略疏》之俗稱，隨智顗、唐湛然各有註疏，故稱天臺《淨名疏》。《首楞嚴經》或簡稱《楞嚴經》，在北宋時流傳甚廣，為當時僧俗所重視。日本學者 Tsuchida Tomoyaki 認為此經所表現的救贖思想及心物二元論受到佛教教內及朱熹理學傳統所批判。見 Tsuchida Tomoyaki, "Mind and Reality： A Study of the *Shouleng yan jing*." Unpublished dissertation, Harvard University, 1986。

國」一科，也說「諸佛利物，差別之相無邊，今略爲四：一、染淨國，二、有餘國，三、果報國，四、常寂光。」這四種國即是《新疏》應化土下所分的四土。故《新疏》與天臺《淨名疏》之論相吻合，並未違背天臺之義而改其文。《輔正解》爲了急於破斥《新疏》，而致失言。❶至於「法性身居微塵土」的疑問，戒度辯稱：「聲聞、緣覺雖居界外法性身土，無明未破，法性未圓，盡屬變易生死、方便、有餘所收，若望究竟，法性理土安得不是微塵土？」《新疏》以「微塵」喻其多，而非指世間穢惡境界。道因不察其義，一見「微塵」，便問豈有法性身居微塵土，未免造次。❶

　　九、《新疏》引用善導經釋的問題──「難詞」第十三條譏《新疏》於「教我思惟，教我正受」一語，引用善導之解釋而不知其未必正確。戒度辯稱，即使無善導〈玄義〉，《新疏》仍將釋其語爲韋提「請觀」之意。他的理由如下：

　　　　修觀必先起心思惟，決擇境觀不謬，方入正觀。但心境未忘，尤屬思惟前方便也。心境一合，觀成理顯，名爲正受。❶

戒度之釋是本於《觀經》經文描述地觀所說之「水想已成，名爲粗見極樂國地，若得三昧，見彼國地，了了分明，不可具說，是爲地想。」❶他認爲能達到地觀之境界，即是正受。故韋提「教我思

❶　《扶新論》，頁9b。《新疏》所説四土，見上文。

❶　同上。

❶　《扶新論》，頁10b。

❶　見《觀無量壽佛經》，頁342a。

惟，教我正受」一語，實為韋提「請觀」之意，不待善導〈玄義〉
而明。何況善導疏見行於世，至其時已數百年，並未聞被排斥，元
照與善導之解不謀而合，故《新疏》承用其義，而不依《天臺疏》
之解，不過是擇善而從罷了。⑰

　　十、元照聞見不足又違背佛語、謗瀆佛典之問題——「難詞」
十四條根據《鼓音王經》謂元照竟說淨土諸經不言魔，實為「寡乎
聞見」。戒度駁斥曰：

> 凡立言垂訓，展拓教門，必先觀其大途，不可拘於小節。且
> 彼安養淨土若使有魔，則與五濁惡世，何以異耶？所以群經
> 眾論不說魔者，正為此。⑱

戒度認為「群經眾論」言淨土無魔是有其道理在的。天臺大師智顗
與荊溪湛然（711-769）都如此說。譬如《天臺十疑論》就明說生淨
土者有五因緣不退，其第四為「外無鬼神魔邪，內無三毒煩惱。」
⑲湛然法華文句亦說：「佛國亦有品差不同，既無女人，必無惡
道。」⑳道因據《鼓音王經》言淨土有魔，可能不知《鼓音王經》

---

⑰　《扶新論》，頁 10b-11a。

⑱　《扶新論》，頁 11b。

⑲　《扶新論》，頁 12a。按：《天臺十疑論》原文云：「彼國純諸菩薩，以為
　　良友，無惡緣境。外無神鬼魔邪，內無三毒等煩惱畢竟不起，故不退。」見
　　《天臺十疑論》，頁 79b。

⑳　按：戒度原文說「荊溪妙樂云……」據考天臺六祖荊溪湛然，住常州之妙樂
　　寺講《法華經》，因號妙樂大師，而其所著《法華文句記》十卷遂稱為「妙
　　樂」。

之文是「彌陀現穢」之描述。爲了證實己說非憑空臆想，戒度還援引北宋孤山智圓（976-1022）之釋，以助其說。他在智圓的《阿彌陀經疏》中，見有此文：

> 《鼓音王經》云：「阿彌陀佛婆羅門種，母名殊勝妙顏，亦有惡逆弟子，名曰調達。」既有女人及惡逆者，豈非彌陀現穢耶？⑱

智圓之外，戒度也據慈雲遵式（964-1032）之說法，推論遵式對《鼓音王經》之文亦有同樣解釋。他說遵式謂《鼓音王經》所說的女人（即佛母），是指其降生時而說，成正覺後，即於淨土轉變成男子。據此推論，遵式必亦同意《鼓音王經》所說之惡逆或魔王，也是指其降生時而說，成正覺後，即於淨土不再爲魔。⑲

戒度引智顗、智圓、遵式等前輩之疏文，解釋淨土無魔，而《鼓音王經》所說之魔是「彌陀現穢」之結果。他並斥道因不披尋經論，反責元照寡於聞見，必爲識者所笑。同時他對「難詞」第十五條說元照「謗讟」《法華》之指控，表明純係誤會。他說元照鑑於世人常「倚傍聖教，高談闊論。」徒稱心淨土淨，而不假修行，故說「但有虛言，何由造入」，實是責備空言無行之人，並非謗

---

⑱　《扶新論》，頁 11b。按：智圓原文見《佛說阿彌陀經疏》（《大正藏》冊37），頁 351c。戒度直錄其文，只將「名爲調達」說成「名曰調達」，但無損於文義。

⑲　《扶新論》，頁 11b-12a。遵式之說見於其《往生淨土決疑行願二門》（《大正藏》冊47），頁 145b。

經。至於道因所說的天臺法性理土，爲何不能算是西方淨土，戒度的解釋是法性理土即是常寂光土，而「常寂光中豈有極樂世界之名，阿彌陀佛之號？」再說，法性理土並非僅天臺有說，一切大乘皆有此說，但道因竟說天臺妙盡大乘攝，而至「一切無非西方」，戒度認爲是不究淨土教特異於常途的顢頇之說，其理由如下：

> 若也一切無非西方，何必韋提[希]俯爲末代再三陳請？何必釋迦[放]光現土，令韋提希隨意揀選？⑱

換句話說，《新疏》區別法性理土與西方淨土，使眉目分明，淨土行者不會受「一切無非西方」之語所惑。

　　十一、元照隨意諷刺禪、講宗師之問題——「難詞」十六條責備元照藉斥儒者而諷禪、講宗師。戒度辯道：《新疏》不過苦口提誘膚淺無學、滯於常情之儒釋，自無諷刺深禪妙教之宗師。何況，深禪妙教之人，必不致如陳朝之徐陵，發淺薄之議論。徐陵身爲重臣，其行願文說「願即還人中不高下托身」等語，誤導後人，爲患非淺，故《新疏》責之，旁及禪、講，意在激勵學者，不在諷刺禪、講宗師。⑱

　　十二、《新疏》立說無依據、破立欠三思的問題——關於《新疏》根據何經而以無生忍當「初住位」的疑問，戒度的答覆是：

---

⑱　以上皆見《扶新論》，頁 12b-13a。

⑱　《扶新論》，頁 13ab。

> 《新疏》據諸經論所說四十二品無明豎對四十二位。韋提初
> 破一品無明，位當初住。如《華嚴經》云：「初發心時，便
> 成正覺。」此非初住之明文乎？**⑱**

至於經中忍位有五，無生忍位排第四的問題，戒度認為五忍之前三
忍「雖破見思，猶伏無明。」而第四無生忍，「正破無明」，等於
位當初住，與《新疏》之義相符，故《新疏》說無生忍位當初住，
並無不妥。

　　《新疏》是否如「難詞」第二十條所說，有破立欠三思的情
況？戒度以為《輔正解》之指控，實表現道因用心之不公，有意厚
誣《新疏》。他指出《新疏》雖說非往生淨土之觀法為偏邪，但並
非指同於外道邪見之邪，而是指修淨業者雖按《觀經》之觀法習
觀，但心境與觀境相違，既乖本心，自為邪觀。《新疏》根本未曾
說《法華》不言淨土即屬偏邪，何至於破立欠三思？

十三、《新疏》判釋大本及《觀經》之差異過於矗淺之問題

——由於道因之指控以假設《觀經》未出現為前提。若《觀經》未
出現，則元照的「方便赴機，言乖趣合」之說，便說不通，也根本
不會有大本「顯樂邦殊妙，欲進善人。」而《觀經》「明淨業功
深，不明極惡」之分。道因認為天臺的根器說，配合定行與散行之
解，較能會同二經之異。戒度卻認為道因根本無法自圓其說，如何

---

⑱　《扶新論》，頁　15a。按：菩薩階位，諸經所說不同，有四十二位，五十二
　　位，不一而足。根據《了義燈》，《仁王》、《華嚴》、《瓔珞》、《優婆
　　塞戒經》等皆說四十二位聖賢，不言五十二位。誘天臺圓教以四十二菩薩位
　　斷四十二品無明，當為戒度以四十二品無明對四十二位之所本。

談得上會同？因爲若按天臺之釋，大本揀惡是「因下根逆多，悔輕行散。」那麼《觀經》收惡豈不是因「上根逆寡，悔重行定？」若依道因假設《觀經》未出現，而只見大本揀惡之文，則「下根逆多悔輕行散」豈不同樣地會「省己絕分」，無由達到淨土？這與《輔正解》攻元照的「言乖趣合」之功用說有何不同？最令戒度覺得可笑的是：道因見《新疏》引《觀佛三昧經》證明觀佛者得消滅罪障，不觀佛者不得往生，遂問二者與《天臺疏》所說的「此經明觀，逆罪得生」及「散善不生」之語有何差別，而譏元照掩耳盜鈴。戒度覺得道因恐理不勝辭，故於《天臺疏》中強尋類似之語，以證天臺疏之優，《新疏》之劣，他才是眞正的掩耳盜鈴。

七、結語

　　以上析論草菴道因作《輔正解》之緣由，及他對元照《觀經新疏》的批判，說明無論從道因作《輔正解》的動機來觀察，或就他對元照《新疏》非難的論點來考量，他都毫無疑問地表現出強烈的宗門意識。這種宗門意識植基於他對智顗《天臺觀經疏》及知禮《天臺觀經疏妙宗鈔》的深信與執著。由於這種對宗門的忠誠，及「建立門庭」的自我期許，凡對智顗——知禮系的天臺淨土觀具有質疑性的任何淨土詮釋，他都有可能口誅筆伐。但是，若各家淨土觀的經典根據只是《小阿彌陀經》，只談彌陀願力，專行持名之法，不計「觀法」與「觀境」等問題，彼此之間大概就不致於產生太多解釋上的差異。問題在於各家淨土觀之經典根據，還包含《無量壽經》及《觀經》，甚至還有另依《大悲經》、《般舟經》、

《鼓音聲經》之行法者。⑱何況，元照薈萃諸家，不受天臺局限而作的《觀經新疏》，即是他會同大、小《阿彌陀經》及《觀經》而形成之淨土觀的體現。他的觀法雖未必與天臺南轅北轍，但在關鍵性的問題上，如「觀佛」與「觀心」之異、事觀與理觀之彈性，彌陀佛國爲同居淨土等觀念，與天臺對立，直接地犯了道因之忌諱，是道因無法忍受的。

所以戒度在《扶新論》中，開宗明義便指出道因指控「《新疏》不受時教」的不合理性。他以元照辯護者的立場反駁《輔正解》，用意在匡正道因對《新疏》所作的指控，釐清元照《新疏》所未能彰明之處，而非如道因一般，挾濃厚的宗門意識去批判與《天臺疏》異解的經疏。尤其，戒度認爲元照《新疏》所論之淨土觀法，固然有異於《天臺疏》所說，但元照並非存心在反對天臺。事實上，依戒度之見，《新疏》還保留了許多《天臺疏》的看法。而且，即使二者有相異之處，實亦無讓其強同之必要，畢竟元照之解說《觀經》，也是持之有故，言之成理的。

戒度與道因之辯，凸顯了智顗——知禮系的天臺淨土觀與元照《新疏》代表的淨土觀間的基本相異處。道因無法認同元照的《觀經》宗旨在「觀佛」的說法，而堅持智顗、知禮所說的《觀經》之

---

⑱　按：元照《佛說阿彌陀經義疏》中云：「修行淨業，感生淨土，別是一門出離徑術。就淨業中復有多種。諸經所示，行法各殊：《觀經》三福妙觀；大本一日一夜懸繒幡蓋，十日十夜奉持齋戒；《大悲經》中一日稱名，展轉相勸；《般舟經》若過繫念現前，九十日中恆不坐臥、《鼓音聲經》十日十夜六時體念……。」其中《鼓音王經》即《鼓音聲經》，都是《阿彌陀鼓音聲王陀羅尼經》之略名。《般舟經》即是《般舟三昧經》之簡稱。

旨在「觀心」的詮釋。戒度所訴病的「觀心」及其「異於觀佛」之說，對天臺門人早已是一種挑戰，元照之時，已有人提出質疑，而元照也認眞回應過。譬如，他在〈上櫨菴法師論十六觀經所用觀法書〉就曾析論當時的爭論，將當時佛教界所傳授的觀法判釋爲如下兩種：

> 大抵諸師章句並以十六妙觀混同止觀觀法，故有觀心、觀佛之諍，約心觀佛之漫言耳。嘗考諸大乘觀法，能觀心雖一，所觀境隨機不同。且説二種：一、以心爲所觀，如天臺止觀、賢首法界觀、還源觀，南山淨心觀，以至少林壁觀等，並指現前覺心體性爲淨土，如《淨名》「心淨土淨」，圓覺、地獄、天宮皆爲淨土。誌公、六祖等皆云：即心是淨土，不須求西方等，此指理體爲土，爲佛一人居之，眾生雖不離而未能顯，《圓覺》、《楞嚴》、《占察》等諸大乘經所詮觀法，皆是此方破惑入道、無生理觀。⑱

這是將天臺止觀，判釋爲以心爲所觀對象，屬於第一類的「心淨土淨」之觀法，是此方破惑入道的理觀之一，而非求往生之觀。另有第二類的觀法，可分成三種如下：

> 以諸佛菩薩修成功德，依正色像爲所觀，如《觀佛相海經》、《普賢行法經》、《觀彌勒上生經》、《觀無量壽佛

---

⑱　見元照，《芝苑遺編》（《卍續藏經》冊 105），頁 564b。

經》等，題中標定能所分明。此又三別：一者，《觀佛相海
經》即觀釋迦，《普賢行法經》即觀普賢，皆不離界而觀，
皆爲破障滅罪，助成理觀，非求生也。二者，《上生經》即
以心想天界彌勒內院求生彼天。此二者不出婆娑。三者，
《觀無量壽佛經》十六種觀，並以送想西方十萬億刹之外，
彌陀依正莊嚴求生淨土。是故初落日觀指其路頭，至第三地
想已成，除疑破障，蓋心念已達比方矣。⑱⑱

這是將《觀經》判釋成所觀對象爲諸佛菩薩，基本上是觀彌陀及其
莊嚴淨土，而求生其間，與《觀佛相海經》、《普賢行法經》之所
觀對象不同、功用也異，更與天臺止觀之觀法及所觀對象全屬不同
類。

　　元照還指出他對《觀經》觀法的分類及解釋，符合《天臺疏》
所說的「落日懸鼓，用標送想之方。」⑱⑨都是認定所觀之境爲阿彌
陀佛與其西方淨土，其「送想」西方的觀佛說，與當時天臺師所說
的「攝想」西方的觀心說，大異其趣。⑲⓪他認爲這種教人觀心的天
臺師章鈔流傳於世，耽誤不少依賴章疏而講淨土之鄉中講經老宿。
這些人「講卻多少彌陀《觀經》，臨終只在人家託生。」反而一般
「行翁行婆」，不知教相，直信觀佛之說而多能生淨土。⑲⑨

---

⑱⑧　同上。

⑱⑨　按此句見於《天臺疏》，頁 186c。「落日懸鼓」一詞，係《觀經》「見日
　　沒，狀如懸鼓」之節文。見《觀經》，頁 341c。

⑲⓪　《芝苑遺編》，頁 565a。

⑲⑨　同上。

　　元照以上說法，重要之處在判定「觀佛」與「觀心」之異，「送想」與「攝想」之別。他認為「觀佛」與「送想」才符合《觀經》所教，但宗師們見天臺多用「觀心」釋觀，「遂將一代觀法作觀心解。」而至於發出「能、所具泯，取、捨皆亡，方成圓觀；若存能、所，即是偏邪」之論。他說天臺宗師以「觀心」釋《觀經》之觀，否定「以心想佛」之必要，認為「以心想佛」或藉觀佛求往生，是談「能、所、取、捨」，而且是多餘的。天臺師認為因為「能、所、取、捨」無非出於自心，而天臺所說之「觀心」，及所談之「以心取境」的「唯心淨土」，自能達到「緣生無生，無生而生」之境界，無須專談「能、所、取、捨」。

　　元照似認為天臺宗師把「唯心淨土」的「唯心」說成頑然不動，都無心念，守心不動，泯「能」絕「所」的一種情境，未免太過。他覺得終日想淨土，取淨業，能想所往，無非是出於自心。乃至「捨此生彼，雖過十萬億剎，未始出於心外。只由淨穢唯心，故使往來無礙。譬如江南江北，雖彼此往來，而不出大宋天下。」這種解釋，最合《天臺疏》「用標送想之方」所代表的觀點了。❷至於《觀經》十六觀屬理觀或事觀的問題，元照與天臺宗師的看法也因其觀心論而有異。他認為天臺諸師基於觀心之見把十六觀視為理觀，而非事觀，因為他們的觀心式的理觀唯有上根達理者能修。但理觀並不限於觀心，觀佛也可以是理觀。但觀佛非只上根達理者可以為之，下根不達理者亦未嘗不可為。不過「悟有遲速，位有深淺。」對上根達理者來說，它是理觀，而對下根不達理者，就成了

---

❷　以上皆見《芝苑遺編》，頁565b。

事想（觀）。⑲故十六觀屬理觀或事觀，在元照看來，完全取決於觀者。但不論理觀或事觀都不妨礙其人往生淨土。若定要把十六觀視爲觀心、理觀，那麼淨土就非人人可及了，這豈不違背《觀經》的精神？⑭

以上元照致櫨菴書所談的觀法，與他在《觀經新疏》的看法是前後一貫的，上節所分析的戒度《扶新論》之觀點，自然也與它同聲相應，於破斥天臺《觀經》觀心論者之論調，更加著力。容再舉一例，以概其餘。就十六觀屬理觀或事觀言，《新疏》曾如此說：

> 餘經理觀唯被上根，今經觀法通攝利、鈍。利、鈍雖異，皆得往生。但生彼彼已，階位淺深，進道遲速耳。然古今判釋，互說不同。一云：十六妙境，無非理觀。一云：據經始末，皆是事想。一云：前後十五是事，唯第九佛觀唯理。今謂初釋則遺於中、下；次解則抑彼上根；後說兩分，最非通論。嘗考經文，但出所觀之境，不分理事之殊。得非能觀之人，根有利鈍、見有通塞，任其分量，皆可趣入乎？⑮

這些說法，曾被《輔正解》指爲觀念混淆，而上文也已指出戒度曾於《扶新論》爲之辯解。值得注意的是，戒度後來在《觀無量壽經

---

⑲　《芝苑遺編》，頁 565a。

⑭　按：知禮《觀經融心解》對類似問題的回答，雖肯定人人臨終迴向，臨終十念皆得往生，但仍強調天臺觀心之妙觀是《觀經》本宗，「須就上根克論正行」。見《觀經融心解》，頁 868a。

⑮　元照，《觀經新疏》，頁 280c-281a。

義疏正觀記》中，特別表彰元照這種看法而說「斯乃今疏之妙談也」。[196]他還指出元照所舉的「古今判釋」三種例子，第一是知禮的《天臺觀經疏妙宗鈔》，第二是桐江擇英（1045-1099）的《淨土修證儀》，第三是孤山智圓的《刊正記》，都於理事觀之解釋失之太偏，尤其智圓之解，視「一人修觀而分兩途」，最不合理。[197]

　　擇英為元照時人，智圓則稍早，與知禮同時，都是北宋傑出之天臺名僧，但於十六觀之解，都與知禮不同，其被知禮陣營視為山外，實不單純。元照因認為他們之看法不正確，也未黨同他們。櫨菴有嚴（1021-1101）在元照時代，聲望甚隆，是知禮以後天臺山家派的翹楚，對元照來說是他的前輩。[198]他是神照本如（982-1050）的弟子，與神照本如學天臺一心三觀之道，法華三昧之行。[199]他雖然在理、事觀的解釋上與元照不同，但主張往生淨土有多途，似易實難，一定要「修無生妙觀」才行。而且他還認為「若妙觀無相應之期，必淨土絕可生之理。」[200]把「修無生妙觀」等同於「修心妙

---

[196]　戒度，《觀無量壽經義疏正觀記》，頁 36ab。

[197]　同前書，頁 36a。戒度並引三書之文為證。《天臺觀經疏妙宗鈔》之文為「以法界心觀法界境，生於法界，依正色心，故十六境豈不一一皆是圓妙三諦三觀云云。」《淨土修證儀》之文為「問曰：般舟觀佛與今何殊？答：彼是先觀事境，後修理觀。此經直觀事境，而取往生。」《刊正記》之文為：「問：佛身觀云是法界身入心想中，豈非理觀耶？答：此一雖理，於皆是事，從多以判，俱事觀也。」

[198]　福導光哉說他是知禮以後山家派系之天臺性具哲學後繼者中，最優秀的傳法宗匠。見氏著《宋代淨土教の研究》，頁 105。

[199]　《佛祖統紀》，頁 218b。

[200]　見櫨菴有嚴，〈淨土修因或對〉，在《樂邦文類》，頁 305c-306b。

觀」，並依智顗的行有定善與散善之解釋，而將它歸屬為定善。❷
這種將「修心妙觀」視為定善，而其餘「未兼理定」者都成為散
善，固與《天臺疏》及《天臺觀經疏妙宗鈔》的主張，前後呼應，
亦與元照的看法，大同小異。事實上，元照雖在「思惟正受」的解
釋上尊「善導疏」而抑智顗《天臺疏》，但在十六觀與定、散二善
關聯的解釋上，則斥「善導疏」而與《天臺疏》相近。他曾說：

> 善導〈玄義〉云：「前十三觀為定善，後三福九品對前三福
> 為散善。」今謂不然，若如所判，止有十三觀，那名十六觀
> 耶？況下九品上品結云：「是名上輩生想，名十四觀。」
> 中、下亦然。何得獨名散善？止用求此，不攻自破。依法不
> 依人，《涅槃》極誡！❷

可見《新疏》雖或尊善導疏之說，但仍是有選擇性的，必要時，也
會拒善導疏之解，而明指其非。戒度在註釋此段文義時，連用

---

❷　同上。按：《天臺疏》在解釋大本「五逆謗法」不得生淨土，而《觀經》則
　　讓其得生時說：「行有定、散，觀佛三昧名定，修餘善業說以為善。散善力
　　微，不能滅除五逆，不得往生。大本就此故言不生，此經明觀故說得生。」
　　可見，智顗同意十六觀為定善。有嚴承其意而謂「定善者，修心妙觀，首楞
　　嚴定等。散善者，如四十八願經修十念者，都攝六根，但聲聲相續而已。以
　　未兼理定，說名為散是也。」
❷　元照，《觀經新疏》，頁 283ab。

「斥」字說明《新疏》毅然反對善導疏之解，㉒其辭甚爲肯定，其意當在強調元照註經時「依法不依人」之不偏不倚的態度吧！

總而言之，元照鼓吹觀佛、念佛、修德、行善同時進行以求往生淨土，他的淨土觀較那些強調彌陀願力，端賴稱名念佛之講家教法，顯然更嚴謹而周延。但他鼓勵上根、下根之人各依其力而爲，依十六觀之教觀佛，不受囿於事、理觀之說教而求淨土往生。而戒度爲其師據理力爭，否認《新疏》故意指斥天臺之說，而強調其教觀理事都以天臺爲憑準；雖於其他毛目或有取捨，也是各有所據，非別出胸臆。其細心申辯發微之力，確足以扶持《新疏》。不管如何，如同戒度所說，《新疏》確欲做到「採諸師之長，以成一家之見。」至於是否「其間所有刱出新義，蓋由佛意。」㉓就非吾人所能知。這種工夫，道因作《輔正解》時似未深加考量。因爲他受「建立門庭」之目標所左右，故《輔正解》中主觀、嚴厲的指責遠多於客觀、理解性的辯論。當然，道因的做法或有暫時提升天臺山家系淨土觀之作用，而爲其宗徒所首肯，但心胸較開放之淨土學者，取元照《新疏》、戒度《扶新論》與《輔正解》稍作比較觀察，不難見出道因強烈「宗門意識」所立之言論，充滿偏見，而吳克己、宗鑑、志磐等人卻附和其說，熱心聲援，可見道因宗門意識對天臺山家派義學影響之深。

㉒　戒度，《觀無量壽經義疏正觀記》，頁 47a。按：此段元照疏文之最後一句，戒度解曰：「《涅槃經》明末世弘通，凡用聖教，當以四法勘驗邪正，『依法不依人』即其一也。」

㉓　同前書，頁 24b。

後記：

　　本章所提到的「鄰三學」（見註❷），究竟是誰，撰寫此文之時，憾未能查明。最近重閱《大覺國師文集》及《釋門正統》，發現他即是明智中立（1046-1114）之高弟慧照法鄰（哲宗時人）。因爲出道之後曾受命主明州三學院，説法之盛，僅次於其師，故獲「鄰三學」之號。宋以來之叢林禪師、法師之稱謂，常有法名末字冠於其人住持寺院名之法，如華嚴修顒（仁宗時人）號稱「顒華嚴」，法鄰稱「鄰三學」都是其例。

　　法鄰以翰墨詞章擅名於明智中立門下，故《佛祖統紀》説：「法鄰，早爲明智高弟，屢居座端，道業詞章眾所推服。高麗義天至，首入南湖，請跋所受教乘歸國，師援筆立成，有古史風。義天嘉歎不已。郡命主三學，講演之盛，亞於南湖。」（15:225c）他與草菴道因誼出同門，互相標榜，亦是常事，故《釋門正統》説：「[艸菴]謁寶雲、明智學天臺心觀，遍歷教庠，讀《指要鈔》深有悟入。宣和中，遍窺禪室，鄰三學以序贈之，言：『道行已成，玄旨高妙，參徹宗匠，深明禪學，達其利病。』」（6:852b）

　　高麗王子義天來宋時，法鄰確與其師負責接待，而與義天變成知交。《釋門正統》有此一段描述：

　　　　義天僧統來求法，首至四明。太守命明智與師館伴。義天師事明智，而友師，請跋教乘類書，歸國流通。其文曰：「文字者，聖人寓妙道之器也，作者尤不可忽，治者所宜盡心。昔之畫卦作書，天應孔著，或河出圖，或鬼以泣，迄至堯舜，四時巡守，先考書文。孔子作春秋，彌謹其法；左氏授經，顯諸義例，殆無一言苟發。至於止才[戈]爲武，皿蟲爲

蠱，以至一大爲天，貫三爲王，茲又見文字之爲用，非人所
爲，詩書之文，爾雅有訓。炎劉之舊，文教大興，許愼於是
撰集說文；梁武天縱，玉篇四聲，開益天下，雖萬世不能
易。是知文字之業，顧不大哉！皇宋有校書、正字之官，董
狐、固、遷之職，凡以此也。」艸菴云：「此文甚高，殆追
史筆。」其主三學，患學者不克進德修業，少則志氣慵懦，
晚則問命相形，因戲曰：余主法席有二大戒，三十以前不得
念彌陀佛，七十以後不得持消災咒。」語雖類俳，實中時
病。（7:869ab）

此段引文的艸菴，即是草菴道因。他與法鄰之間，惺惺相惜，投桃
報李，可見一斑。義天既然對法鄰之文筆讚歎不已，歸國之後，就
屢與法鄰互通音問，向法鄰求教。《大覺國師外集》中有〈大宋沙
門法鄰書〉一篇，似爲法鄰教導義天表書公狀寫法應注意之事，其
書略謂：

乞於表書或公狀只云：「元祐二年，入朝求法，回次明州，
奉聖旨延慶悵幄安。洎主客楊傑許與法師相會談道，此時住
三學院法鄰，得古教乘若干，此僧云云。欲乞催請此僧，歸
住國清寺，教授新學三年，仍前發遣，歸還中國，不敢久
留。……（建國大學本 7:8a-10a；韓國佛教全書本 4:581a）

同書還說：「法鄰學甚淺，然有大志，古今治亂之源，三教興廢之
迹，百慮一獲，知我者誰？」意似謙虛，實頗自負。

第六章　從佛教研究法談佛教史研究書目資料庫之建立

最近從蔡耀明教授的著作中，略知國內佛教學者對於佛教研究法的關切及討論，雖然討論的詳情，個人因為所獲消息有限，不甚了了，但對這種討論活動，覺得是非常有意義的。根據蔡教授的〈迎向專業的佛教研究〉及〈佛教研究方法學緒論〉等文看，似乎這方面的討論，仍是佛學學者在主導，其他學科及研究領域的學者似乎都保持緘默；至少佛教歷史學家，似無一言之贊。本文擬從佛教史研究者的立場，簡單地談談目前美國佛教研究學者之研究及其研究法，並提出一個佛教史研究資料庫的構想，希望能夠拋磚引玉，引起更多的討論。

一、佛教史與佛教研究

廣義的佛教研究應該包括佛學、佛教史、佛教倫理、佛教文學、佛教藝術、佛教建築等領域。近年來，因為環保問題及婦女問題備受重視，佛教的研究也延伸到佛教與環保、婦女關係的探討。可以說，佛教研究的範圍更廣，課題更多，分工愈細愈專門，方法

愈趨多樣。初學者若忽視不同課題在研究方法上的歧異，往往從錯處著手，盲目摸索，而易處處碰壁，勞而少功。當然，研究方法之類的書籍，都是可供參考的對象，但是它們多半針對佛學的研究而寫，對研究佛學或有幫助，對其他領域則未必適用，初學者若乏人指導，奉之為至寶，恐怕從其中所能得到的啟發也是有限的。

由於近二十年來，美國的佛教研究學者多半接受跨科技學科之訓練，除了對佛教經典、教義的瞭解之外，也對佛教與相關的問題發生濃厚的興趣。研究者也不再以從事佛學研究（Buddhology）為滿足，對那些專以介紹佛學為主的課程或專書，也覺得不足以滿足他們的需求。即使研究經典及教義，傳統佛學研究所專注的註疏、義解、及翻譯也只是起碼的研究工作而已，而不是研究的終極目標。研究佛典也將該佛典存在或流通的時代、社會及相關人物進行一番瞭解與查考，以凸顯它存在或通行的意義。學者們顯然認為，要賦予一部佛典應有的文化意義與地位，就不宜將它孤立於歷史、文化脈絡之外來做研究，而應將它擺在歷史、文化脈絡裡來考量。換句話說，研究佛典，應當研究使用者對它的詮釋及它被使用的方式，或它在佛教實踐（practice）的作用及角色等等，而不光是做教理解釋的工作而已。

據個人之觀察，這種著重於佛教典籍之社會意義的研究，及佛教實踐相關問題的歷史與文化研究，是近年來美國佛教研究的一個**趨勢**。從事這類型研究工作的學者，多半不願被稱為佛學專家（buddhologist）。他們一方面自認為研究的對象及所使用的路徑都比純粹的佛學研究廣闊，另一方面則感覺佛學專家一詞並不能充分而完整地代表他們跨科技的專長與他們的知識領域。這種認知，應當

不是基於貶低純粹佛學研究的心情，而是爲了拓寬他們在學術市場的「待賈而沽」之可能。因爲除了極少數規模較大的大學設有佛學課程，需要聘用佛學專家之外，多半大學或學院的佛教課程都在亞洲或東亞語文研究科系。這些科系所需要的佛教師資，多半是東亞或東南亞佛教的研究者，需要有能力教授中國或日本佛教，甚至儒家思想、道教及其他相關課程。這種需求，使學者們對自己專長的定位，不敢太局限於「佛學」一領域，而寧以較廣義的「佛教的研究者」界定一己之專長。而爲了適應日益廣闊的課程要求，他們的研究也可能從對佛學的專注延伸到對不同層面的佛教歷史與文化的探討，他們所需要閱讀和參考的書籍和論文，就大量增加。這種閱讀與研究範圍的擴大，使他們必須在研究方法上做相當程度的調適，不斷做「再學習」的自我要求。

　　不管研究範圍擴大之主因何在，或再學習的動機是出於滿足學校課程的要求或適應個人研究的需要，研究者在這方面持續的努力，對佛教研究的未來，應是相當有利的。因爲它可能是促使佛教研究從「中國研究」領域的邊緣移向其中心的一個有力因素，也可能是幫助佛教研究除去它「小傳統研究」標籤的一個基礎。怎麼說呢？以下就個人平常之觀察，做一簡單的分析。

　　一直以來，美國的中國研究都以政治、經濟、社會爲主。自從李約瑟（Joseph Needham）的《中國科學與文明》的各專卷陸續出版之後，中國科技史也變成中國研究之一主要部分。思想史方面，當然是以所謂「大傳統」的儒家思想爲主，其他思想或宗教，不論佛教或道教，都不屬於主流的學問。當然這可能與這些宗教學者人數的多少有關——亦即，因爲研究人數少，出版作品不多，難以引人

注目而形成一門受重視的學問。但研究人數的多少，未嘗也不是決定於學術潮流及市場。若潮流及市場偏向政治、經濟、社會等問題，學者就投入這些領域，使得它們益形熱門，而變成主流的學問。相對的，因爲潮流及市場不利於中國宗教的研究，學者就不想投入這些領域，無形中使得原本在這領域的學者孤立起來。這種說法好像是「潮流及市場決定論」，但未嘗也不無道理。當然，我們可以問所謂的潮流或市場如何形成，但恐怕不是三言兩語所能說清。大抵上應該與早期中國研究專家的興趣及注意力有關。

由於中國佛教的研究一直都是少數學者的領域，它要形成一門受重視的主流學問就不是那麼容易，在美國如此，在國內也不例外。最近十年來，研究中國佛教的美國學者人數漸多，但多半對佛教研究仍在中國研究邊緣的處境，仍常引以爲憾。譬如 Peter Gregory 教授在他所主編的《宋代佛教》（*Buddhism in the Sung*）一書之序文對此處境就深表惋惜，認爲學界應該改變對佛教研究之看法，把它視爲中國研究的主流學問之一部份。當然，身爲佛教史之研究者，個人非常贊同他的看法，但是總覺得要改變佛教研究的地位與處境，使它從弱勢的學問變成主流學問，與其寄望學界的認同，不如佛教研究者承擔起這個任務，繼續努力推廣佛教研究，培養優秀的新進研究人才，出版更多高水準論著，擴展佛教研究的能見度（visibility），那麼，要使這門學問受到重視，應該是指日可期的。

我這裡所說的高水準論著，是嚴謹而富有創見的作品，這種作品須表現相當精密的研究方法，同時要具備跨學科的認識、精神和內涵。以佛教經典的研究爲例，應該突破單純的訓詁、釋義、和翻

譯之限制，而兼做歷史的或比較的議論性研究。譬如最近 Julian Pas 的《觀想彌陀極樂世界：善導的觀無量壽佛經義疏》（*Visions of Sukhāvatī: Shan-tao's Commentary on the Kuan Wu-liang Shou-Fo ching*）一書，即是一部相當嚴謹、綿密、跨學科而富有議論的研究著作。此書不但對彌陀淨土做了相當深入的歷史性考查，而且引證中、印經典史料，提出詳細的分析及建設性的議論，是一部水準相當高之著作。自然地，作者的研究方法就很值得學者去參考及深思。

　　另一個衡量高水準著作的標準，是作品中所表現的理性懷疑精神與批判性的研究態度。在其他學科的研究裡，這種標準是非常受重視的，因爲它關係到研究者在研究過程中在求眞與推理上的敏銳洞見與自我要求。不管作者研究的目標是事實的敘述或理論的建構，對於所用的資料都應該有相當程度的懷疑及批判。在中國佛教的研究上，表現這種懷疑精神及批判態度的英文作品，往往受到相當高的評價。較突出的例子即是 John McRae 的《北宗與初期禪宗的形成》（*The Northern School and the Formation of Early Ch'an Buddhism*）一書。此書的基本前提即是否定《六祖壇經》爲研究初期禪宗的一可靠歷史文件，認爲過去流行「一串珠」式禪宗師徒相傳的歷史觀點把禪宗史過分簡化了。根據這種傳統觀點所做的研究，在方法上是有問題的，因爲這樣會忽略禪宗發展所受到的客觀政治、經濟、思想的影響，這些影響有其潛在的重要性，是歷史研究應當注意的。傳統禪宗的研究，簡單地把初期禪宗分成南、北二宗，又將其禪法加上南頓北漸的標籤，本書作者極力反對，並且認爲這是歷來禪宗史研究不夠精密並且缺乏懷疑及批判精神所造成的誤解。

　　近年來美國出版的中國佛教研究論著，不乏充滿懷疑及批判精

神之作。事實上，仔細觀察這些作品，我們不難獲得一個印象，即是它們對流傳已久的傳統觀點或記載，不管是近人的或古人的，都表現了重新檢討評估或破舊立新的意圖，這應當都是學術研究成果累積及成長的自然趨向，是值得我們樂觀其成的。唯一令人不放心之處是可能有些勇於破舊的作品，其基礎是建立在誤解或迷信日本學者的研究成果上。這當然不是暗示日本學者的研究有什麼大問題，而是擔心過分仰賴日本學者的著作，會使研究範圍受到了局限。事實上，日本學者對中國佛教的研究，成果相當豐碩，實在不容佛教研究者忽視，利用他們的研究成果，原是無可厚非的，但若只是編譯名家之著作、蹈襲他們之觀點而攬爲己有，就不足爲訓了。此外，日本學者雖然博通，但也有他們的缺點與盲點，他們的見解未必深刻，他們的論點也未必周延，他們對中國佛教問題觀察也有不少偏差，甚至他們也往往欠缺基本的懷疑及批判之精神。太過迷信他們別具慧眼或獨有眞知灼見，當然會被牽著鼻子走，而致取人之糟粕爲自己之菁華。若能以懷疑及批判之精神閱讀他們之著作，往往能夠發現問題，破舊立新，提出一己之創見。

最近 T. Griff Foulk 的一些著作，嚴厲質疑並批判日本學者之研究成果，是富有懷疑及批判精神之作。他的「宋代禪宗之迷思、禮儀、及寺院修行」一文（"Myth, Ritual, and Monastic Practice in Sung Ch'an Buddhism"），勇於破舊立新，雖然他的論點有些問題，結論也應加以存疑，仍可算是篇具有創見之作。身爲少數反對「宋代佛教式微論」的當代學者之一，Foulk 在此文中表示日本學者對唐宋佛教之偏差的研究，是深受宋代禪僧所製造的「宋禪神話學」（Sung Ch'an mythology）之影響。所謂禪宗初祖至六祖之法系，南北二宗之對

壘，一花開五葉之結果，由唐之黃金時代經會昌毀法而步入唐末及宋之衰微等等說法，都是相信這個「神話學」的結果。簡單地說，唐代禪宗史其實是宋代的禪僧製造出來的（按：嚴格地說，應是五代及宋的禪僧），其中《祖堂集》和《景德傳燈錄》為其嚆矢，影響最大。這些典籍對初期禪門法系及六祖以下禪師之記載，若非與敦煌發現的初期禪宗史料不符，即是無法與流傳於唐代晚期之任何禪籍互相印證。宋代禪僧為了宣傳他們的禪法，刻意製造禪宗歷史以為他們的禪法和宗教議論建立歷史的依據。很自然地，他們就會把他們自己所知或宋代流行的制度及觀點寫入他們理想化的唐代禪史裡。Foulk 認為百丈懷海的《禪門規式》，就是宋代禪僧以這種方式寫入歷史的，它附在《景德傳燈錄》的百丈懷海禪師傳後，但傳中未描述百丈立山門規制的具體過程與做法。《禪門規式》其實代表宋代禪宗叢林制度的部份面相，唐代並無特殊的禪宗叢林制度。換句話說，唐代禪院所行的叢林規制與一般寺院無二，而唐之禪僧並未發明任何禪宗獨傳的叢林清規。

　　本文不擬討論 Foulk 論文的細節，只想指出他的看法之有效與否尚有待進一步的查證，也許在他即將出版的書中，會有更完整、可靠的論證，可以使他的觀點更加強化、可信。不過，Foulk 對歷來禪史研究的批評，頗有值得我們回顧、思考之處。他認為，研究禪宗的當代中國與日本學者，在使用燈史去進行研究時，常常未能分辨研究對象的神話學及歷史層面。他們還相信燈史裡所說的「禪宗」即意含寺院之類的機制或社會團體，而未能考慮它實質上是一種神話學的實體（mythological entity），雖有某些程度的社會性及機制性意義，基本上是許多習禪悟道一類故事集合體的稱謂。Foulk 的

觀點並未發揮的很清楚，但他似乎在說，因爲「禪宗」一詞所含的故事及象徵意義太大，所以燈史所載禪史的眞實性就大打折扣，不應輕易採信。

如果 Foulk 看法確如所說，那麼「禪宗」一詞之象徵意義對禪宗史研究的誤導，恐怕是遠超出我們想像的。事實上 Bernard Faure 在他的《機鋒迅語辭令學：禪宗之文化批判》（ *The Rhetoric of Immediacy: A Cultural Critique of Chan/Zen Buddhism*）就把號稱「教外別傳」、「以心傳心」的禪宗之多面性及兩元性（duality）加以解構，突出它與民間宗教相交集的成份，而描述禪僧與神通、舍利之密切關係，他們的道德主義及禮制化的傾向。這些都是與原本的禪宗反形式、反教條、反道德、反偶像、反傳統的精神相違背的，但是卻活生生的構成禪宗傳統之一部份。Faure 之著作雖不是專論中國佛教之作，但卻是一部跨文化、跨學科的後現代禪宗問題研究，書中充滿議論、辯證，頗能表現作者之博學與特識，所以出版之後頗受學界重視。學者在尋章摘句、爬梳佛教史事之餘，或能從他的書中獲得不少啓發，而重新思考禪宗研究法的方向。

理想而嚴謹的佛教研究，在相當程度上應是「歷史的」研究，亦即探討歷史時空脈絡裡某種現象或觀念產生及演變的緣由。任何敘述生動或理論新穎的作品，若缺乏足夠的歷史證據或歷史考量，是不切實際、空有軀殼的。Faure 顯然博聞強記，故能旁徵博引，左右逢源，但他的作品中的許多關鍵性議論，常常缺乏中、日文資料及文獻之佐證，雖然未必是有意漠視或迴避歷史證據，總讓人覺得不夠審愼。此外，Faure 對中、日禪宗合併而論，而常以日本禪概括中國禪，未能注意中國禪宗傳統及中國佛教的特性，當是其書

最可議之處。

　　對中國佛教的研究者而言，Faure 著作的瑕疵是很顯而易見的。他的問題可以為跨國佛教研究者及理論建立者的警惕。更具體地說，歷史證據與中國佛教特性等問題，是不容忽視的。這些問題，也是最近研究疑、偽經（或本土製佛經）所面對的根本問題，因為疑、偽經涉及佛教中國化的過程，需擺在歷史、文化的脈絡裡審慎地檢查，才能夠看出它們與佛教中國化之關聯。這方面的研究，可以最近 Alan Cole 的《中國佛教的母與子》（*Mother and Sons in Chinese Buddhism*）一書為代表。

　　Cole 的作品旨在證明中國僧侶創出一套本土佛教的孝道觀，這種孝道觀表現於某些佛經裡對子女於父母孝養、報恩、及救難的強調。但這些佛經並非譯自梵文的印度經典，而是中國僧侶抄錄諸經、纂集刊削、而偽託為印度佛典之作。Cole 檢視了第五、六世紀至第十世紀之間出現的若干疑偽之經，討論這些經典有關孝道的記載，指出這些經典製造者如何渲染、演繹佛經故事，使之成為兼攝有儒家孝道觀的「佛孝」。它們強調子女除事奉父母、盡心孝養之外，還要時時懷念父母恩情之重，知所回報。而於父母遇苦受禍時，更應捨身救難，使他們脫離墮入冥間地獄之厄運。Cole 將這些疑、偽之經，依時代先後提出討論，說明從《父母恩難報經》、《般泥洹後灌臘經》、《灌頂經》、《孝子經》、《報恩奉盆經》、《盂蘭盆經》、《淨土盂蘭盆經》、《父母恩重經》、《父母恩重難報經》、以至於《血盆經》等本土製的偽託佛經，對孝道的各種表現，有相當顯著的強化。除了這些本土製佛經之外，Cole 還討論佛徒所編寫之各種經疏、文集，及體裁各異之宣傳作品，說

明他們藉這類典籍所載之故事，來鼓吹佛教之孝道，駁斥佛教不講孝道之批評。這方面的作品依時間先後有《那舍姻緣》、《優陀羅母墮惡鬼緣》、《那舍姻緣》、《佛升叨利天為母說法》、《盂蘭盆讚述》、《法苑珠林》、《諸經要集》、《觀無量壽佛經疏》、《盂蘭盆經疏》、《目連緣起》、《大目犍連冥間救母變文》、《十恩德》、《報慈母十恩德》、《父母恩讚文》、《父母恩重經》、及《廬山遠公話》等等。藉這些不同的佛教文獻對孝行之解釋，Cole 證明疑、偽經之作實是佛教中國化最明顯的過程及表現之一。這種過程的究竟，若缺乏「歷史的」觀察與認識，是很難看出來的。

疑、偽經的產生與佛教中國化的關係，是最近許多佛教研究學者所關切的問題。自 1989 年 Robert Buswell Jr. 所著的《中國與韓國禪意識形態的形成：佛教偽經〔金剛三昧經〕》（*The Formation of Ch'an Ideology in China: The Vajrasamādhi-Sūtra, A Buddist Apocryphon*）及他 1990 年編的《中國佛教偽經》（*Chinese Buddhist Apocrypha*）出版之後，疑、偽經與佛教中國化問題之再評估深受學者的注意。Cole 的著作，不過是這種再評估的例子之一，他的研究方法與討論內容，明顯地呼應了 Buswell 在他書中所說的一句話：「在我們目前佛教研究發展階段中，光是依靠傳統佛學家的考證批評研究法，實不足以回應東亞各地本土佛教傳統的研究者所必須問的問題。」

什麼是「本土佛教傳統的研究者所必須問的問題」呢？研究中國佛教來說，學者可以問的問題包括：中國本土製的佛經是如何產生的？它們所含的本土思想成份，亦即道教、儒家及早期民間信仰等各種因素是怎麼與印度佛教思想混成一體的？它們的混合過程如

何？文化間的差異如何被調解或稀釋？所經歷的時間有多長？傳達了什麼訊息？蘊含了什麼意義？發生了哪些作用？造成了何種影響？諸如此類問題，當然不是簡單的考據註疏可以回答。Buswell 認爲疑僞經的製作，是佛教中國化難以避免的副產品。而事實上，這些本土製佛經，比本土作的譯經義疏，更能夠表現中國佛教的特異性。但是在研究這些經典時，與它們相關之政治、社會脈絡是不能忽視的。Buswell 還特別強調跨文化的佛教研究，認爲學者應該視其佛教研究之課題爲泛亞宗教之部份。換句話說，佛教研究最好不要太受國界之限制，否則許多佛教文化交錯或跨文化（cross-cultural）之現象就容易被忽略。最近十年來學者在疑僞經方面之研究，已經擺脫過去以追查僞造或僞託事實爲鵠之之觀點。他們在研究方法上，顯然也突破了傳統佛學研究之局限，而注意到疑僞經產生的社會、歷史、宗教及文化背景，把它們跟相關的時間、空間、人物、團體及制度等，做一整體性的考量與探究。未來中國佛教研究，應該朝這種廣泛、周延、而跨越時空、學科限制的方向進行，這是佛教研究擺脫它孤立、邊緣角色的較具體而實際的做法。當然，要確實能夠促成這種角色的變化，我們應設法有效地掌握相關的資訊，了解學者多年來的研究成果，一方面避免重複而無新義的研究，一方面在前人的基礎上發覆創新，給佛教研究開出一個新的局面。

二、中國佛教史線上研究書目芻議

上述新的佛教研究方向，既牽涉到廣泛又複雜的問題，又無一

定的研究方法可循，佛教學者自有必要加以注意。1998 年的十二月，哈佛大學的佛教研究論壇（Harvard Buddhist Studies Forum）與波士頓研究中心（Boston Research Center）舉辦了一場討論會，議題為「佛教研究：過去與現在之間的對話，未來的方向。」（Buddhist Studies: Dialogues between Past and Present, Directions for the Future）。這個會議雖不直接關係中國佛教的研究，但會中所提出之問題及未來研究方向與重點之考量，與上節之討論殊途同歸，或可以供我們參考。

　　此討論會分成三個單元，每個單元各有一個主題。第一單元之主題為「認可過去研究[之成果]，期待佛教研究之未來」（Acknowledging Previous Studies in the Future of Buddhist Studies）。討論的內容包括塑造成西方佛教研究之歷史及方法學之背景。第一單元所獲的共識是：(1)擴展習禪或打坐（meditation）的研究，使包括不同宗教傳統的禪法或靜坐法的比較研究；(2)開啟與心理學等其他學科之對話；(3)考慮印度佛教研究與印度文化脈絡之不可分；(4)向無歷史意識的（ahistorical）研究取向挑戰，特別是在西藏佛教與文化的考查上。

　　這些觀點，與前述所說的跨科技、跨文化、歷史的、文化的佛教研究不謀而合。但是這不是一件輕而易舉之事，需要對前人的研究成果有一縱深的歷史認識。這可能是該會議把第二個討論單元訂為「佛教研究之究竟為何？」（What's Real in Buddhist Studies）的原因。因為在這個單元裡，學者對過去佛教研究之經驗做了一番審查，譬如研究類目之形成過程到底如何？學者對佛教思想及歷史動向所做的界定等等。當然也少不了對藏傳佛教的討論，諸如其藏經的形成，各佛教宗派之間在學術辯論裡的政治面。在涉及佛教戒律

時，還兼討論認知科學（cognitive science）理論，藉以思考語言被做爲建構道德觀之各種方法。

這些課題的討論，顯示佛教研究學者對過去研究法的反思及對未來的期待。他們希望辨認過去佛教研究的問題，同時要思考如何突破較傳統佛教研究法之局限。從中國研究者之立場來看，就是要把佛教研究從孤立的、邊緣的處境拯救出來，重新爲佛教研究定位。與會者顯然認爲佛教史的研究，應是最直接的答案。我們可以從第三單元的討論標題看出，此單元題名爲「佛教史新透視」（New Perspectives on Buddhist History），所宣讀的論文討論下列三種問題：日本中古佛教教育爲當代日本佛教教育理論之來源；某泰國佛教通鑑可用來幫助我們重新思考我們與歷史上的佛教團間之關係；對十四世紀的某一西藏佛教教典之編輯、製作、及出版之考查，可加深我們對佛教社會史的理解。與會的學者認爲，這些討論代表佛教史研究有廣泛的題材足供選擇，而討論中對我們如何閱讀並評估歷史證據也提出了若干相關的問題。最重要的問題是：史學家應扮演什麼樣的角色？目前對佛教史寫作關切的情形如何？這些都是非常應該問的問題，因爲史學家若不挑起佛教史研究之義務，那麼誰去擔負這個工作呢？佛教史的寫作若仍是寥寥可數，那怎麼去改變佛教研究之地位呢？

跨越文化藩籬的佛教研究應是未來研究的主要方向之一，Buswell 所強調的泛亞洲佛教史研究是很值得研究者去思考的。不過，在跨越異國文化之藩籬前，當然要對本國文化的各個方面有一個整體的認識。數年前，Stephen Teiser 對《十王經》做了一相當仔細的研究。他蒐集的歷史、文化資料非常廣泛，包含許多考古、

碑銘、繪畫、圖像、手卷及敦煌藝術史料，充分利用各層面的文化證據寫成《十王經與中國中古佛教煉獄之造成》（*The Scripture on the Ten Kings and the Making of Purgatory in Medieval Chinese Buddhism*），在佛教與民間宗教的研究上開闢了一個新的途徑。這個會議第四個單元所討論的主題——「當本地的天才跨越文化之藩籬時」（When Local Genius Crosses Cultural Boundaries）——未嘗不可以說是呼應 Teiser 佛教史研究法的一個表現，因為它討論的問題集中於強調那些非常用資料在佛教研究的重要性——包括歷史藝術及不為人所熟知的當代資料。而最近于君方（Chün-fang Yü）的《觀音大士之中國化》（*Kuan-yin: The Chinese Transformation of Avalokiteśvara*）基本上也是一個歷史的研究，它所根據的資料，也是跨越文化、跨越學科的，採用了歐大年（Daniel Overmyer）所提出之 "THF"（text, history, and fieldwork）研究法，亦即文本研究、歷史研究、及田野調查的合併研究。可以說是與 Buswell, Teiser 及哈佛論壇會議的觀點前後相呼應。

　　資料的蒐集無疑是任何研究工作的基礎，佛教研究自不能例外。不過若要進行上述佛教歷史研究，尤其是中國佛教史的研究，在資料的蒐集上就要有較大的視野及開放的心胸，要對「內學」及「外學」都有基本的認識，並予以同樣的重視。換句話說，除了參考佛教經律論各方面的資料外，也要能夠利用一般歷史研究所需的資料，包括史書、文集、筆記、金石、方志及出土文物等等。當然還要懂得如何在類書、叢書裡頭找尋相關資料。總之，研究佛教史，應培養歷史研究的一般素養，對「內典」與「外典」所含的資料，都能夠理性而平衡地掌握與運用，這樣才能夠寫出夠水準的作品。

　　以上很簡略地分析美國近十年來佛教研究的動向，及學者對研究方法所表達的看法。同時也藉哈佛大學佛教論壇之會議內容，來說明學者檢討佛教研究之過去和策劃未來的一些觀點。這種討論，無非為強調佛教史研究之重要性、研究視野及態度之放寬、研究方法之創新、與資料蒐集範圍之擴大。這些都是易說而不易為之事。也就是說，要在前人的基礎上，發展出新的研究法和打開新的研究路徑，沒有做些基本的準備工作，是難之又難的。個人認為，這種基本的準備工作，就是編製一套完備的佛教史研究書目。不過，編製研究書目，通常與研究工作同時進行，因研究者興趣和需要之不同，在資訊的蒐集及組織上也會有疏密之別。尤其，研究者之視野及領域若不夠寬大，其書目之用途就大受限制。不過，任何個人的能力畢竟有限，要編出完備的研究書目，以一人之力，必定費時耗日，勞而少功。如能透過一群人的合作，就能減少許多困難。

　　本文所提之線上佛教史研究書目資料庫的構想，就是落實上述看法的一個步驟。這個構想之做法是把我今年初開始編寫的一個簡單的佛教史研究手冊，用線上登錄的方式，轉換成一個可以搜尋的（searchable）資料庫。所謂可搜尋的資料庫，與圖書館的書名、作者名、及主題的電腦查詢相類似。換句話說，使用者若鍵入某作者之姓名，即可獲得與該作者有關的資料。當然資料的多少，視資料庫內容豐富或貧乏而定。如同圖書館之藏書一樣，只要資料庫裡頭有豐富的資料，搜尋的結果自然較佳。相反地，資料庫的內容不足，搜尋的結果就難令人滿意。

　　今年初（2001）我開始編寫一部佛教史研究手冊，編寫不久，校方電腦中心舉辦電腦資訊講習，我就藉機向講習班的資訊工程師

Stan Skrabut 提出資料庫的構想。Skrabut 先生根據我的研究手冊雛形，開始用 Microsoft Access 做了一些簡單的試驗，把中文輸入的問題克服後，立即進行資料庫的製作。我們邊做邊修改，大致建立了一個資料庫的基本輪廓。後因爲我回政大客座了半年，工作中斷，直至九月中，工作才恢復進行。

此資料庫與臺大佛學研究中心的資料庫雖然有類似之處，但相異之處較多。基本上，此資料庫並未提供資料全文，但所蒐集資料包括期刊論文及專書之資訊。分別以中文、英文、日文題名羅列，並加小註，說明內容之大概。因爲建立此類資料庫相當耗時，尤其新的著作不斷出現，需要經常更新，實非一人之力所能竣事，所以我也只能有空時隨想隨作，以期聚少成多罷了。此資料庫網址爲：http://academic.hws.edu/chinese/research/，有興趣的讀者，請上網瀏覽，並請提供建議，俾日後更新時作爲參考之用。

參考書目

一、辭典類：

丁福保，《佛學大辭典》（北京：文物出版社，1982）

小野玄妙、丸山孝雄編，《佛書解說大辭典》（日本東京都：大東，初版，1977）

中國文化學院，《中文大辭典》（臺北：中國文化學院出版部，第5版，1980）

明復，《中國佛學人名辭典》（臺北：方舟出版社，1974）

佛光山宗務委員會，《佛光大辭典》（高雄：佛光山宗務委員會，1998）

國語日報出版中心，《新編國語日報辭典》（臺北：國語日報出版中心，2000）

商務印書館，《辭源》（臺北：臺灣商務印書館增修版，1997）

諸橋轍次，《大漢和辭典》（東京：大修館書店，1984）

Keown, Damien., *A Dictionary of Buddhism* (Oxford: Oxford University Press, 2003)

Soothill, William E., *A Dictionary of Chinese Buddhist Terms* (London: Kegan Paul, Trench, Trubner & Co., Ltd. Taipai reprint, 1982)

二、佛教相關書籍： (大致按作者或譯者姓名筆畫順序排
列，僧侶之「釋」姓，一律省略)

文諗等，《往生西方淨土瑞應刪傳》，大正藏冊 51（臺北：新文
　　豐出版社影印本，1983；《淨土宗全書續》冊 16（東京：
　　山喜房佛書林，1974）

王古，《新編古今往生淨土寶珠集》，《淨土宗全書》冊 6（東
　　京：山喜房佛書林，1973）

王日休，《龍舒淨土文》，《大正藏》冊 37（臺北：新文豐出版
　　社影印本，1983）；（臺南：淨宗學會，2000）

元照，《佛說阿彌陀經義疏》，《大正藏》冊 37（臺北：新文豐
　　出版社影印本，1983）

——，《觀無量壽佛經義疏》，《大正藏》冊 37（臺北：新文豐
　　出版社影印本，1983）

——，《芝苑遺編》，《卍續藏經》冊 105（臺北：新文豐出版社
　　影印本，1977）

志磐，《佛祖統紀》，《大正藏》冊 49（臺北：新文豐出版社影
　　印本，1983）

本覺，《釋氏通鑑》，《卍續藏經》冊 131（臺北：新文豐出版社
　　影印本，1977）

印光，《印光法師文鈔》（臺中：青蓮出版社，1999）

戒珠，《淨土往生傳》，《大正藏》冊 47（臺北：新文豐出版社
　　影印本，1983）；《淨土宗全書續》冊 16（東京：山喜房
　　佛書林，1974）

戒度，《佛說觀無量壽佛經扶新論》，《卍續藏經》冊 33（臺北：新文豐出版社影印本，1977）

——，《佛說觀無量壽佛經義疏正觀記》，《卍續藏經》冊 33（臺北：新文豐出版社影印本，1977）

宗曉，《樂邦文類》，《大正藏》冊 47（臺北：新文豐出版社影印本，1983）；《卍新纂大日本續藏經》冊 61

宗鑑，《釋門正統》，《卍續藏經》冊 130（臺北：新文豐出版社影印本，1977）

迦才，《淨土論》，《大正藏》冊 47（臺北：新文豐出版社影印本，1983）；《淨土宗全書》冊 6（東京：山喜房佛書林，1973）

若納跋陀羅譯，《大般涅槃經後分》，《大正藏》冊 12（臺北：新文豐出版社影印本，1983）

竺佛念等，《長阿含經》，《大正藏》冊 1（臺北：新文豐出版社影印本，1983）

延壽，《萬善同歸集》，《大正藏》冊 48（臺北：新文豐出版社影印本，1983）

知禮，《四明尊者教行錄》，《大正藏》冊 46（臺北：新文豐出版社影印本，1983）

——，《觀經融心解》，見《四明尊者教行錄》，《大正藏》冊 46；《卍續藏經》冊 32（臺北：新文豐出版社影印本，1977）

——，《觀無量壽佛經疏妙宗鈔》，《大正藏》冊 37（臺北：新文豐出版社影印本，1983）

孟獻忠，《金剛般若集驗記》，《卍續藏經》冊 149（臺北：新文

豐出版社影印本，1977）

段成式，《金剛經感應傳》，《卍續藏經》冊 149（臺北：新文豐
　　出版社影印本，1977）

康僧愷譯，《佛說無量壽經》，《大正藏》冊 12（臺北：新文豐
　　出版社影印本，1983）

惠洪，《禪林僧寶傳》，《卍續藏經》冊 137（臺北：新文豐出版
　　社影印本，1977）

普度，《廬山蓮宗寶鑑》，《大正藏》冊 47（臺北：新文豐出版
　　社影印本，1983）

道世，《法苑珠林》（上海：上海古籍出版社，1991）

道宣，《續高僧傳》，《大正藏》冊 50（臺北：新文豐出版社影
　　印本，1983）

——，《廣弘明集》，《大正藏》冊 52（臺北：新文豐出版社影
　　印本，1983）

——，《釋迦方志》，《大正藏》冊 51（臺北：新文豐出版社影
　　印本，1983）

道容，《叢林盛事》，《卍續藏經》冊 148（臺北：新文豐出版社
　　影印本，1977）

道原、楊億等，《景德傳燈錄》，《大正藏》冊 51（臺北：新文
　　豐出版社影印本，1983）

鳩摩羅什譯，《妙法蓮華經》，《大正藏》冊 9（臺北：新文豐出
　　版社影印本，1983）

義天，《大覺國師文集、外集》（漢城：建國大學出版部，
　　1974）；《韓國佛教全書》（漢城：東國大學，1979）

——，《新編諸宗教藏總錄》，《大正藏》冊 55（臺北：新文豐出版社影印本，1983）

智顗，《淨土十疑論》，《大正藏》冊 47（臺北：新文豐出版社影印本，1983）

——，《佛說觀無量壽佛經疏》，《大正藏》冊 37（臺北：新文豐出版社影印本，1983）

智圓，《佛說阿彌陀經疏》，《大正藏》冊 37（臺北：新文豐出版社影印本，1983）

——，《閑居編》，《卍續藏經》冊 101（臺北：新文豐出版社影印本，1977）

贊寧，《宋高僧傳》（北京：中華書局點校本，1987）

僧祐，《弘明集》，《大正藏》冊 52（臺北：新文豐出版社影印本，1983）

曉瑩，《雲臥紀談》，《卍續藏經》冊 130（臺北：新文豐出版社影印本，1977）

善道等集，《念佛鏡》，《大正藏》冊 47（臺北：新文豐出版社影印本，1983）；《卍新纂大日本續藏經》冊 61

慧皎撰，《高僧傳》，《大正藏》冊 50（臺北：新文豐出版社影印本，1983）

慧能，《六祖大師法寶壇經》，《大正藏》冊 46（臺北：新文豐出版社影印本，1983）；（香港：志蓮淨苑，1998）

慧詳，《弘贊法華傳》，《卍續藏經》冊 149（臺北：新文豐出版社影印本，1977）

遵式，《天竺別集》，《卍續藏經》冊 101（臺北：新文豐出版社

影印本，1977）

——，《金園集》，《卍續藏經》冊 101（臺北：新文豐出版社影印本，1977）

——，《往生淨土決疑行願二門》，《大正藏》冊 47（臺北：新文豐出版社影印本，1983）；《卍新纂大日本續藏經》冊 61（東京：國書刊行會，1986）

曇秀，《人天寶鑑》，《卍續藏經》冊 148（臺北：新文豐出版社影印本，1977）

曇無讖譯，《佛所行讚》，《大正藏》冊 4（臺北：新文豐出版社影印本，1983）

曇無讖譯，《大般涅槃經》，《大正藏》冊 12（臺北：新文豐出版社影印本，1983）

慧皎，《高僧傳》（北京：中華書局點校本，1992）

窺基，《西方要決》，《卍新纂大日本續藏經》冊 61（東京：國書刊行會，1986）

懷感，《釋淨土群疑論》，《大正藏》冊 47（臺北：新文豐出版社影印本，1983）；《卍新纂大日本續藏經》冊 61（東京：國書刊行會，1986）

灌頂，《國清百錄》，《大正藏》冊 46（臺北：新文豐出版社影印本，1983）

譯作者不詳，《鼓音王經》，《大正藏》冊 12（臺北：新文豐出版社影印本，1983）

三、經、史、子、集等：

王之道，《相山集》（臺北：臺灣商務印書館，影引文淵閣《四庫全書》本）

朱用純，《朱柏盧治家格言》（又稱《朱子家訓》）

朱彧，《萍洲可談》（上海：上海古籍出版社，1989）

朱熹，《朱子語類》（臺北：臺灣商務印書館，影引文淵閣《四庫全書》本）

——，《朱子文集》（臺北：德富基金會，2000）

李之儀，《姑溪居士前集》（臺北：臺灣商務印書館，影印文淵閣《四庫全書》本）

李昉，《太平廣記五百卷》（臺北：新興書局，1958）

李延壽，《南史》（北京：中華書局點校本）

李純甫，《鳴道集說》（臺北：中華佛教文獻編撰社，1980）

李覯，《李覯集》（北京：中華書局，1987）

李燾，《續資治通鑑長編》（臺北：臺灣商務印書館，影印文淵閣《四庫全書》本）

吳之鯨，《武林梵志》（臺北：臺灣商務印書館，影印文淵閣《四庫全書》本）

胡寅，《讀史管見》（臺北：臺灣商務印書館，影印《宛委別藏》本）

——，《崇正辯》（北京：中華書局，1993）

高攀龍，《高子遺書》（臺北：臺灣商務印書館，影印文淵閣《四庫全書》本）

姚思廉，《梁書》（北京：中華書局點校本）

———，《陳書》（北京：中華書局點校本）

洪邁，《夷堅志》（北京：中華書局校點本，1981）

脫脫等，《宋史》（臺北：鼎文書局，影印北京中華書局本，1978）

倪濤，《六藝之一錄續編》（臺北：臺灣商務印書館，影印文淵閣《四庫全書》本）

皎然，《杼山集》（臺北：臺灣商務印書館，影印文淵閣《四庫全書》本）

凌濛初，《拍案驚奇》（臺北：三民書局，5 版，1995）

馮夢龍，《警世通言》（臺北：三民書局，1992）

孫復，《孫明復小集》（臺北：臺灣商務印書館，影印文淵閣《四庫全書》本）

歐陽修，《歐陽修全集》（臺北：河洛出版社，1975）

陶宗儀，《說郛》（臺北：臺灣商務印書館，影印文淵閣《四庫全書》本）

陳淳，《北溪字義》（臺北：臺灣商務印書館，影印文淵閣《四庫全書》本）

許謙，《白雲集》（臺北：臺灣商務印書館，影印文淵閣《四庫全書》本）

曹庭棟，《宋百家詩存》（臺北：臺灣商務印書館，影印文淵閣《四庫全書》本）

楊傑，《無爲集》（臺北：臺灣商務印書館，影印文淵閣《四庫全書》本）；（北京：北京圖書館影印中華書局《古逸叢書三編》本）

蔡戡，《定齋集》（臺北：臺灣商務印書館，影印文淵閣《四庫全書》本）

謝應方，《辨惑編》（臺北：臺灣商務印書館，影印文淵閣《四庫全書》本）

潛說友，《咸淳臨安志》（臺北：國泰文化事業出版公司影印本）

蘇轍，《欒城集》（上海：上海古籍出版社點校本，1987）

顏之推，《顏氏家訓》（臺北：臺灣商務印書館，影印文淵閣《四庫全書》本）

四、今人編纂文集與著作：

中國佛教協會，《中國佛教》（上海：知識出版社，1982）

方東美，《華嚴宗哲學》（臺北：黎民文化事業公司，1981），上、下二冊

石峻等，《中國佛教資料選編》，第 2 卷，第 2 冊（北京：中華書局，1983）

──，《中國佛教資料選編》，第 3 卷，第 1 冊（北京：中華書局，1987）

印順，《成佛之道》（臺北：正聞出版社，1982）

──，《淨土與禪》（臺北：正聞出版社《妙雲集》下編第 4，1982）

印海譯，《淨土概論》（臺北：華宇出版社，1988）

──，《中國淨土教理史》（臺北：正聞出版社，3 版，1991）

孔凡禮，《蘇軾詩集》（北京：中華書局，1982）

──，《蘇軾年譜》（北京：中華書局，1998）

任繼愈等，《中國佛教史》，第 2 卷（北京：中國社會科學出版社，1985）

呂澂，《呂澂佛學論著選集》（濟南：齊魯書社，1991），冊 2，4

沈治宏編，《現存宋人別集版本目錄》（成都：巴蜀書社，1989）

高振農校釋，《大乘起信論》（北京：中華書局，1992）

南亭，〈華嚴宗概要〉，見《華嚴學概論》（臺北：大乘文化出版社，1981）

徐浩，《廿五史述要》（臺北：世界書局，1970）

淨空法師，《佛說大乘無量壽莊嚴清淨平等覺經講記》（Sunnyvale：美國淨宗學會，1996）

張弘泓等，《全宋詩》（北京：北京大學出版社，1992）

曾棗莊等，《全宋文》（成都：巴蜀書社，1990），第 38 冊

陳垣，《中國佛教史籍概論》（臺北：新文豐出版社重印本，1984）

黃啓江，《北宋佛教史論稿》（臺北：臺灣商務印書館，1977）

慧嶽，《知禮》（臺北：東大圖書公司，1995）

藍吉富編，《中印佛學泛論》（臺北：東大圖書公司，1993）

龔延明，《宋史職官志補正》（杭州：浙江古籍出版社，1991）

五、外文著作： （日、英文爲主）

松本文三郎（Matsumoto Bunzaburō），《佛教史論》（京都：弘文堂書房，1929）

岩井大慧（Iwai Hirosato），《日、支佛教史論考》（東京：東洋文庫論叢，第 39 號，1957）

塚本善隆（Tsukamoto Zenryū），《支那佛教交涉史研究》（東京：弘文堂書房，1944）

望月信亨（Mochizuki Shinkō）著，釋印海譯，《中國淨土教理史》（臺北：慧日講堂，1974）

道端良秀（Michihata Ryōshū），《中國淨土教研究》（京都：法藏館，1980）

安藤俊雄著（Andō Toshio），蘇榮焜譯，《天臺學：根本思想及其開展》（臺北：慧炬出版社，1998）

福島光哉，《宋代天臺淨土教の研究》（京都：文榮堂書店，1995）

Buswell jr., Robert., *Formation of Ch'an Ideology in China and Korea: The Vajrasamādhi-Sūtra, A Buddhist Apocryphon* (Princeton: Princeton University Press, 1989)

————., *Chinese Buddhist Apocrypha* (Honolulu: University of Hawai'i Press, 1990)

Cole, Alan., *Mother and Sons in Chinese Buddhism* (Stanford: Stanford University Press, 1998)

Corless, R. J., "The Garland of Love: A History of Religious Hermeneutic of Nembutsu Theory and Practice," in A. K. Narain ed., *Studies in Pali and Buddhism* (Delhi: B.r. Publishing Corporation, 1979), pp. 53-73.

Davis, Edward., *Society and the Supernatural in Song* China (Honolulu:

University of Hawai'i Press, 2001)

Faure, Bernard., *The Rhetoric of Immediacy: A Cultural Critique of Chan/Zen Buddhism* (Princeton: Princeton University Press, 1991)

Foulk, T. Griff., "Myth, Ritual, and Monastic Practice in Sung Ch'an Buddhism," in Peter Gregory and Patricia Ebrey eds., *Religion and Society in T'ang and Sung China* (Honolulu: University of Hawai'i Press, 1993)

Gimello, Robert., "Mārga and Culture: Learning, Letters, and Liberation in Northern Sung Ch'an" in Robert E. Buswell, Jr., and Robert M. Gimello eds., *Paths to Liberation: The Mārga and Its Transformation in Buddhist Thought* (Honolulu: University of Hawai'i Press, 1992)

Gómez, Luis., *Land of Bliss: The Paradise of the Buddha of Measureless Light* (Honolulu: University of Hawai'i Press, 1996)

Huang, Chi-chiang., "Pure Land Hermaneutics: the Case of Zhanran Yuanzhao (1048-1116)," *Chung-hwa Buddhist Journal*, vol. 13 (2000)

————., "Elite and Clergy in Northern Sung Hang-chou: A Convergence of Interest" in Peter Gregory and Daniel Getz., eds. *Buddhism in the Sung* (Honolulu: University of Hawai'i Press, 1999).

Inagaki, Hisao (稲垣久雄)., *The Three Pure Land Sutras* (Berkeley: Numata Center for Buddhist Translation and Research, 1995)

Jan, Yün-hua (冉雲華)., "The Chinese Understanding and Assimilation of Karma Doctrine," in Ronald W. Neufeldt ed., *Karma and Rebirth: Post Classical Development* (New York: State University of New York Press, 1986)

Keown, Damien., *Buddhism: A Very Short Introduction* (Oxford: Oxford University Press, 1996)

Keyes, Charles F & Daniel, E. Valentine eds., *Karma: An Anthropological Inquiry* (University of California Press, 1983)

Kieschnick, John., *The Impact of Buddhism on Chinese Material Culture* (Princeton & Oxford: Princeton University Press, 2003)

McRae, John., *The Northern School and the Formation of Early Ch'an Buddhism* (Honolulu: University of Hawai'i Press, 1986)

Meiji Yamada., *The Sutra of Contemplation on the Buddha of Immeasurable Life* (Kyoto: Ryukoku University, 1984)

Minoru, Kiyota., "Buddhist Devotional Meditation: A Study of the Sukhāvatīvyūhôpadeśa" in Minoru Kiyota ed., *Mahāyana Buddhist Meditation: Theory and Practice* (Honolulu: The University Press of Hawai'i, 1978)

Pas, Julian ., *Visions of Sukhāvatī* (Albany: State University of New York, 1995)

Seah, Ingram Samuel (石破洋)., "Shan-tao, His Life and Teachings" (Unpublished dissertation, Princeton University, 1975)

Shih, Sheng-yen (聖嚴) with Dan Stevenson., *Hoofprint of the Ox: Principles of the Chan Buddhist Path as Taught by a Modern*

Chinese Master (Oxford, New York: Oxford University Press, 2001)

Reichenbach, Bruce R., *The Law of Karma* (Honolulu: University of Hawaii Press, 1990)

Takakusu, Junjirō （高楠順次郎）., *The Essentials of Buddhist Philosophy* (Westport: Greenwood Press Publishers, 1973)

Taiser, Stephen., *The Scripture on the Ten Kings and the Making of Purgatory in Medieval Chinese Buddhism* (Honolulu: University of Hawaii Press, 1994)

Tsuchida ,Tomoyaki., "Mind and Reality: A Study of the *Shouleng yan jing.*" (Unpublished dissertation, Harvard University, 1986)

Yampolsky, Philip., *The Platform Sutra of the Sixth Patriarch* (New York: Columbia University Press, 1967)

Yang, Lien-sheng (楊聯陞)., "The Concept of 'Pao' as a Basis for Social Relations in China," in John Fairbank ed., *Chinese Thought and Institutions* (Chicago: Chicago University Press, 1957)

Yu, Chün-fang (于君方)., *Kuan-yin: the Chinese Transformation of Avalokiteśvara* (New York: Columbia University Press, 2001)